**Folgen Sie uns!**

*Wir informieren Sie gerne und regelmäßig über Neuigkeiten, Termine und Kuriositäten aus aller Welt und speziell aus der Welt des CONBOOK Verlags. Folgen Sie uns für News, Specials und Informationen zu unseren Büchern, Themen und Autoren.*

 **www.conbook-verlag.de**     **www.facebook.com/conbook**

**www.twitter.com/conbook**      **www.pinterest.com/conbook**

4. Auflage 2014
© Conbook Medien GmbH, Meerbusch, 2011, 2014
Alle Rechte vorbehalten.

www.conbook-verlag.de

Projektleitung und Lektorat: Christiane Barth
Einbandgestaltung: David Janik unter Verwendung des
Bildmotivs © istockphoto.com/anschiwil
Satz: David Janik

Mit freundlicher Unterstützung durch die Ostfrieslandtouristik
(Ostfriesland Tourismus GmbH, Leer)

Druck und Verarbeitung: CPI – Ebner & Spiegel GmbH, Ulm

Printed in Germany

ISBN 978-3-934918-87-0

Insa Lienemann
Katharina Jakob

Wo man abends »Moin« sagt
und Gummikugeln Vorfahrt haben

# OSTFRIESLAND

ein *Heimatbuch*

# *Was macht ein Ostfriese* mit einem Messer auf dem Deich?*

Warum über Ostfriesen so viele Witze gemacht werden, kann Max nicht verstehen. Dumm kommen sie ihm jedenfalls nicht vor. Als Zugezogener fühlt er sich selbst hingegen öfter mal wie ein Volltrottel.

Jungjournalist Max Tillmann aus Bochum darf dort arbeiten, wo andere Urlaub machen. In seiner Erinnerung ist Ostfriesland ein langer Sommer auf Norderney. Doch schnell merkt er, dass das Leben an der Waterkant ganz anders ist: Max trifft verschlossene Seebären und ironische Brummler, er verfährt sich in den Weiten ostfriesischer Dörfer und versteht kein Wort, wenn die Menschen Plattdeutsch mit ihm sprechen. Nichts ist so, wie er es erhofft hat. Doch bevor er seine Koffer packt, um dem platten Land den Rücken zu kehren, hilft ihm ein gutmütiger Ostfriese, sich einzuleben. Als Max sich dann auch noch verliebt, werden sie endlich warm miteinander, Ostfriesland und der *Utwärtige*.

In 30 heiteren Episoden taucht Max in eine fremde Welt ein, in der es klare Regeln fürs Teetrinken und Laubharken gibt. Er lernt, wieso die Ostfriesen zu den Deppen der Nation wurden, weshalb sie eine Schwäche für stille Helden haben und warum ihnen die Freiheit wichtiger ist als Luxus.

*\* Er will in See stechen.*

**Insa Lienemann** ist direkte Nachfahrin ostfriesischer Seeräuber. Die gelernte Journalistin arbeitete beim *Handelsblatt*, beim Wirtschaftsmagazin *brand eins* und beim *Spiegel* und schloss sich dem Berliner Journalistenbüro *MedienManufaktur Wortlaut und Söhne* an. Nach einigen Jahren in Hamburg wagte sie ein großes Abenteuer – sie packte den Umzugswagen und zog zurück in ihre Heimat Ostfriesland. Heute lebt sie als freie Journalistin mit ihrem Mann und zwei kleinen Piraten in Aurich.

**Katharina Jakob** stammt vom Bodensee und wurde ein knappes Jahr nach der legendären Seegfrörne geboren. Auch wenn sie das Naturwunder nicht selbst miterlebt hat, weiß sie seitdem, dass die meisten Abenteuer direkt vor der Haustür beginnen. Sie absolvierte eine Schauspielausbildung und war zehn Jahre lang Angehörige des fahrenden Volks, bevor sie Journalistik und Musikwissenschaft studierte. Als freie Journalistin lebt und arbeitet sie heute in Hamburg.

# Inhalt

# Inhalt

# Inhalt

# Vorwort

Dies ist ein gnadenlos subjektiver und humoristischer Blick auf Ostfriesland. Er überspitzt und übertreibt. Viele Orte und Ereignisse sind real, aber die Handlungen dort sind bewusst frei erfunden. Auch alle Personen sind frei erfunden, genauso wie sämtliche Lokalitäten oder Geschäfte. Es kann mitunter sein, dass sie an real vorkommende erinnern. Das ist jedoch keinesfalls beabsichtigt. Auch Ähnlichkeiten mit lebenden Personen sind rein zufällig.

# In Aurich ist es traurig

An Gleis vier fährt ein der Regionalexpress nach Norddeich Mole. Bitte Vorsicht an Gleis vier«, scheppert es aus den Lautsprechern am Münsteraner Bahnhof. Dass das Umsteigen knapp werden würde, war klar. Aber so knapp? Max Tillmann springt aus dem Bochumer IC, rennt zu Gleis vier und wuchtet seine Koffer und die Reisetasche in den Zug nach Ostfriesland: eine Bimmelbahn, die aussieht, als wäre sie die letzten 15 Jahre nonstop im Einsatz gewesen. Er öffnet die Tür des nächstbesten Abteils und versucht, einen der Koffer im Ablagenetz unterzubringen, als sein Handy klingelt. »Hömma, Alter, läuft gut für uns. Dortmund führt eins null. Die Bayern sind nervös.« Es ist Ronnie, Max' bester Freund, der im Westfalenstadion sitzt. Er und Max sind glühende Fans des Fußballclubs Borussia Dortmund, und gerade spielt Dortmund gegen den Verein aus München. Ein Topspiel. Wenn Max nicht an diesem Tag nach Ostfriesland ziehen müsste, säße er auch im Stadion. Nun soll Ronnie ihn per Handy auf dem Laufenden halten.

»Super«, sagt Max und holt Luft, »ach Mensch, wenn ich doch bloß dabei wär ...«

Jemand tippt ihm auf die Schulter. Er blickt sich um und sieht, dass sein Gepäck schon einen ziemlichen Stau im Zug verursacht hat. »Ronnie, is gerade schlecht. Meld mich gleich noch mal.« Er steckt das Handy weg und zieht seine Tasche ins Abteil. »Entschuldigung«, sagt er und lässt die junge blonde Frau eintreten, die ihm auf die Schulter getippt hat. Sie sieht ihm zu, wie er sich mit seinem Gepäck abmüht, und schließt die Tür hinter sich: »Sieht nach einer langen Reise aus.« »Keine Reise«, sagt er. »Umzug.« Normalerweise ist Max nicht so kurz angebunden, aber in Gedanken ist er auf dem Borussen-Spielfeld. »Wohin zieht es dich denn?«, fragt die Blondine. Ihr »Du« irritiert ihn. Er sieht sie an. Für einen Moment schiebt sich ein anderes Gesicht vor ihres. Eines, das er vor langer Zeit gekannt und sehr gemocht hat. Wache blaue Augen und blonde lange Haare. Wie dieses Ostfriesenmädchen aus den Kinderferien auf Norderney, seine erste Liebe. »Nach Aurich«, antwortet er. »Da fahre ich auch hin«, sagt sie und setzt sich ans Fenster. Ihre Tasche stellt sie auf den benachbarten Sitz. »Du fährst auch nach Aurich?«, fragt Max. Sein Handy klingelt, wieder Ronnie. »Spreche ich Plattdeutsch?«, fragt sie zurück und lächelt breit. Max drückt auf »Abweisen«, Ronnie stört gerade.

»Wieso ziehst du ausgerechnet in die ostfriesische Provinz?«, will sie wissen und sieht ihm dabei zu, wie er sein restliches Gepäck auf den Sitzen verteilt. »Montag beginnt meine Stelle beim ›Ostfriesenblatt‹«, sagt er. Sie macht große runde Augen: »Beim ›Ostfriesenblatt‹?« »Spreche ich Plattdeutsch?«, grinst Max und lässt sich in den Fenstersitz ihr gegenüber fallen. Seine Beine streckt er zur Seite weg. Sie lacht. »Wie kommt man denn aus dem Ruhrpott ausgerechnet nach Aurich?« »Ganz einfach, indem man sich bewirbt und die Stelle bekommt«, lügt er. Denn so einfach war es nicht: Max stammt aus Bochum und ist 25 Jahre alt. Nach seinem Journalistikstudium hatte er sich überall im Land um einen Job beworben und nach etlichen Absagen nur diesen Einjahresvertrag in der ostfriesischen Provinz bekommen. Noch dazu unter der Bedingung: zu sofort. Deshalb zieht er nun, Anfang August, Hals über Kopf an die Waterkant. »Und wie gefällt dir Aurich?«, fragt die blonde Frau und nestelt sich ihre Jacke als Kopfkissen zurecht. »Keine Ahnung«, sagt Max. »Ich war noch nie da.« »Hast du deine Stelle am Telefon bekommen?«, fragt sie irritiert. »Musstest du dich nicht vorstellen?« »Nicht in Aurich«, antwortet Max. »Die Zentralredaktion ist in Oldenburg, und die schicken mich nun auf den Außenposten nach Ostfriesland.« Dabei lächelt er sie direkt an und hofft darauf, dass sie zurücklächelt.

»Das wird ein Schock für dich«, sagt sie und blickt aus dem Fenster. »Im Gegenteil«, erwidert Max, »ich freue mich.« Ostfriesland kennt er doch. So viele Ferientage hatte er mit den Eltern auf Norderney verbracht. In seiner Erinnerung schien dort immer die Sonne, das Meer war salzig und wild, zumindest wenn es da war, und die Menschen lächelten viel. Surfen hatte er dort gelernt. Und ja, ein großes, blondes Ostfriesenmädchen mit blauen Augen getroffen, seine erste Liebe. 15 Jahre alt war er damals gewesen. In seiner Vorstellung sah ein gutes Leben seither immer so aus wie einer dieser Sommer an der Nordsee.

Davon erzählt er ihr jetzt. »Ich bin nicht sicher, ob dein Ostfrieslandbild viel mit der Wirklichkeit zu tun hat«, sagt sie, als er am Ende angelangt ist und sie erwartungsfroh ansieht. »Ich komme aus Aurich. Wenn man da wohnt, ist das Meer noch ziemlich weit weg.«[1] Wibke Freese, so heißt sie, studiert Medizin in Münster und fährt

1 Es sind ungefähr 30 Kilometer bis an die Küste.

an manchen Wochenenden zu ihren Eltern. Sie sagt, dass es in Ostfriesland ziemlich einsam sein könne mit den Marschgebieten und Mooren (siehe Glossar). Deshalb gefiele ihr Münster so gut mit den vielen Studenten. »Ich lass mich überraschen«, antwortet er und sieht ihr direkt in die Augen. Sie lächelt schon wieder. »Vielleicht liegt es auch nur an mir. Meine Eltern sind Biologielehrer. Wenn andere ins Freibad gefahren sind, musste ich mit ihnen Uferschnepfen oder Kiebitze beobachten. Das prägt.«

Kurzer Blick aufs Handy, Ronnie hat gesimst: zwei zu null für Dortmund. Max ist in Hochstimmung. Er hat sich auf die Schnelle ein paar belegte Brötchen gekauft und teilt sie jetzt mit Wibke. So fühlt sich die Zugfahrt an wie zu Ferienbeginn: plattes Land, das am Fenster vorbeizieht, Sonne auf den Feldern, plaudern, lachen, mit vollen Backen kauen.

Kurz vor Leer packt Wibke ihre Sachen zusammen. »Wieso willst du aussteigen?«, fragt Max verblüfft. Sie will doch auch nach Aurich, oder hat sie sich's anders überlegt? »Wo soll ich denn sonst aussteigen?«, sagt sie und kramt in ihrem Rucksack. »Ja, in Aurich natürlich.« Max wird nervös. »Da kannst du lange fahren«, sagt Wibke, »Aurich hat keinen Bahnhof.« Wie, keinen Bahnhof? Er hatte doch das Ticket im Internet problemlos gelöst. Tatsächlich: Auf seinem Fahrschein steht: IC, RE, BUS. Nun muss er sich beeilen. Er stopft den Abfall in den kleinen Behälter unterm Fenster, sammelt seine Koffer ein und folgt Wibke zum Ausgang.

Ein paar Halbwüchsige und Landfrauen steigen mit ihnen aus. Der Bahnhof in Leer ist kaum größer als eine durchschnittliche S-Bahn-Station im Ruhrgebiet. Nur wenige Meter entfernt steht ein Bus, der sie durch Dörfer und an vielen Wiesen vorbei nach Aurich fährt. Max staunt über die seltsamen Ortsnamen, die sie passieren: Holtlander Nücke, Spetzerfehn, Schirum. »Ich seh schon«, sagt Wibke, »du hast dich noch nicht viel mit deinem neuen Zuhause beschäftigt.« »Stimmt«, sagt Max. »Dafür war die Zeit zu knapp. Aber du könntest mir doch beim Eingewöhnen helfen.« Sie schweigt und blickt aus dem Fenster, dann nickt sie. Da muss Max wieder grinsen, er kann gar nicht mehr aufhören damit, bis sie den Busbahnhof erreichen. Endstation Aurich.

Als sie aussteigen, sehen sie einen Mann mit blondem Wuschelkopf und grau meliertem Vollbart auf sie zueilen. Ihm folgt eine rundliche, stoßweise atmende Frau mit einer dauergewellten Kurzhaarfrisur, die wie verfilzt wirkt. Beide sehen aus, als kämen sie geradewegs aus dem Stall mit ihren verschmutzten, ausgebeulten Hosen, den Gummistiefeln und reichlich schwarzer Erde unter den Fingernägeln. Das müssen Wibkes Eltern sein, die Biologielehrer. Max hatte sich im Geiste ein distinguiertes Lehrerpaar vorgestellt, sie am Klavier, er lesend bei einer Tasse Tee. Wibke wird blass. »Wie seht ihr denn aus?«, sagt sie zur Begrüßung und weicht einer allzu engen Umarmung aus. »Entschuldige, wir kommen direkt von unserer Klostergartengruppe«, keucht ihre Mutter: »Du hast uns nicht erzählt, dass du Besuch mitbringst.« Ihr scheint dieses Zusammentreffen mit einem Fremden sichtlich unangenehm zu sein. Wibke blickt Max nicht an, als sie ihn vorstellt. »Eigentlich dachte ich, wir könnten Max in sein Hotel bringen. Aber daraus wird ja wohl nichts.« Wibkes Vater wischt sich die Hand an der Hose ab und streckt sie Max hin. »Warum denn nicht?«, sagt er. »Willkommen im Bauernstaat Ostfriesland (siehe Glossar).« Er zwinkert ihm zu. »Ich heiße Tammo Freese, und das ist meine Frau Okka. Wenn es Sie nicht stört, zwischen Setzlingen Platz zu nehmen, fahren wir Sie gern.« »Kein Problem«, sagt Max, und er meint es wirklich so. Wibke seufzt. Beide klettern sie auf den Rücksitz, zwischen ihnen eine Kiste voll Kapuzinerkresse und Lavendel.

»Wo soll es denn hingehen?«, fragt Vater Tammo. Max kramt in seiner Tasche nach der Buchung. »Irgendetwas Ostfriesisches. Pension Winterköken oder so«, sagt er. »*Winterkööken* spricht man das aus«, antwortet Tammo, ganz der Lehrer. »So nannte man früher auf den großen Bauernhöfen die Wohnstube der Hausherren. Das Gesinde wohnte in der Sommerküche, *Sommerköken*.« Und nach einer kleinen Pause setzt er hinzu: »Ich fürchte, das hat sich da bis heute nicht geändert.« Was will er damit sagen? Max kann es nicht deuten. Wibkes Vater kommt ihm rätselhaft vor.

Während der Fahrt blickt Okka Freese durch den Rückspiegel immer wieder nach hinten. Max fühlt ihre grauen Augen auf sich gerichtet, und er weiß nicht, ob das nun für ihn spricht oder gegen ihn. Wibke flüstert mit ihm, sie lachen leise. Als sie einen Bauernhof aus rotem Backstein, mit reetgedecktem Dach und Sprossenfenstern[1] erreichen, ist Max am Ziel. Er verspürt keine Lust, auszusteigen. »Vielen Dank, dass Sie mich mitgenommen haben«, sagt er zu Wibkes Eltern. »Auf hoffentlich bald.« Er sieht Wibke an, als sein Handy klingelt. Schon wieder Ronnie, der seit Stunden auf einen Rückruf wartet. Hastig drückt er ihn weg. Wibke raunt: »Ich würde mich freuen, dich wiederzusehen.« Sie steckt ihm einen Zettel zu – ihre Telefonnummer, die sie während der Fahrt notiert hat.

---

[1] Gulfhöfe (auch Gulfhäuser) prägen nach wie vor die Landschaft auf der ostfriesischen Halbinsel. Typisch für diese Höfe: An das Wohnhaus schließt sich eine deutlich breitere Scheune an. Die Wohnhäuser bestanden früher aus einer guten Stube, der *Upkamer* (mit einem darunterliegenden Keller), der *Winterköken* und, etwas abgetrennt, der *Sommerköken*. Die Winterküche war das Herzstück des Wohntraktes in so einem Gulfhof, die Sommerküche der Raum fürs Personal, meist kurz vor dem Scheunenteil. Eine Auswahl besonderer Gulfhäuser gibt es unter www.ostfriesland.de.

Okka Freese ist das nicht entgangen. »*Bit annermaal*«[1], sagt sie freundlich, aber reserviert. Max steigt aus und sieht den dreien nach, wie sie davonfahren. Wibke winkt. Gleich morgen wird er sie anrufen.

Max steht vor der mächtigen Tür des Bauernhofes und klingelt. Die Glocke dröhnt durchs ganze Haus. Nach einigem Warten geht die Tür auf, ein Mann mit dünnem Haarkranz und vorgebeugten Schultern blickt auf ihn herab. »Hallo, ich bin Max Tillmann, Ihr neuer Gast«, sagt Max und hält dem Hausherrn die Hand hin. Der rührt sich nicht, mustert ihn nur und geht wortlos wieder ins Haus. Max schluckt. Was hatte Wibkes Vater ihm sagen wollen? Er geht dem Hausherrn hinterher und schleppt sein Gepäck in eine große, holzvertäfelte Diele. Dunkel ist es hier drin, kein Sonnenstrahl verirrt sich in den Flur. Der Alte sitzt bereits hinter einem Eichenschreibtisch. Eine Leselampe gibt ein kümmerliches Licht ab, das gerade mal für den Tisch reicht. »Alter, in Aurich ist es traurich«[2], flüstert Ronnies Stimme in seinem Kopf. Das war seine Reaktion auf Max' neue Stelle gewesen. »Tillmänn?«, nuschelt der Alte und schaut zu Max hoch. »Wenn Se hier wohn'n woll'n, müssen Se gleich bezahl'n.« »Erst mal für eine Woche«, sagt Max. Das ist ein überschaubarer Betrag und Zeitraum, denn wenn diese Pension in der Hauptferienzeit so leer ist, wird das einen Grund haben. Der Hausherr streckt die Hand nach dem Geld aus und gibt Max einen Schlüssel. »Zimmer Sommerköken, gleich hier durch, erste Tür rechts. Um 22 Uhr schließ ich die Tür ab. Frühstück gibt es bis acht, das macht mein Sohn«, brummt er. Dann schlägt er die Zeitung auf. Offenbar ist nun alles gesagt.

1 Bis zum nächsten Mal.

2 Der Spruch geht noch weiter. »In Aurich ist es traurig, in Leer noch viel mehr. In Norden ist noch keiner was geworden, in Emden ist es besser, da gibt es Menschenfresser, und wen Gott will bestrafen, den schickt er nach Wilhelmshaven.«

Max öffnet die Tür zu seinem Zimmer. Der Muff eines unbewohnten Raumes schlägt ihm entgegen. An der Decke hängt eine altmodische Schiffslampe, die bei jeder Bewegung leise vor sich hinquietscht. An der Seite steht ein alter Wandschrank. Wo ist das Bett? Muss er dafür extra bezahlen? Zutrauen würde er es dem Alten. Max geht auf den Wandschrank zu und öffnet ihn. Eine Butze für Kleinwüchsige verbirgt sich dahinter. Eine Liege, gerade mal 1,80 Meter lang, das dicke Federbett mit rot-weißer Bettwäsche bezogen. Ostfriesen schlafen in Wänden![1] Max muss sich setzen. Die Zweifel an seiner Entscheidung werden einen Augenblick lang übermächtig. Wibke hatte recht – etwas mit seinem Ostfrieslandbild stimmte ganz und gar nicht. Vielleicht hätte er doch auf ein anderes Angebot warten sollen, nicht gleich dem »Ostfriesenblatt« zusagen.

## Jn Ostfrieslands Mitte: Aurich – die heimliche Hauptstadt

In Aurich ist es weder schaurig noch traurig, wie es der Spottvers besagt (siehe Fußnote Seite 16), sondern im Gegenteil sehr beschaulich. Die Stadt ist mit mehr als 40.000 Einwohnern die zweitgrößte in Ostfriesland nach Emden und gilt dank der geballten Kompetenz in Sachen Windkraftenergie mittlerweile als »Stadt der regenerativen Energien«. Auf Plattdeutsch heißt sie *Auerk*; so kann man es auch auf dem zweispra-

---

1 Einige Ferienwohnungen in restaurierten historischen Gulfhöfen preisen Wandbetten, sogenannte Schlafbutzen, an – aber sie haben heute natürlich normale Maße. Früher befanden sich darin meist zwei kleine Betten (1,60 Meter lang und 80 Zentimeter breit), hintereinander aufgestellt. Unter den Betten war Platz für Kartoffeln, an der Decke für aufgefädelte Bohnen (*Updrögt* Bohnen).

chigen Ortseingangsschild lesen. Mehr als ein Zehntel der Stadtfläche besteht aus Wald – das ist im Vergleich zu anderen ostfriesischen Städten eine ganze Menge. Trotz seiner vielen Grünflächen hat Aurich ein belebtes Zentrum und ist Einkaufsknotenpunkt für die umliegenden Gemeinden. Die Altstadt wird seit einigen Jahren dank eines niedersächsischen Förderungsprogramms aufwendig saniert, da viele Gebäude unter Denkmalschutz stehen.

Ab 1561 war die Stadt Fürstenresidenz. Der ostfriesische Graf Edzard II. verlegte seinen Regierungssitz von Emden nach Aurich. Mit der Heirat der schwedischen Königstochter Katharina von Wasa im Jahr 1559 kam hochadeliger Glanz in das Auricher Schloss, dessen ältestes noch erhaltenes Gebäude der Marstall von 1588 ist.

Über viele Jahrhunderte hinweg galt Aurich als »Schreibtisch Ostfrieslands«. Es war Sitz des preußischen Regierungspräsidenten, Verwaltungszentrum und Beamtenstadt. Aus dieser Vergangenheit stammt sein Titel als »heimliche Hauptstadt Ostfrieslands«. Auch wenn Emden heute die bedeutendere Stadt ist – so liegt Aurich immerhin im Herzen der Region.

# Wat hät hei secht?

Max schreckt hoch nach tiefem Schlaf und blickt auf den Wecker. Acht Uhr. Er hat das Frühstück verschlafen! Und das am Sonntag. Wenn er hier nichts kriegt, wer weiß, ob er woanders etwas zu essen findet. Er streift sich seine Kleider über und eilt in die *Upkamer*, die gute Stube des Hofes, wo es Frühstück geben soll. Sie ist leer. Ein Tisch ist eingedeckt, für eine Person. Aber nirgends ein Buffet oder auch nur ein Mensch zu sehen. »Hallo?«, ruft Max. Da hört er es rumpeln hinter der Wand. Ein Enddreißiger poltert ins Zimmer, ein etwas jüngeres Abbild des Chefs: groß, kräftig, hängende Schultern, leicht schütteres Haar. Er trägt eine pepitakarierte Kochhose und eine weiße Kochjacke. »Guten Morgen«, begrüßt er Max fröhlich. »Ich bin Jan Janssen, der Juniorchef. Herzlich willkommen. Ich bin noch nicht ganz fertig. Sonntags gibt es das Frühstück immer erst ab acht.« »Das trifft sich gut«, antwortet Max. »Ich hab noch nicht geduscht.« Heimlich denkt er: Hat mich der alte Hausherr schön geleimt.

Nachdem er sich unter dem uralten Boiler in der Dusche fast die Haut verbrüht hat, kehrt er zurück in die *Upkamer*, wo er frische Brötchen, Butter sowie deftige Wurst- und Käsesorten vorfindet. Jan Janssen hat ihm einen Ostfriesentee gemacht. Lieber hätte Max Kaffee gehabt, aber den gibt es ab morgen – so was muss der Koch erst noch besorgen. Im Gegensatz zum alten ist der junge Janssen ganz redselig. Sie kommen miteinander ins Gespräch. Max erzählt von seiner neuen Stelle und dass er Ostfriesland immer schon gemocht hat. Nun aber gehe ihm allmählich auf, sagt er zu Janssen, dass sein Ostfrieslandbild von früher wohl etwas naiv war.

Jan Janssen und sein Vater führen die Pension mehr schlecht als recht. Ab und an wohnen Arbeiter hier. Urlauber würden sich aber schon lange nicht mehr zu ihnen verirren. Sie müssten das alte Haus dringend sanieren. »Das Geld reicht hinten und vorn nicht«, sagt der Junior. Deshalb kocht er zusätzlich in einer Firmenkantine. Er spricht langsam und freundlich mit seinem einzigen Gast. »Haben Sie denn schon eine Wohnung in Aurich?«, fragt er. »Nein, es ging alles sehr schnell mit der Stelle«, antwortet Max. »Aber das wird ja kein großes Problem sein.« Jan schüttelt bedächtig den Kopf. »Eine kleine Wohnung zu mieten ist hier momentan nicht so einfach. Die meisten Leute haben ja ihr eigenes Haus.« Max schaut ihn erstaunt an. »Ja, das ist nicht so wie bei Ihnen im Ruhrgebiet, wo man mietet oder vielleicht mal eine Wohnung kauft. Wir Ostfriesen sind ein freiheitsliebendes Volk. Und zur Freiheit gehört es unbedingt, nicht von einem Vermieter abhängig zu sein.«[1] Stolz seien sie, seine Landsleute. Nicht von ungefähr lautet das

---

1 Die Immobilienpreise in Ostfriesland sind im Vergleich zum Rest der Republik verhältnismäßig moderat. Das zieht mittlerweile auch immer mehr Auswärtige an, die sich hier den Traum vom Eigenheim erfüllen.

Ostfriesenmotto: *Eala Frya Fresena* – Seid gegrüßt, freie Friesen![1]

Nach dem Frühstück geht Max im Internet auf Wohnungssuche. Bestimmt führt der Junior ihn genauso hinters Licht wie der Alte, denkt er. Insgeheim hat er sich eine kleine Studentenbude vorgestellt, am Stadtrand, mit Blick ins Grüne. Oder ein WG-Zimmer in einem historischen Haus in der Innenstadt. Aber selbst nach langer Recherche spuckt die Suchmaschine für die Stadt Aurich genau ein Angebot aus. Bei den Zwei-Zimmer-Wohnungen sieht es kaum besser aus, und die größeren will er sich nicht leisten – wer weiß, ob er nach der Probezeit überhaupt übernommen wird. Seufzend klappt er sein Notebook zu. Dann wird er wohl noch etwas länger in der *Sommerköken* bleiben müssen. Nur die Ruhe. Jetzt macht er erst mal einen Spaziergang, und danach ruft er Wibke an. Wo war gleich noch mal der Zettel mit der Telefonnummer? In der Jacke ist er nicht, auch nicht in den Hosentaschen. Max wühlt sich durch seine Kleider, aber vergeblich. Der Zettel ist weg.

Am frühen Abend trifft er noch einmal den freundlichen Koch, der ihn auf ein Jever einlädt. Das Bier ist Max eigentlich viel zu herb, aber er will seinen einzigen Kontakt nicht verprellen. Zusammen setzen sie sich vors Haus. Der Alte ist weit und breit nicht zu sehen. »Wie kommt es denn, dass es so wenige Wohnungen zu mieten gibt?«, fragt Max. Überall stehen doch Mehrfamilienhäuser. »Seit ein paar Jahren geht es mit der Region bergauf«, sagt Jan Janssen. »Wir haben hier Enercon, und die Firma wächst und wächst.« Enercon, das immerhin weiß Max, ist einer

---

[1] Das war der Gruß der Friesen im Mittelalter. Man sieht auch immer mal andere Übersetzungen, denn wissenschaftlich ist nicht mehr eindeutig festzustellen, was genau gemeint war.

der größten Hersteller von Windkraftanlagen überhaupt. In Deutschland ist er Marktführer. Ein Emsländer hat das Unternehmen 1984 gegründet – Aloys Wobben, klassisch in einer Garage. Anfangs hielten ihn die meisten für einen Spinner. Aber Wobbens Konzepte waren besser als die der anderen. Die Firma expandierte, fertigte zunächst nur in Aurich, dann auch in Magdeburg und in anderen Ländern wie in Brasilien oder in Portugal. Heute arbeiten mehr als 12.000 Menschen für das Unternehmen, davon wohl über 3.000 in Ostfriesland – genaue Angaben macht das Unternehmen nicht. Hinzu kommen zahlreiche Angestellte bei Zulieferern aus der Region. »Die Mühlen stehen überall auf der Welt«, sagt Jan Janssen, nicht ohne Stolz in der Stimme. Max will gerade fragen, ob niemand was gegen die Verspargelung der Landschaft hat, da setzt der Koch noch mal an. »Das Unternehmen ist ein Segen für die ganze Region«, sagt er. Zum ersten Mal in der Nachkriegsgeschichte verweisen Landespolitiker auf Ostfriesland als Vorzeige-Region im Post-Atomstrom-Zeitalter, sprudeln die Gewerbesteuereinnahmen in der Stadt Aurich kräftig, werden Mitarbeiter gesucht, gibt es interessante berufliche Perspektiven für die Ortsansässigen, und mehr noch: Es kommen Menschen von außerhalb nach Ostfriesland, weil es hier spannende Arbeitsplätze gibt. Sie ziehen mit ihren Familien hierher und beleben die Stadt und die ganze Region. Dass die Ostfriesen, sonst gern geschmäht als Deppen der Nation, vor Stolz beinahe platzen, das kann Max verstehen. »Wenn Sie das nächste Mal von Leer aus nach Aurich fahren, dann gucken Sie mal zum Horizont. Da sehen Sie die riesigen Flügel der neuesten Anlagen, die sich im Wind drehen, als wären sie aus Papier.« Jan Janssen sagt das, als gäbe es für ihn keinen schöneren Anblick. Max ist gerührt von der rauen Poesie dieses Ostfriesen, dem das Herz aufgeht, wenn er an eine Windmühle denkt.

Nachdenklich krabbelt Max in seine kleine Butze. Ein netter Abend war das nach einem schwierigen Beginn. Nun kann es nur noch gut werden. Bestimmt werde ich mithilfe der Zeitung eine Wohnung bekommen, denkt er sich. Redakteure kennen doch immer viele Leute. Und den Zettel mit Wibkes Nummer hab ich nur verlegt, morgen finde ich ihn wieder. Mit dem Gedanken an die große blonde Frau schläft Max ein.

Am Montagmorgen frühstücken Jan und er gemeinsam in der *Upkamer*, sie sind inzwischen beim Du angelangt. Max hat noch Zeit, er will einen Bus gegen halb neun nehmen. Jan schaut ihn verdutzt an: »Was denn für einen Bus?« Nicht schon wieder, denkt Max. Laut fragt er: »Sag bloß, es fährt kein Bus in die Stadt?« »Nicht aus den Stadtvierteln. Da gibt es einen Rufbus, aber auf den würde ich mich an meinem ersten Arbeitstag nicht verlassen«, antwortet der Koch. So, und jetzt? »Wie macht ihr das hier?«, fragt Max am Rand der Verzweiflung. Dass auf dem platten Land immer alles so kompliziert sein muss! »Komm, ich leih dir mein Fahrrad«, sagt Jan und verschwindet im kleinen Backhaus. Er kommt heraus mit einem schwarzen Hollandrad. »Damit soll ich fahren?«, fragt Max entgeistert. Jan hebt die Hände. »Du kannst auch laufen.« Nein, so will Max es nicht gemeint haben, aber mit diesem klobigen Ding braucht er ja ewig.

In leichtem Jackett und guten Lederschuhen radelt er Richtung Innenstadt und ist erstaunt, wie viele es ihm gleichtun. Kurz nach halb neun erreicht er die Redaktion, eine halbe Stunde vor Dienstbeginn. Der Chefredakteur warte schon auf ihn, lässt ihm der Pförtner ausrichten. Max sucht sich seinen Weg durch die Redaktion, wo einzelne Journalisten ein knappes »Moin« murmeln, aber ansonsten ihren Blick nicht von der Zeitung nehmen. Hier sind sie also auch wortkarg, denkt Max.

Der Chefredakteur, Hanno Nordmann, ist Ostfriese, Mitte 40 und sehr zufrieden mit seinem Blatt, auch wenn es ein Ableger einer großen Regionalzeitung aus Oldenburg ist. Hier wird noch ernsthaft über jugendliche Kaninchenzüchter und den Volkssport Boßeln berichtet. »Wir machen Zeitung für junge Leute genauso wie für die Oma in Groß Midlum«, sagt Nordmann, und Max nickt freudig. Dass er nicht bei allen willkommen ist, ahnt er nicht: Nordmann und sein Redaktionsleiter wollten einen Nachwuchsjournalisten aus den eigenen Reihen haben, der sich in der Region auskennt und gut vernetzt ist. Aber der Verleger in Oldenburg hatte andere Pläne: Er will mithilfe auswärtiger Journalisten das Blatt verjüngen und für frischen Wind sorgen. Max ist der erste von oben durchgedrückte Neuzugang und, wenn es nach dem Chefredakteur und einigen altgedienten Redakteuren geht, soll er auch der Letzte sein.

»Ich kann Ihnen nur raten, gerade die vermeintlich kleinen Themen ernst zu nehmen«, sagt Nordmann. »Sie werden hier großgeschrieben.« Statt Max erst mal den Kollegen vorzustellen, schickt der Chef ihn gleich auf seinen ersten Termin – er soll Almt und Gerrit Harms aus Moordorf porträtieren, die seit unglaublichen 65 Jahren verheiratet sind. Sie ist 84 und er 88 Jahre alt. Wer von beiden ist bloß die Frau?, denkt Max. »Das ist doch eine tolle Geschichte. Trauen Sie sich die zu?«, fragt der Chefredakteur. »Selbstverständlich, ich hab im Studium einige Zeit in einer Lokalredaktion gearbeitet. Ich mag diese Geschichten aus dem Krieg und so, das mache ich gern«, sagt Max. Nordmann lächelt, zum ersten Mal. »Gut, wir planen das groß ein mit einem anständigen Foto.«

Der Hausfotograf, Thilko Ukena, stößt dazu. Er sieht nett aus, Mitte 30, Pferdeschwanz, Outdoorklamotten. Er bietet Max an, zu fahren, sodass der sich während der Fahrt ein paar Fragen überlegen kann.

Nach 15 Minuten erreichen sie eines dieser typischen Dörfer, in denen sich Neubausiedlung an Altbausiedlung an Mittelaltbausiedlung reiht. In Ostfriesland haben sich viele der jüngeren Dörfer, insbesondere in den Moorgebieten, seit den 1960er-Jahren immer weiter ausgedehnt.

Vier Straßen rechts, zwei links, und schon stehen Max und Thilko vor einem alten Landarbeiterhäuschen[1] an einer gepflasterten Kreisstraße. »Das hätte ich nie gefunden«, sagt Max. Der Fotograf lacht: »Stimmt. Halt dich in der ersten Zeit einfach an mich, dann kann ich dir helfen.« Er klingelt an einem kleinen Backsteinhäuschen, eine sehr alte Frau in Kittelkleid, mit weißem Dutt und dicker Brille öffnet ihnen. »Moin, Frau Harms«, sagt Max und streckt ihr die Hand entgegen: »Herzlichen Glückwunsch zum Hochzeitstag.« Almt Harms guckt ihn etwas irritiert an. »*He wull di graleren*«[2], übersetzt der Fotograf. »*Achso, jo, danke. Se sünd woll neet van hier?*«[3], fragt sie Max, der nur hilfesuchend den Fotografen ansieht. »Sie fragt, ob du nicht von hier kommst«, sagt Thilko. Und setzt hinzu: »Wenn du kein Platt kannst, ist die Geschichte gestorben. Auf Hochdeutsch wird sie dir kaum was erzählen.« Max ist fassungslos. Warum schickt der Chef ihn am ersten Tag zu einem Termin, den er schon aufgrund seiner Herkunft nicht schaffen kann? Er fasst den Fotografen am Arm: »Thilko, das wusste ich nicht. Bitte hilf mir da raus.« Der hat schon längst Mitleid mit dem jungen Journalisten. Anders als sein Chef denkt er, der Zeitung stünde ein frischer Blick von außen gut zu Gesicht. »*He is nich von hier, man he mag Oos-*

---

1 In Landarbeiterhäusern wohnten früher Lohnarbeiter. Ein sehr schön restauriertes Landarbeitermuseum ist in Suurhusen zu besichtigen. Dort steht auch der schiefste Turm der Welt. Zwei waschechte Ostfriesen bieten hier humorvolle Führungen an. Informationen unter www.kirche-suurhusen.de.
2 Er will Ihnen gratulieren.
3 Ach so, ja. Danke. Sind Sie nicht von hier?

*freesland leib gern*«[1], sagt der Fotograf. Die alte Frau lächelt: »*Dat is mooi, denn koomt man rin, ik hebb Tee al klaar.*«[2]

Und so erfährt Max dank Thilkos Dolmetscherei doch noch die Geschichte, wie das 1946 war, als Almt und Gerrit an einem sonnigen Augusttag mit dem Ackerwagen in die Kirche gefahren sind. Beide arbeiteten als Knecht und Magd auf einem großen Bauernhof im Marschland bei Norden (siehe Glossar). »*So was dat domaals*«[3], sagt Gerrit. Die ersten Jahre waren hart, sie blieben weiter auf dem Hof, es gab ja keine Arbeit am Meer. Als 1964 Volkswagen das Werk in Emden baute, bewarb Gerrit sich sofort um eine Stelle und konnte dort anfangen.[4] »*Dat was en goden Tied*«[5], sagt Gerrit Harms und sieht zufrieden aus. Volkswagen brachte ihnen und Tausenden anderen Familien in Ostfriesland einen bescheidenen Wohlstand. Max ist überwältigt von der Ruhe und Zufriedenheit, die diese beiden Alten ausstrahlen. Er im Schaukelstuhl, die müden Füße in die Backvorrichtung des alten, holzbefeuerten Herdes gestreckt, sie auf einem Holzstuhl. Für das Foto steht sie auf, stellt sich neben ihn und legt unbeholfen ihre Hand auf seine Schulter. Angestrengt gucken sie auf den Fotografen. »*Dat sücht heel mooi ut*«[6], sagt Thilko. Da huscht ein Lächeln über ihr Gesicht. Ein schönes Foto wird das am nächsten Tag in der Zeitung.

»Danke für deine Hilfe«, sagt Max zu Thilko, als sie wieder zurück in die Redaktion fahren. »Ohne dich hätte ich

---

[1] Er kommt nicht von hier. Aber er hat Ostfriesland sehr gern.

[2] Das ist gut. Dann kommt mal rein, ich hab den Tee schon fertig.

[3] So war das damals.

[4] Das VW-Werk ist mit etwa 7.600 Beschäftigten (Stand: 2010) nach wie vor größter Arbeitgeber in Ostfriesland. Es gilt in Deutschland als Leuchtturm für umweltverträgliche Automobilproduktion: Ein beachtlicher Teil des Energiebedarfs wird aus erneuerbaren Energien erzeugt.

[5] Das war eine gute Zeit.

[6] Das sieht aber prima aus.

heute meinen letzten Arbeitstag gehabt.« Der Fotograf winkt ab, behält aber für sich, dass das dem Chefredakteur gut gepasst hätte. »Woher kannst du so gut Platt?«, fragt Max.

»Meine Großmutter hat das erste Mal in der Schule Hochdeutsch gesprochen«, antwortet Thilko. Die Hochsprache kannte sie sonst nur aus dem Gottesdienst vom Pastor. Dies zu erzählen ist dem Fotografen ein bisschen peinlich, wie den meisten Ostfriesen, gelten sie doch oft als rückständig. Aber als er merkt, dass Max ihm gern zuhört, redet er weiter. Thilkos Großeltern konnten halbwegs lesen und schreiben, aber mit dem Hochdeutschen fühlten sie sich zeit ihres Lebens unwohl. »Deshalb ist es nach wie vor in Arztpraxen, Geschäften oder eben auch bei der Zeitung ein entscheidender Vorteil, wenn man Plattdeutsch spricht«, sagt er. Vor allem ältere Menschen bevorzugen die Läden, in denen man sie versteht. Es bricht sofort das Eis, wenn jemand in ihrer Sprache zu ihnen spricht.

Die jahrhundertealte, stolze Sprache der Friesen, die immerhin – mit unterschiedlichen Nuancen – im gesamten norddeutschen Raum gesprochen wird, stand in Ostfriesland kurz vor dem Aussterben. Thilkos Eltern, obwohl noch mit dem Plattdeutschen aufgewachsen, sprachen wie so viele ihrer Generation nur in der Schriftsprache mit ihren Kindern – aber untereinander Plattdeutsch. Hochdeutsch war die Sprache der Gebildeten und bedeutete Status. Insbesondere in den jüngeren Gemeinden und den ostfriesischen Städten konnten die Jugendlichen kaum noch sprechen wie ihre Großeltern.

Doch dann kam die Wende. Lernt Plattdeutsch!, lautet die Devise seit Mitte der 1980er-Jahre, die sich in zahlreichen Initiativen niederschlägt. Pastoren predigen auf Plattdeutsch, Geschäfte werben damit, dass ihre Mitarbeiter Platt sprechen, und seit 2004 gibt es in Ostfriesland sogar zweisprachige Kindergärten und Grundschulen. Die Europäische Kommission sorgt sich um die sprachliche Vielfalt und fördert all jene, die neben ihrer Amtssprache noch eine Muttersprache vorzuweisen haben. »Pass bei deinem nächsten Termin also auf, dass der Chef dich nicht in den zweisprachigen Kindergarten schickt, noch mal rette ich dich nicht«, sagt Thilko und grinst. Max nickt und dreht seinen Kopf zum Fenster. Ganz sicher passiert ihm das nicht noch einmal.

# Von Krabben und Künstlern

Rorichum, Older..., irgendwas mit -um sieht Max noch aus den Augenwinkeln, schon ist er an dem Schild vorbeigerauscht. Er flucht vor sich hin. Soll er jetzt wieder zurückfahren Richtung Autobahnzubringer oder nach Emden weiter, um nach Ditzum zu kommen? Und was war überhaupt dieses Older...? Da taucht schon Gandersum auf. Herrje. Max seufzt. Er sitzt allein in Jans Golf und irrt auf der Suche nach einem Ort namens Ditzum am Emsdeich entlang. In der Einsamkeit aus Wiesen und Deichvorland hat er die Orientierung verloren. Der Mann aus dem Ruhrpott ist es gewohnt, permanent an Häusern vorbeizufahren.

Am Abend zuvor hatte er wieder mit Jan beim Jever zusammengesessen. Geduldig hatte sich der Koch seinen ganzen Redaktionsfrust der vergangenen Woche angehört. Nun ließ ihn der Chefredakteur nur noch Praktikantenjobs erledigen, wie Polizeimeldungen schreiben – wohl aus Rache, weil Max am Plattdeutsch sprechenden Jubilarspaar nicht gescheitert war. »Dabei hab ich mir so viel Mühe gegeben«, sagte Max.

Eine Geschichte über den Wandel der Emsdörfer zu Touristenorten hatte er schreiben wollen. Über die ehemaligen Krabbenpuler aus Ditzum, die keine Arbeit mehr haben, weil man die Krabben heutzutage nach Marokko fährt und dort schälen lässt. Er redete sich in Fahrt, bis Jan ihm entnervt ins Wort fiel: »Das mit den Krabbenpulern ist doch eine uralte Geschichte, hast du nichts Neues?« Bevor Max etwas entgegnen konnte, drückte Jan ihm seine Autoschlüssel in die Hand und sagte: »Ditzum ist heute ein Urlaubsort. Schau's dir einfach mal an. Aber fahr meinen Wagen nicht kaputt. Und um sieben bist du wieder zu Hause, dann will ich mit meiner Perle nach Emden.« Max wollte abwehren, aber Jan klopfte ihm auf die Schulter, was so viel hieß wie: Mach keine große Sache daraus, es ist okay.

Nun sitzt Max also in Jans Golf, unfähig, das kleine Fischerdorf Ditzum im Rheiderland[1] zu finden, weil es hier vor Orten mit der Endung »um« nur so wimmelt. Mit Wibke wäre das jetzt alles kein Problem, aber der Zettel mit ihrer Telefonnummer ist und bleibt verschollen, und irgendwie sind die Tage so voll, dass er sich im Internet noch nicht auf die Suche nach ihr gemacht hat. Gedankenversunken fährt er den Emsdeich weiter und hat keine Muße, die Landschaft zu genießen. Er erreicht den Emder Stadtteil Petkum und sieht aus den Augenwinkeln ein Fährschild. Wenige Hundert Meter kommt noch eins: »Fähre Ditzum« steht darauf. Na bitte, alle Wege führen ans Wasser, denkt er und biegt kurzerhand ab.

Petkum ist genau die Sorte Dorf, die er sich vorgestellt hat: ein altes Warfendorf (siehe Kasten Seite 36). Enge Stra-

---

[1] Das Rheiderland liegt auf der anderen Emsseite am Dollart an der Grenze zu Holland. Sechs Kilometer von Ditzum entfernt befindet sich mit 2,51 Meter Höhe unter Normalnull der tiefste Punkt Niedersachsens (Wynhamster Kolk).

ßen, die zu einer Backsteinkirche mit Glockenturm führen, den Deich hinauf und steil wieder hinunter. Gleich darauf steht Max an einem kleinen Fähranleger an der Ems, wo gerade ein Schiff ablegt. Der Kapitän gibt ordentlich Gas, damit die Fähre sich im Hafenbecken drehen kann, bevor sie auf den breiten Fluss hinaustuckert. Max steigt aus, fasziniert von diesem Anblick. Auf der anderen Emsseite sieht er den Kirchturm und die Mühle eines kleinen Dorfes: Ditzum. Wie idyllisch, denkt er, und dann scheppert es hinter ihm. Ein Lieferwagen ist auf Jans Auto aufgefahren. Max spürt, wie ihm die Knie weich werden. Wie soll er das seinem Freund erklären? Die Fahrertür des Lieferwagens fliegt auf, ein Mann steigt fluchend aus. »Verdammt noch mal, das jetzt auch noch. So 'n Scheißunfall. Fähre ist auch weg. Bloß, weil du dich so auftakeln musst. Die Vernissage können wir vergessen!«, schimpft er. Eine junge Frau steigt langsam aus und steht mit hängenden Schultern neben dem Wagen. Schon ist der Mann bei Max. »Das ist mir noch nie passiert. Aber machen Sie sich keine Sorgen, ich bin gut versichert«, sagt der Enddreißiger mit Pferdeschwanz und Sakko überm offenen weißen Hemd. »Das hoffe ich. Es ist nämlich nicht mein Auto. Mein Freund bringt mich um, wenn er das sieht«, platzt es aus Max heraus. Gemeinsam begutachten sie den Schaden – es hatte sich schlimmer angehört, als es jetzt aussieht –, eigentlich hängt nur die Stoßstange schief. »Hoffentlich ist der Rahmen nicht verzogen«, sagt der Mann und überreicht eine Karte – Bodo Meier, freischaffender Künstler, steht darauf.

»Wollen Sie auch auf die Kunsttage nach Ditzum?«[1], fragt die Frau schüchtern. Max entdeckt den Spruch auf dem Lieferwagen: »Kunst am Meer«. »Ja, ich wollte mir

[1] Ostfriesland zählt mittlerweile zu den wichtigsten und schönsten Ferienregionen Niedersachsens. Bemerkenswert daran ist, dass die Touristen nicht nur auf die Inseln und an die Strände strömen: Gerade das Binnenland wird immer beliebter. Viele alte Fehnkolonien und Fischerdörfer haben den Wandel zu idyllischen Urlaubsorten geschafft.

das mal ansehen«, lügt er. »Dann sind Sie auf jeden Fall unser Gast«, sagt die junge Frau und drückt ihm eine Eintrittskarte in die Hand. Bodo Meier stellt zum ersten Mal auf den Kunsttagen aus. Seine Bilder hängen im »Oll Speitenhuus«, dem alten Speicher. »Sie sehen gar nicht aus wie Leute von hier«, sagt Max. Die beiden lächeln. Nein, sie sind zugezogen, arbeiten als Verwaltungsangestellte in Emden und widmen sich in ihrer Freizeit ihren Hobbys – sie reitet[1], er malt[2].

Trotz des Schocks kann Max sich schon wieder freuen, die beiden getroffen zu haben. Er erfährt, dass Ditzum seit Jahrzehnten Dreh- und Angelpunkt für Künstler ist. Und im Schlepptau der Kunst ist noch allerhand mehr in den Ort gespült worden: Von hier starten Kutterfahrten in den Dollart und auf die Ems, es gibt Lesungen, Konzerte den ganzen Sommer über, Touristen noch und noch. »Wir hatten auch mal überlegt, dorthin zu ziehen wie einige unserer Freunde«, sagt Bodo Meier. Aber jeden Tag mit der kleinen Fähre nach Emden zu pendeln, das erschien auf Dauer zu umständlich.

»Ich habe mich gefragt, warum hier alle Dörfer auf -um enden«, sagt Max zu dem Maler, der sich nun damit abgefunden hat, auf die nächste Fähre warten zu müssen. Seine Frau kennt die Antwort. »*Um* kommt von *hem*«, sagt sie,

[1] Die Region hat sich in den vergangenen Jahren zum Reiterparadies entwickelt: Wunderschöne Strecken und gute Unterbringungsmöglichkeiten ziehen jedes Jahr mehr Reiter von außerhalb an (siehe auch Kasten: Vorwärts mit allem, was kein Auto ist, Seite 187). Im Ferienort Timmel ist deshalb vor einigen Jahren eine der modernsten Reitsportanlagen Deutschlands entstanden, das Reitsport-Touristik-Centrum (RTC). Im Internet: www.rtc-grossefehn.de.

[2] Auch für Künstler ist das Land am Meer interessant. In allen Städten und vielen Gemeinden findet man regelmäßig Kunstausstellungen. Lohnenswert ist die »Atelierroute« der Initiative für Kunst-Hand-Werk und Design in Ostfriesland. Mehr Informationen gibt es unter www.atelierroute.de.

»und *hem* steht für Heim. In Petkum haben die Menschen ihr Heim im Jahre 800 an einem Flusslauf, einer sogenannten Pette, gebaut. In Jemgum ist sehr wahrscheinlich um 900 eine Siedlung ent...« »Ach, Margit, das interessiert doch den jungen Mann alles gar nicht«, unterbricht Bodo Meier seine Frau. »Wollen Sie nicht mitkommen zu meiner Ausstellung?«, wendet er sich an Max. Doch der hebt abwehrend die Hände. Erst einmal muss er sich um die kaputte Stoßstange kümmern. Er winkt den beiden zum Abschied und steigt wieder in Jans lädierten Wagen. Dass er wenig Lust hat, sich den Streithähnen anzuschließen, behält er besser für sich.

Im Auto ruft er seinen Freund an und erzählt von dem Unfall. »Es ist mir so peinlich, Jan, aber ich regel das.« »Du regelst gar nichts, sondern fährst jetzt in die Werkstatt nach Emden (siehe Glossar) und fragst nach Heinz. Der wird das regeln«, sagt Jan kurz angebunden und legt auf. Hauptsache, Max beeilt sich und kommt pünktlich wieder zurück. Jan und seine Frau wollen abends ins Konzert.

Max fährt von Petkum aus Richtung Stadtmitte, landet an einem historischen Hafen[1] und fährt direkt auf das Otto Huus zu, in dem sich alles um Waalkes' berühmte Ottifanten dreht. Für die hübsche Kulisse hat er keinen Blick, auch nicht für die Kunsthalle (siehe Glossar), das neue Theater oder das Fußballstadion: Er sucht die Straßen nach der Werkstatt ab, die Jan ihm genannt hat. Da kommt das VW-Schild in Sicht, Max biegt ab.

[1] An der Ems gelegen auf dem Weg zur Nordsee ist Emden von jeher eine Hafenstadt: Im 16. Jahrhundert war Emden gar der größte Hafen Europas. Doch Sturmfluten haben den Schifffahrtsweg immer wieder stark beschädigt, sodass die Stadt diesen Rang über die Jahrhunderte verloren hat. Nach wie vor ist der Seehafen bedeutsam – etwa als Umschlagplatz für Autos, aber auch für Rohstoffe und mittlerweile für die Windenergie.

Der Werkstattmeister nickt ihm zu, als Max aussteigt. »Moin, Moin, sind Sie Heinz?«, fragt Max. Der Werkstattleiter schüttelt den Kopf, aber offensichtlich weiß er schon Bescheid. »*Heinz, de van 't ›Oostfresenbladd‹*«[1], ruft er in die Werkstatt. »*Koom even röver.*«[2] Aus der Werkstatt kommt ein kräftiger junger Mann, der breitbeinig und mit angewinkelten Armen etwas schaukelnd läuft. Er zieht die Nase hoch und lässt sich die Geschichte noch einmal erzählen. Ohne sichtliche Regung. »Ich fürchte, der Rahmen ist verzogen«, jammert Max. »Das hat so dermaßen gescheppert. Ich bin froh, dass ich nicht in der Ems gelandet bin, so wie der auf mich draufgefahren ist.« Er redet gegen seine Nervosität an, aber Heinz geht nur schweigend um das Auto herum, die Arme auf dem Rücken verschränkt. Der Meister verzieht sich in sein Büro. »Meist kostet das ja alles mehr, als man denkt. Hoffentlich gibt das kein Theater mit der Versicherung«, plappert Max weiter, während Heinz sich bückt und einmal kräftig an der Stoßstange herumdrückt. »So, nun is's wieder okay.« »Wie, das war's schon?« »Jo. War nur die Stoßstange. Da hast du Schwein gehabt.« Max ist gottfroh. »Ich weiß gar nicht, wie Ihnen danken soll«, sagt er. »Was bekommen Sie dafür?« Der Mechaniker winkt ab. »Grüß Jan von mir. Nu besorg mal 'ne anständige Flasche Sekt für die beiden. Aber nicht so'n Sauren«, sagt er und lässt Max stehen.

Max tankt den Wagen auf, kauft zwei Flaschen Sekt – von dem süßen – und ist rechtzeitig zurück in der Pension. Schon wieder so ein Tag zum Verzweifeln, denkt er geknickt. Jan erwartet ihn schon. Er besieht sich den Schaden und klopft Max auf die Schulter. »Mir wäre ein Totalschaden ja lieber gewesen. Aber so ist es auch okay.«

1 Heinz, der vom »Ostfriesenblatt«.
2 Komm mal rüber.

Grimmig fügt er hinzu: »Unser Ausflug nach Emden fällt flach. Der Babysitter ist krank, wir können nicht weg.« Max sieht Jan nicht in die Augen, als er sagt: »Das könnte ich doch übernehmen.« Jan blickt ihn ungläubig an. »Du? Du hast gerade mein Auto kaputt gefahren, nachher steht noch unser Haus in Flammen.«

Eine halbe Stunde später sitzt Max bei Jan zu Hause, das erste Mal. Sein Freund wohnt in einer vielleicht 20 Jahre alten Siedlung im Auricher Stadtteil Witkum[1]. Ein Rotklinkerbau mit rotem Dach, groß wie ein Vierfamilienhaus steht er auf einem Grundstück, das in Max' alter Heimat auch für zwei Häuser locker ausgereicht hätte.

Er staunt, was sich die Menschen hier offenbar leisten können. »Das ist ja riesig«, sagt er. Jan lacht. »Den ersten Bausparvertrag gibt's mit 18. Und mit 25 geht's los. Alles Marke Eigenbau.« Der Ostfriese besitzt nicht nur, er baut auch selbst – mit Freunden und Verwandten. Es gibt viele Handwerksbetriebe im Land, und jeder kennt jemanden, der Maurer, Tischler oder Elektriker ist und gerne hilft.

Jans Frau Hemma wartet schon. Sie dürfte Mitte 30 sein, sieht aber eher aus wie Mitte 40. Ihre blonden Haare sind kurz. Wie Jan ist sie kräftig und steht voll im Leben. »Wie schön, dass du uns den Abend rettest«, begrüßt sie Max herzlich. Max ist erleichtert – die beiden nehmen seinen Unfall sehr gelassen.

Hemma führt Max ins Wohnzimmer, wo vor dem Fernseher Chips, Flips, Coca-Cola und Jever aufgebaut stehen. »Kea schläft schon, und Hannes macht sich nachher alleine fertig, nicht wahr?«, sagt sie und sieht ihren elfjährigen Sohn eindringlich an. Der nickt nur und verzieht sich vor die Playstation in sein Zimmer. Sie legt Max eine Hand auf die Schulter. »Mach es dir einfach gemütlich.

1 Der Stadtteil ist frei erfunden.

Es wird sicher spät heute Abend.« Sagt es und lächelt so charmant, dass Max erahnen kann, dass sie einmal eine Schönheit gewesen sein muss.

## *O*stfriesische Warfendörfer: immer einen trockenen Fuß

Ein Warfendorf ist ein Dorf, das auf einem künstlich aufgeschütteten Erdhügel, der sogenannten Warft, steht, um vor Sturmfluten geschützt zu sein. Die meisten Warfendörfer gibt es demzufolge an den Nordseeküsten Deutschlands, der Niederlande und auf den Halligen (ab der Wesermarsch in östlicher Richtung heißt es dann Wurtendorf). Eine Warft, die kreisrund oder lang gestreckt sein kann, war lange Zeit der einzige Hochwasserschutz, bevor der Deichbau einsetzte. Und auf den Halligen ist sie es bis heute.

In der **Krummhörn** findet sich eine große Ansammlung von Warfendörfern. Die Krummhörn ist eine Gemeinde aus insgesamt 19 Dörfern (davon 18 Warfendörfern) in der Marschlandschaft und ein Hauptanziehungspunkt für Ostfrieslandtouristen. Vor allem der Fischerort Greetsiel (der aber kein Warfendorf ist), wird wegen seiner Krabbenkutter und seiner malerischen Gässchen gern besucht.

Zu den bekanntesten Rundwarfendörfern der Krummhörn gehört das über 1.000 Jahre alte **Rysum** (um 1000 n. Chr. hieß der Ort noch Hrisinghem). Es liegt westlich von Emden und hat eine runde Warft mit einem Durchmesser von etwa 400 Metern. Daran grenzt der sogenannte Zingel an, ein eingedeichtes Grünland, in das man früher bei drohender Sturmflut die Tiere des Dorfes trieb, um sie vor dem Wasser zu schützen. Auf dem höchsten Punkt der Warft liegt die Rysumer Kirche, in der sich die älteste ostfriesische Orgel aus dem Jahr 1457 befindet (siehe Kasten: Wenn der Wind Musik macht, Seite 117). Auch steht ganz in der Nähe eine alte restaurierte Windmühle. Von hier aus kann man weit übers Land sehen, mit Glück und bei klarer Sicht sogar bis Holland.

Womöglich noch älter (vermutlich aus dem 8. Jahrhundert), aber als Langwarfendorf angelegt ist **Groothusen**, das ebenfalls in der Krummhörn liegt und im Mittelalter ein umtriebiger Handelsplatz war. Damals lag das Dorf direkt an einer Meeresbucht und war per Schiff erreichbar. Seine Warft ist um die 500 Meter lang und 130 Meter breit. In Groothusen lässt sich eine historische Wasserburg – die Osterburg – besichtigen, die einzige von ehemals drei Wasserburgen, die 1490 wieder aufgebaut wurde und seitdem erhalten geblieben ist. Um die Osterburg herum gibt es einen wunderschönen Landschaftspark mit einer alten Lindenallee.

Im Wangerland zwischen Jever und Carolinensiel liegt das gut erhaltene Wurtendorf **Ziallerns**. Hier befinden sich nicht nur kleine Landarbeiterhäuser, sondern auch noch einige schöne Gulfhöfe. In »Haus Nr. 7« ist ein Informationszentrum eingerichtet.

Informationen über die **Warfendörfer** in der **Krummhörn** findet man hier:
www.greetsiel.de
www.greetsiel-krummhoern.de

Informationen zur **Osterburg** mit Führungen und zum Park: www.osterburg-groothusen.de

Weitere **Gartenparadiese** in der **Krummhörn** lassen sich hier entdecken: www.greetsiel.de/tourismus/ interessen/kunst-kultur/gartenroute

Informationen über das **Wurtendorf Ziallerns**: www.ziallerns.de

# Seid gegrüßt, freie Friesen!

Nach einer weiteren frustrierenden Woche in der Redaktion des »Ostfriesenblattes« hat Max am Wochenende Wohnungsbesichtigungstermine. Da sein Traum von einer Studentenbude gleich zu Beginn geplatzt ist, hat er sich nun auf Zimmer und Oberwohnungen in Einfamilienhäusern verlagert und seinen Radius deutlich erweitert. Jetzt ist er mit dem Fahrrad auf dem Weg nach Rahe, einem Randbezirk von Aurich, um sich eine Ein- liegerwohnung in einem hübschen 60er-Jahre-Bungalow anzusehen. Wer weiß, wo da der Haken ist, denkt Max, als sein Blick auf eine Allee mit alten Bäumen fällt. Die Blätter bilden ein grünes Dach. Er radelt den Weg ent- lang und entdeckt ein Schild: Upstalsboom, der Ort, der wie kaum ein anderer für die Friesische Freiheit steht. In Upstalsboom trafen sich Abgeordnete zu Pfingsten, um Recht zu sprechen – denn für die Friesen galt natürlich nicht das Gesetz irgendwelcher Grafen aus der Umge- bung. Im frühen Mittelalter waren sie nur dem Kaiser un- terstellt, aber der war weit weg.

*Eala Frya Fresena* – Seid gegrüßt, freie Friesen! Diesen Spruch verwenden die Ostfriesen bis heute – früher auf Wappen, jetzt auf großen Schildern an den Autobahnen A 28 bei Filsum und A 31 bei Neermoor. Häufig auch auf Autoaufklebern.

Max radelt weiter zur etwa 180 Jahre alten Thingstätte. Er erreicht einen kleinen Hügel mit einer Steinpyramide, umgeben von Bäumen. Ganz ruhig ist es hier, nur die Vögel zwitschern. Bedächtig steigt er vom Fahrrad. Auch wenn die Stätte wenig feierlich aussieht, hat Max dennoch das Gefühl, gerade hier der ostfriesischen Seele ein wenig näherzukommen. Ostfriesische Freiheit. Wenn etwas typisch ist für diesen Menschenschlag, dann das: seine legendäre Liebe zur Unabhängigkeit.

Ein Spaziergänger reißt Max aus seinen Gedanken. Er muss sich sputen, wenn er noch einigermaßen pünktlich zum Besichtigungstermin kommen will. Erhitzt erreicht er den Bungalow. Zu spät – eine junge Frau ist ihm zuvorgekommen. Ach, was soll's, denkt Max. Es wäre ihm ohnehin zu weit von der Redaktion entfernt gewesen.

## Erhebt euch! Über die Friesische Freiheit und die Zeit der Häuptlinge

Die unbändige Liebe der Ostfriesen zur Freiheit reicht weit über 1.000 Jahre zurück – bis ins 9. Jahrhundert. Die Geschichtsschreibung ist sich bis heute zwar uneins, welcher kaiserliche Karl es war – ob Karl der Große oder Karl der Dicke –, einer von beiden muss es jedoch gewesen sein, der den Friesen das Recht verlieh, frei zu sein und nur den Kaiser als Oberhaupt anzuerkennen. Mehr als 600 Jahre lang wussten die freien Friesen ihr Recht zu nutzen und gegen jedweden Angriff zu verteidigen (so lautete ihr Wahlspruch *Eala Frya Fresena*: »Heil dir, freier Friese!« beziehungsweise »Edler freier Friese!«. Oder auch: »Seid gegrüßt, freie Friesen!«). Zusammengeschlossen zu Landesgemeinden, organisierten sie sich quasigenossenschaftlich, indem sie Vertreter aus ihrer Mitte wählten. Dabei war jedes Mitglied, das Grundbesitz hatte, gleich stimmberechtigt. Die Vertreter trafen sich alljährlich nach Pfingsten an ihrem Versammlungsort, dem Upstalsboom bei Aurich, um Recht zu sprechen und ihre politischen Angelegenheiten zu regeln. Heute steht an dieser Stelle eine 1833 errichtete Steinpyramide.

Nach und nach schälten sich unter den Gleichen jedoch einige heraus, die noch gleicher waren. Sie waren *nobiles*, vornehme und reiche Familien, die davon profitierten, dass im Lauf des 14. Jahrhunderts die öffentliche Ordnung immer mehr zerfiel. Die Ostfriesen hatten schlimme Heimsuchungen zu überstehen wie die Pest 1349/50 oder die verheerende Sturmflut im Januar 1362, die sogenannte Zweite Marcellusflut, bei der ganze Landstriche untergingen. Im Schatten dieser Krisen verfestigte sich die Macht einiger reicher Familien, aus denen die späteren ostfriesischen Häuptlinge hervorgingen.

Als Anführer konnten sie sich bei den freien Bauern nur etablieren, weil die ihre Rechte behielten und weiterhin keine Steuern zahlten. Um sich zu finanzieren, mussten die Häuptlingsfamilien also andere Einkommensquellen auftun, allen voran der Seeraub. Man war in dieser Hinsicht recht findig: Neben dem Kapern von Schiffen zählte dazu auch das absichtliche Strandenlassen von Handelsbarken mithilfe falscher Leuchtfeuer. Dank des Strandrechts durfte angeschwemmtes Gut in Besitz genommen werden.

Zu den bis heute bekannten Häuptlingen zählen die Familienmitglieder der tom Brok, deren Name sich im Brookmerland wiederfindet. Diese tom Broks gehörten zu den ersten ostfriesischen Häuptlingen und später auch zu ihren mächtigsten. Einer ihrer Sprösslinge, Okko II. tom Brok, schwang sich für kurze Zeit sogar zum Herrscher über Ostfriesland auf. Bevor er jedoch das gesamte Friesenland unter sich bringen konnte, stoppte ihn sein Kontrahent, der Häuptling Fokko Ukena, im Jahre 1426. Dass der jedoch nicht der Heilsbringer und Retter der Friesischen Freiheit war, wie seine Kämpfer erhofft hatten, sondern auch nur an der Erweiterung seiner Macht interessiert, ist eine andere Geschichte.

Als Kaiser Friedrich III. den ehemaligen Häuptling Ulrich Cirksena 1464 zum ersten Reichsgrafen über ein geeintes Ostfriesland erhob, war das Ende der Häuptlingszeit in Ostfriesland besiegelt.

# Die Wahrheit über den Ostfriesenwitz

Auf dem Rückweg von der Wohnung beginnt es zu regnen. Wind kommt auf, überhaupt bläst hier der Wind immer von vorn. Max tritt fluchend in die Pedale. Es muss sich dringend was ändern. Ein Auto und eine Wohnung müssen her. Bald. Als Max durchnässt in der Pension ankommt, trifft er auf Jan. »Was machst du denn hier?«, fragt Max. Am Sonnabend ist Jan normalerweise spätestens um zehn Uhr morgens verschwunden. Samstag ist Familientag: erst den Wocheneinkauf im Supermarkt auf der grünen Wiese erledigen, dann mit Sohn Hannes den Golf saugen und waschen, nachmittags Rasen mähen. Abends gucken Eltern und Kinder gemeinsam fern. »Heute ist Männerabend«, grinst Jan. »Willst du mitkommen? Das wird sicher lustig.« Da Max ohnehin nichts vorhat, nimmt er die Einladung an. Klingt besser als ein weiterer einsamer Abend vor dem Notebook.

Rasch zieht er sich um und begleitet Jan in die Kneipe. Sie heißt schlicht »Bi Hinni«, so wie ihr Besitzer. Bierdunst vermischt sich mit Qualm und Schweißgeruch.

Schummriges Licht, vergilbte Wände, Fischernetze unter der Decke, in denen sich Plastikhaie verheddert haben, rustikaler Tresen mit Zapfanlage, rot karierte Tischdecken, harte Holzstühle. Im Hintergrund läuft Freddy Quinns »Rolling Home«. Eine echte norddeutsche Eckkneipe. An einem Tisch vorn am Fenster sitzen vier Männer über Jever-Flaschen gebeugt. »Moin, Jungs, das ist Max«, stellt Jan ihn vor, klopft ihm kurz auf die Schulter und lässt ihn stehen. Max sieht noch, wie Jan sich an den Tresen drängelt und mit dem Wirt ein Gespräch anfängt. Na prima, denkt Max, setzt sich zu den Männern und sagt fröhlich: »Hallo, schön, euch mal kennenzulernen.« Die Männer starren ihn an. »Ich komme aus Bochum und arbeite seit August beim ›Ostfriesenblatt‹.« Die anderen nicken nur und versinken wieder in ihr Schweigen. Einer nimmt den Kopf hoch, guckt seinen Nachbarn an und fragt: »Und sonst so?« »Ho, muss ja, ne«, ist die Antwort. Schweigen. Dann die Gegenfrage: »Un bei dir?« »Jo, nützt ja nix.«

Max macht die Stille ein bisschen nervös, und wenn er nervös wird, redet er ein bisschen blöd. »Mensch, in Aurich ist ja abends echt nichts los. Was kann man denn hier am Wochenende so machen?« Die Männer gucken ihn an, als wüssten sie nicht, was denn los sein sollte. »Is doch schön hier, oder nich?«, sagt einer. Schweigen. Max gibt nicht auf. »Ich habe von dieser coolen Auricher Band gehört, Sue[1]. Wie sind die Jungs denn so?« Achselzucken. »Sue? Weiß ich nix von.«

Wieder Schweigen. Max probiert es mit dem Klassiker: »Und, was machst du so beruflich?«, fragt er den Mann mit dem Topfhaarschnitt und dem Bierbauch neben sich. Die Antwort kommt kurz und knurrig: »Bau.« Bau. Das

---

[1] Sue ist eine ambitionierte Auricher Popband, aber bislang ohne nationalen Durchbruch. Ihre Offshore-Konzerte auf der Nordsee sind bei jungen Leuten sehr beliebt und immer schnell ausverkauft.

kann vieles sein, Maurer, Straßenbauer oder aber Ingenieur. »Und was da genau?«, bohrt Max weiter. »Tiefbau.« So kurz die Antwort ist, so klar enthält sie die Aufforderung, es dabei zu belassen, dass selbst Max sie versteht.

Sie schweigen weiter. Ab und zu setzt einer sein Jever an, dann sitzen sie wieder reglos. Max sieht sich hilflos nach Jan um. Wo bleibt der denn bloß? Ach, er telefoniert, an den Tresen gelehnt. Der Wirt schiebt ihm noch eine Bierflasche zu. Max dreht sich zurück zu seinen stummen Tischgenossen. Seinen ersten ostfriesischen Männerabend hatte er sich unterhaltsamer vorgestellt.

Gerade als er aufstehen will, um zu Jan an den Tresen zu gehen, kommt der an den Tisch. In der Hand hält er einen Würfelbecher, den er aufs Holz knallt. »Na, da habe ich euch ja einen echten Schwätzer mitgebracht, was.« Seine Kumpels brummen unverständlich vor sich hin. »Wieso Schwätzer?«, fragt Max genervt. »Hör zu«, sagt Jan. »Sitzen zwei Ostfriesen am Deich und schauen aufs Meer. Da kommt ihr Kumpel und bringt einen Fremden mit. Der Fremde sagt: ›Moin, moin‹. Die beiden am Deich nicken nur. Am nächsten Abend sitzen sie wieder am Deich und schauen aufs Meer. Diesmal kommt ihr Kumpel allein. Da sagt der eine: ›Sach ma, den Schwätzer bringst du aber nich noch mal mit.‹« Jetzt lachen alle, auch Max muss grinsen. Der Mann mit dem Topfschnitt, der neben ihm sitzt, wirft ihm einen Blick zu. Dann klopft er ihm kurz auf die Schulter. Jan stellt den Würfelbecher vor Max: »*So, mien Jung, nu holl man up to palavern. Nu word spöölt.*«[1]

»Schluck und Bier« heißt das Spiel, ein simples Trinkspiel, bei dem der Name Programm ist: Wer verliert, muss eine Runde Bier und Korn ausgeben. Max wirft Full House und ist damit schon mal nicht der Verlierer. Ein Raunen

1 So, mein Junge. Nun hör mal auf zu reden. Jetzt wird gespielt.

geht um den Tisch. »Sauber!«, heißt es und »Anfänger-
glück!« Da geht die Tür auf, ein weiterer Kumpel kommt
herein, Bernd. Ein lustiger Workaholic, der alle zwei Jahre
seinem Job hinterherzieht. Seine Männerrunden mit den
alten Freunden sind ihm heilig. Sobald er im Lande ist,
reist er dafür nach Aurich. »*Munte*[1]!«, brüllt Bernd in die
Kneipe. Alles lacht. »Da kommt der wahre Schwätzer«,
raunt Jan Max zu. »Pass auf, jetzt wird's lustig.«

Bernd holt sich ein Jever und seinen Würfelbecher
am Tresen ab, klopft Wirt Hinni auf die Schulter, kommt
heran und setzt sich neben Max. »Moin, ich bin Bernd
Kiekheben, bekannt als der Hamburger, weil das meine
erste Station war, als ich aus Ostfriesland weggezogen
bin. Gemessen an meinem Umsatz hier gehört mir der
Laden.« Die anderen lachen wieder. »Wie steht's? Der
Maurer sieht ja heute wieder gut aus! Junge, Junge, ist das
schön, euch zu sehen.« Der Maurer, das ist der wortkarge Mann vom Bau. Eigentlich heißt er Mammo, aber sie
nennen ihn Maurer, weil er locker für einen Bauarbeiter
durchgehen könnte mit seiner zugeknöpften Art und seinem einfältigen Aussehen. Dabei ist Mammo in Wahrheit blitzgescheit, baut für eine Spezialfirma komplizierte
Schleusen auf der ganzen Welt. Aber er redet nicht darüber, schon gar nicht mit Fremden. Erfolg ist eine heikle
Sache in Ostfriesland. Sich nicht zu wichtig zu nehmen
ist oberstes Gebot. Und das hat einen Grund: Es ist noch
nicht lange her, da sahen alle alt aus, wenn die Flut kam.[2]

---

**1** Munte ist die Kurzform von »Munter bleiben«, einer typischen norddeutschen Verabschiedung. In den 1990er-Jahren erhielt diese Floskel
durch die Comedy-Sendung »Frühstyxradio« beim Privatsender FFN
Kultstatus bei jungen Leuten.

**2** Ab etwa 1000 n. Chr., so wird angenommen, haben die Friesen begonnen, die Küste einzudeichen (Goldener Ring, siehe Glossar). Im
Kampf um Land schlossen die Ostfriesen sogar einen Pakt mit dem
benachbarten Jever (siehe Glossar).

Jeder musste mit anpacken, um die Deiche zu sichern. Es galt: Wer nicht deichen will, muss weichen. Da war persönliche Eitelkeit fehl am Platz. Das wirkt bis heute nach. Die Sturmfluten sind noch immer eine Gefahr, auch wenn sie aufgrund verbesserter Deiche und guter Prognosen nicht mehr so dramatisch ausfallen wie früher.

Das Spieltempo zieht an. Mammo, der »Maurer«, haut seinen Würfelbecher so hart auf den Tisch, dass die Jever-Flaschen wanken. Bernd wirft eine Zwei nach der Drei nach der Zwei und ärgert sich lautstark. »Satan, Bernd, du bis heut aber nich in Form«, lästert Mammo. »Wenn du mit so einem Erfolg an der Börse handelst, ist es kein Wunder, dass ihr kurz vor der Pleite steht.« Alles lacht. »Seht ihn euch an, den Maurer«, kontert Bernd, »nach vier Bier immer für einen Spruch gut. Ich möchte dich sehen, wie du in deinem plattdeutschen Englisch den marokkanischen Hilfsarbeitern erklärst, dass ihre Schubkarre nicht quiek... ... quiek... ... quiek... ... machen soll, sondern quiekquiekquiekquiek.«

Ein Kalauer jagt den nächsten, aus den Fischköppen sprudelt ungeahnter Witz. Max schaut von einem zum anderen wie bei einem Pingpongspiel. Am liebsten würde er sein Diktiergerät mitlaufen lassen. Er ahnt, wie Otto Waalkes zu seinen Sprüchen gekommen ist – die hat er nicht bei den Mitgliedern der Neuen Frankfurter Schule gehört, nein, andersherum muss es gewesen sein: Wahrscheinlich lud Waalkes die Redaktion von »Pardon« nach Ostfriesland ein, und Robert Gernhardt und all die anderen schrieben nur mit, was man sich abends in den Eckkneipen um die Ohren haute. »Hast du mal 'ne Zigarette? Meine Schachtel steckt noch im Automaten«, dieser Otto-Gag hätte auch vom Hamburger, vom Maurer oder von Jan kommen können.

Bernd verliert an diesem Abend eine Runde nach der nächsten. »Siehst du, Max«, lallt Mammo, der Maurer. »So ist das im Leben. Bernd sieht am besten von uns aus, er kann am besten reden, hat die schönsten Frauen. Aber hier ist er ein ganz armer Schlucker.« Die anderen prusten ihr Bier über den Tisch, und Bernd nimmt es sportlich: »Junge, Junge, ich weiß schon, warum ich von hier weggegangen bin. *Hebben kümmt von sporn*[1], alte ostfriesische Weisheit. Da kann man ja auf keinen grünen Zweig kommen, wenn ihr einen immer so über den Tisch zieht.«

Einige Witze an diesem Abend gehen auf Max' Kosten. Manche durchschaut er, andere nicht. Als Bernd seinen Autoschlüssel auf den Tisch knallt und davon redet, dass er gleich noch über den Deich brettern will, kann Max nicht an sich halten: »Fahren?«, sagt er. »Logo«, sagt Bernd. »Noch 'ne alte ostfriesische Weisheit: Wer trinken kann, kann auch fahren.« »Du setzt dich mit zwei Promille hinters Steuer?« Max kann es nicht fassen. Doch Bernd nickt. »Mein Schwager fährt sogar nach 15 Bier noch zum Feuerwehreinsatz. Hinterher trinkt er mit den Bullen einen Schnaps. Is das bei euch nich so?« Max blickt sich hilfesuchend nach den anderen um. Aber die nicken ebenfalls und sehen ganz ernst aus.

Und so muss der Ostfriesenwitz entstanden sein: Aus lauter Spaß an der Zote wetteiferten die Einheimischen im Sprücheklopfen und stellten erst mit Verzögerung fest, dass Auswärtige den Blödschnack für bare Münze nahmen. Seitdem werden die Ostfriesen für einfältig gehalten, woraus die sich wiederum einen Spaß machen. Wer über einen Ostfriesen lacht, hat nur nicht begriffen, dass in Wahrheit er es ist, der gerade nach Kräften vorgeführt wird.

1 Haben kommt von sparen.

Später am Abend geht die Tür auf, und weitere Butenfriesen[1] betreten die Kneipe. Bernd gesellt sich mit seinem lauten »*Munte!*« zu den Neuankömmlingen. Jan erhebt sich ebenfalls, winkt Max zu. »Los geht's, mein Lieber«, sagt er, »morgen haben wir eine Wohnungsbesichtigung. Da musst du einen guten Eindruck machen.« Max will noch nicht gehen, er will weiter dasitzen und mitlachen. Aber Moment mal eben, was hat Jan da gesagt? Eine Wohnungsbesichtigung? Max stößt hastig seinen Stuhl zurück, klopft zum Abschied auf den Tisch und folgt Jan zur Tür. Mammo ruft ihnen nach: »Jan, den Schwätzer kannst du ruhig mal wieder mitbringen.«

## »Lieber Gott, nimm es hin, dass ich was Besond'res bin«* – über den Komiker Otto Waalkes aus Emden

Im Jahr 1973 war das Farbfernsehen in Deutschland gerade mal sechs Jahre alt. Es gab noch keine kommerziellen Sender, sondern nur die beiden öffentlich-rechtlichen, ARD und ZDF. Da kam der junge Komiker Otto Waalkes aus Emden gerade recht: Die »Otto Show«, Ottos erste abendfüllende Sendung, wollten bis zu 15 Prozent aller deutschen Fernsehzuschauer sehen. Kurz zuvor war seine erste Platte herausgekommen (»Otto«). Der sogenannte Blödelbarde war plötzlich überall, wie er selbst in einem Interview 2008 sagte: »Es war schwer, mir auszuweichen – was für ein Glück. Wenigstens für mich.«

[1] Butenfriesen nennt man die Ostfriesen, die weggezogen sind. In einigen Städten treffen die Butenfriesen sich sogar regelmäßig. Andere erstellen eigens eine Homepage: Unter www.botschaft-ostfriesland.de haben ein paar Butenfriesen zahlreiche lustige und wertvolle Informationen rund um ihre Heimat zusammengestellt.

1973 war zugleich das Jahr, in dem Otto Waalkes' Zusammenarbeit mit dem begnadeten Autor und Zeichner Robert Gernhardt begann. Gernhardt war Mitarbeiter der Satirezeitschrift »Pardon« und einer der Köpfe der satirischen Gruppierung »Neue Frankfurter Schule«. Er schrieb in der Folgezeit unzählige Gags für Otto und war an einigen Drehbüchern der späteren Otto-Filme beteiligt. Nicht wenige sind der Ansicht, Gernhardt sei die graue Eminenz hinter dem Komiker gewesen und der Garant für dessen bahnbrechenden Erfolg. Auch das Gedicht »Lieber Gott, nimm es hin, dass ich was Besond'res bin« stammt von ihm. Otto hatte es auf seiner ersten Platte zum Besten gegeben und sich von Gernhardt prompt eine Beschwerde wegen Urheberrechtsverletzung eingehandelt. Doch statt Ärger ergab sich aus diesem Kontakt eine hochproduktive Kooperation über viele Jahre, auch mit anderen Mitgliedern der Neuen Frankfurter Schule wie Pit Knorr und Bernd Eilert.

Ottos Sprachblödeleien, sein Wortwitz und seine ausufernde Körpersprache stellten in der gediegenen Fernsehunterhaltung damaliger Zeiten etwas noch nie Dagewesenes dar. Was bei manchen nicht so gut ankam. Bundeskanzler Helmut Schmidt forderte Ende der 70er-Jahre eine Entschuldigung für den Kalauer: »Haben Sie schon gehört, der Papst soll Selbstmord gemacht haben? – Na ja, wenn man sich beruflich verbessern kann.«

Otto wurde am 22. Juli 1948 in Emden geboren. Mit zwölf Jahren begann er Gitarre zu spielen und gründete als Gymnasiast eine Band namens »The Rustlers«. Er wurde Student der Hamburger Hochschule für bildende Künste, wohnte mit Udo Lindenberg und Marius Müller-Westernhagen in einer Groß-WG und gab erste Konzerte in Hamburg. Sein eigenes Label Rüssl Räckords gründete er 1972 zusammen mit seinem späteren Manager Hans Otto Mertens, in den Folgejahren erhielt er mehrere Goldene Schallplatten für seine LPs und Preise für seine Fernsehshows. 1985 kam »Otto – der Film« in die Kinos, der lange Jahre der erfolgreichste deutsche Kinofilm war. Mit seinen Filmen verhalf Otto seiner ostfriesischen Heimat zu neuer Popularität. Der rot-gelb gestreifte Leuchtturm in Pilsum beispielsweise erlangte Kultstatus durch »Otto – Der Außerfriesische«.

Heute ist er noch immer auf Tour und dreht weiterhin Filme (wie zum Beispiel »Otto's Eleven«), auch wenn viele Kritiker der Meinung sind, dass seine Witze nun allmählich aus der Mode kommen. Er ist mit der Schauspielerin Eva Hassmann verheiratet und hat einen Sohn aus erster Ehe. Otto Waalkes lebt in Hamburg.

### Typisch Otto

»Der Angeklagte hat gestanden!« – »Und Sie haben ihm keinen Platz angeboten?«

English for Runaways (Englisch für Fortgelaufene): »She knows E-Mail is important: Sie weiß, Emil ist impotent.«

»Eine 40-Pfennig-Marke bitte, aber machen Sie den Preis ab. Soll ein Geschenk werden.«

**Tipp:** Dat Otto Huus in Emden, Große Straße 1, 26721 Emden, Tel.: 04921 / 221 21, Mo–Fr 9:30–18 Uhr,

Sa 9:30–14 Uhr, April bis Oktober auch So 10–16 Uhr.
Mehr Infos über: www.otto-waalkes.com

> *\* Lieber Gott, nimm es hin,*
> *dass ich was Besond'res bin.*
> *Und gib ruhig einmal zu,*
> *dass ich klüger bin als du.*
> *Preise künftig meinen Namen,*
> *denn sonst setzt es etwas. Amen.*
> Robert Gernhardt (1937–2006)

# Ein neues Zuhause

A m nächsten Morgen erwacht Max aus dem Koma. Sein Alkoholspiegel dürfte immer noch weit über einem Promille liegen. Mühsam quält er sich aus seiner Butze und wankt ins Badezimmer. Wüsste er es nicht besser, hielte er die Butze für eine Koje und das Haus für ein Schiff in rauer See. Er betrachtet sein Spiegelbild, aufgequollen von Bier und Korn. Na, so kann das mit der Wohnung nichts werden, denkt er. Doch nach einer ausgiebigen Dusche und mehrfachem Zähneputzen fühlt er sich besser. Der Duft von gebratenen Eiern und Speck steigt ihm in die Nase. Jan ist ein Schatz, er weiß einfach, was man nach so einem Abend braucht.

»*Moin, mien Jung*«, begrüßt ihn der Koch. Ihm sieht man die Spuren des durchzechten Abends kaum an. Aber er hat auch nicht annähernd so viel getrunken wie Max. »War doch lustig gestern Abend, oder?« Max lacht. Lustig? Es war herrlich. Mittlerweile kann er auch über seinen misslungenen Einstand grinsen – was für eine absurde Idee, an einem Männerabend über Job oder Kultur reden zu wollen. Er würde Jan gern fragen, wieso er eigentlich nicht von hier weggegangen ist, um sein Glück woanders zu probieren. Aber da stehen schon die Eier vor ihm, und seine Gedanken sind schlagartig im Hier und Jetzt, bei seinem Katerfrühstück.

Was hat es denn nun mit der Wohnung auf sich? Gestern auf dem Heimweg war aus Jan nichts mehr herauszubekommen. Nur ein »Schlaf dich aus«, und dann hatte er Max auch schon vor der Pensionstür abgeladen. Doch jetzt setzt er sich an den Tisch, sieht Max zu, wie der seine Eier zerschneidet, und erzählt von der Witwe Onneken. Die Onnekens waren beliebte Leute in Aurich, umtriebig und gesellig. Er arbeitete als leitender Angestellter, sie als Grundschullehrerin. In ihrer Freizeit tummelten sie sich auf privaten Festen und engagierten sich in allerlei wohltätigen Initiativen. Doch dann starb der noch gar nicht alte Onneken an einem Herzinfarkt. Seitdem zieht sich seine Frau immer mehr zurück. »Mootjelina haben wir Mootje Onneken immer genannt. Sie ist Hinnis Tante, weißt du«, sagt Jan. Hinni? Ach ja, der Wirt von der Eckkneipe, erinnert sich Max. »Hinni hat mir gestern erzählt, dass er sich Sorgen macht um sie. Und da haben wir uns was ausgedacht. Mootjelina hat nämlich eine hübsche Einliegerwohnung. Wenn du dich da einquartierst, könntest du günstig wohnen und dich ein bisschen um sie kümmern. Das würde sie sicherlich aufheitern.«

Sie fahren wenige Kilometer in die Innenstadt, biegen in eine kleine, von Buchen und Eichen umsäumte Straße, holpern über das Kopfsteinpflaster und stehen plötzlich vor einem etwa einhundert Jahre alten Hexenhäuschen. Rotklinker, schwarzes Spitzdach, weiße Holzsprossenfenster und riesige Rhododendren entlang der Einfahrt.

»Jan, das ist ja der Hammer!«, stammelt Max, baff vor Erstaunen. »Sach ich doch, kannst dich auf mich verlassen«, sagt Jan.

Eine ältere Dame öffnet die Tür, als sie klingeln. Das graue Haar nach hinten gesteckt, braunes Kostüm – eine gut situierte Witwe und auch in ihrem Alter noch eine Erscheinung. »Guten Tag, Herr Tillmann, wie schön, dass Sie sich für meine kleine Wohnung interessieren. Jan hat mir von Ihnen erzählt.« Trotz ihrer akkuraten Sprache kann sie ihre norddeutsche Herkunft nicht verleugnen, sie rollt das R immer noch leicht, wie es typisch ist für Ostfriesen.

Frau Onneken hat Kaffee und Plätzchen angerichtet. Jan setzt sich in einen der Lehnstühle, und Max nimmt auf dem roten Sofa Platz, das hoch wie ein Stuhl ist und am Esstisch steht. »Das ist ein altes Ostfriesensofa, das mein Mann von einem Bauern gekauft hat«, erzählt Frau Onneken mit Stolz in der Stimme. »Mein Mann hatte viel übrig für alte ostfriesische Sachen. Früher ist er über Land gefahren und hat diese wunderhübschen Möbel gekauft«, sagt sie. Die berühmten Ostfriesensofas, einige alte Schränke, die er liebevoll hat aufarbeiten lassen. »Er hat auch unseren Garten angelegt«, sagt sie und deutet auf den von Buchen- und Wallhecken umgebenen Bauerngarten. Die Blumen sind alle verwelkt, die Blätter noch sattgrün. Aber Max kann erahnen, wie reich die Rabatten im Frühling blühen werden. »Der Garten war sein Leben nach der Pensionierung«, erzählt die ältere Dame. Ihr Mann hatte die Beete und einen großen Gemüsegarten gepflegt, Tomaten im Gewächshaus gezüchtet und die kleinen Buchsbäumchen zurechtgeschnitten.

Max erinnert sich plötzlich an Wibkes Eltern, die aus dem Garten kamen und ihn zwischen die Setzlinge in ihrem Auto platzierten. Oh Gott, Wibke. Die Telefonnummer hatte er doch rauskriegen wollen. Wegen all der Ereignisse der vergangenen Wochen hatte er das ganz vergessen. Bestimmt ist sie enttäuscht, dass er noch nicht angerufen hat. Was muss sie nur von ihm denken! Ein sehnsüchtiges Gefühl steigt in Max auf. »Nun hat er mich zurückgelassen, und ich kann unmöglich allein den Garten machen«, hört er Frau Onneken sagen. Ihr Neffe Hinnerk – den Max nur als »Hinni«, den Wirt, kennt – helfe ihr ab und zu mit dem Rasenmähen, aber das meiste müsse sie allein machen.

»Insofern ist die Wohnung an eine Bedingung geknüpft – Sie müssten mir im Herbst mit dem Laub helfen und im Frühjahr die Beete sauber halten.« Max ist noch so in Gedanken, dass er ohne nachzudenken antwortet: »Das mache ich doch gern, Frau Onneken. Ich erledige alles, was Sie möchten. Sagen Sie mir einfach Bescheid, was zu tun ist.« Frau Onneken schlägt die Hände zusammen wie ein Kind. »Wunderbar! Dann zeige ich Ihnen mal die Wohnung.«

Sie hat einen eigenen Eingang, der Flur führt in den großen Wohn- und Schlafraum, mit bodenhohen Fenstern zum verwunschenen Garten. Wie bei Frau Onneken hängen auch hier Ölgemälde mit ostfriesischen Motiven an der Wand. Im Badezimmer gibt es eine Fußbodenheizung, die Pantry-Küche ist gerade recht für ihn allein. Max ist sofort begeistert. Mit einem Händedruck statt eines Mietvertrags besiegeln er und Frau Onneken ihre neue Gemeinschaft.

»Mensch, Jan, ich weiß gar nicht, wie ich dir danken soll«, sagt Max, noch immer ganz ergriffen von seinem neuen Zuhause. Genau so hatte er es sich immer gewünscht. »Wart erst mal ab, bis das Laub runterkommt«, erwidert Jan. »Dauert nicht mehr lange. Aber trotzdem ist die Wohnung jeden Tag im Garten wert.«

Sie fahren in die Pension zurück, um Max' Sachen zu holen. Als sie Jans Golf beladen haben, wird Max wehmütig: »Nun muss ich meinen Kaffee morgens allein trinken.« Jan drückt ihm ein Jever in die Hand. Das ist zwar das Letzte, was Max nach dem vorigen Abend brauchen kann, aber er will den Moment nicht zerstören. »So schnell wirst du mich nicht los«, sagt Jan. Es ist seine Art, auszudrücken, dass ihm der Abschied auch schwerfällt. »In ein paar Wochen heiratet mein Cousin. Wenn du magst, kannst du gern mitkommen.« Max ist gerührt. Dass Jan ihn zu einem Familienfest einlädt, bedeutet viel. »Und wenn wir Männerabend haben, sag ich dir Bescheid.« Sie trinken ihr Jever und schweigen. Aber nach der gestrigen Erfahrung stört sich Max nicht mehr daran. Im Gegenteil – jetzt gefällt es ihm sogar.

## Hecken schützen:
## Ostfrieslands Kulturlandschaft der Wallhecken

Nicht jedem Besucher, der durch die Region radelt, fällt es gleich auf: In Ostfriesland gibt es wenig Wald. Dass das Land dennoch nicht kahl aussieht, sondern eher wie ein lichter Park, liegt an den zahlreichen Wallhecken, die die Wiesen begrenzen und einen wertvollen ökologischen Schutzraum für Tiere und Pflanzen darstellen. Mit einer Gesamtlänge von etwa 6.000 Kilometern hat die Region die höchste Wallheckendichte in ganz Niedersachsen. Seit Mitte der 30er-Jahre stehen die Hecken gesetzlich unter Naturschutz.

Die ältesten sind etwa 1.000 Jahre alt. Sie verlaufen meist kurvig und variieren stark in Höhe und Breite. Etwa 95 Prozent aller Wallhecken sind jedoch erst während der Agrarreform vor 150 bis 200 Jahren entstanden: Sie wurden in mühsamer Handarbeit angelegt, als die bis dahin gemeinschaftlich bewirtschafteten Flächen den einzelnen Bauern zugeteilt wurden. Seitdem frieden die Hecken das Vieh ein und sorgen für Windschutz. Sie verlaufen meist geradlinig und im rechten Winkel.

Ob jung oder alt – alle zehn bis zwölf Jahre müssen Wallhecken komplett zurückgeschnitten werden, man nennt dies »auf den Stock setzen«. Dieser Rückschnitt macht bei der Länge der Hecken viel Arbeit. Hinzu kommt, dass die so gegliederten Anbauflächen ungünstig für die heutige Landwirtschaft sind, die große, frei liegende Areale bevorzugt. So steht es um die Zukunft der Wallhecken nicht zum Besten. Für ihre Erhaltung kämpft unter anderem die Schutzgemeinschaft Wallheckenlandschaft Leer.

Wie sieht sie aus, die typisch ostfriesische Wallhecke? Idealerweise besteht sie aus den sogenannten Überhältern, das sind einzelne, in Abständen gesetzte Bäume. Dazwischen wird möglichst artenreiche Busch- und Strauchvegetation gepflanzt, um die Bäume vor Viehverbiss zu schützen. In der Unterschicht einer Wallhecke siedeln sich Kräuter und Gräser an. Der Wall selbst besteht in der Regel aus sandigem Erdreich, ist oft über einen Meter hoch und an der Basis um die drei Meter breit.

Wie lauschig ein solches Buschwerk sein kann, beschrieb der norddeutsche Dichter Detlev von Liliencron. Zwar war er kein Ostfriese, sondern zeitweilig ein Einwohner von Pellworm. Dennoch muss er irgendwann einmal an einer ostfriesischen Wallhecke vorbeigekommen sein. Wie sonst wäre dieses kleine Meisterwerk entstanden?

*Zwischen Roggenfeld und Hecken*
*führt ein schmaler Gang.*
*Süßes, seliges Verstecken,*
*einen Sommer lang.*

Wer weitergehende Informationen zu den ostfriesischen Wallhecken sucht, wird fündig bei www.wallhecken.de oder im Wallhecken-Umwelt-Zentrum Ostfriesland, Feldstraße 11, 26789 Leer, Tel.: 0491 / 45 41 275.

# Kein Euro für Ostfriesland

Froh gelaunt radelt Max am nächsten Tag in die Redaktion. Er hat gut geschlafen in seiner neuen Wohnung, hat tapfer seinen Kaffee allein, dafür mit Blick auf den Garten getrunken und in einem warmen Badezimmer geduscht. Jetzt kann es nur noch aufwärtsgehen. Irgendwie hat er auch das Gefühl, dass die Kollegen gar nicht mehr so unfreundlich sind. Max ist bislang nicht durch besonderen Ehrgeiz aufgefallen, insofern sind sie ihm gegenüber nicht mehr so misstrauisch. Seine Arbeit ist gut, die gehässigen Praktikantenjobs werden weniger. Sogar sein Chef ist heute freundlich zu ihm. »Na, Tillmann? Wohnung gefunden?« Max ist erstaunt, dass der Chef schon Bescheid weiß. »Ich habe Frau Onneken gestern Abend bei einer Kunstausstellung getroffen«, klärt sein Chef ihn auf. »Sie ist sehr angetan von Ihnen. Nehmen Sie sich heute mal den Nachmittag frei, damit Sie ein paar Dinge erledigen können. Ich empfehle Ihnen die Nordische Bank[1]. Die sind nett, schnell, und außerdem ist es unsere Hausbank.« Will sagen: Auch

1 Die Bank ist frei erfunden.

die Mitarbeiter dort sind informiert und werden freundlich zu ihm sein.

Das lässt Max sich nicht zweimal sagen. Um 14 Uhr sitzt er in der Filiale der Nordischen Bank vor einer erfahrenen Bankkauffrau, um ein Konto zu eröffnen. Akribisch geht sie mit ihm alle Unterlagen durch. Als alles Organisatorische geklärt ist, sagt er: »Da haben Sie ja viel Arbeit mit mir gehabt.« Sie winkt ab: »Das war nicht der Rede wert. Ich erlebe hier manchmal Geschichten, das glauben Sie nicht.« »Was denn?«, fragt Max und ruckelt sich in seinem Besucherstuhl zurecht. »Aber nicht, dass das morgen in der Zeitung steht«, sagt sie und erzählt von einem Rentner, der nach der Euro-Einführung aufgebracht zu ihr kam, weil die Bank sein Geld gestohlen hätte. »Frau de Jonge, auf meinem Konto ist nur noch halb so viel Geld wie letzten Monat. Wo ist der Rest?« Die Bankkauffrau sah sich die Kontoauszüge an und erklärte ihm, dass das Geld nicht weg sei. Durch die Euro-Umstellung werde es nur anders ausgewiesen und sehe deshalb nach weniger aus. »Aber es ist natürlich immer noch da«, erklärte sie ihrem Kunden. Der Mann starrte sie verdutzt an. »Euro?«, fragte er, als handele es sich um eine ansteckende Krankheit. »Frau de Jonge, mein Geld müssen Sie wieder in Mark ausweisen. Das mit dem Euro, das setzt sich hier nicht durch.« Max verschluckt sich fast an seinem Lachen. Die Bankkauffrau erzählt unterhaltsam. »Er war überzeugt davon, dass die in Brüssel sich an den Ostfriesen die Zähne ausbeißen würden.«

Allerdings, so räumt Frau de Jonge ein, gebe es auch tragische Fälle. Familien, die sich für den Hausbau überschuldet haben. Dann fällt die Schichtzulage weg, man wird krank, oder die Frau wird schwanger und fällt als Mitverdienerin aus. »Die sitzen dann vor mir und wissen nicht, wie sie die Raten für ihr Haus bezahlen sollen, und flehen mich an, die Tilgung auszusetzen«, sagt sie. »Manchmal ist dieser Drang nach Freiheit auch ein Fluch.«

# Stopp auf Ostfriesisch

Mittlerweile hat Max sich gut eingelebt in seiner kleinen Wohnung. Der Herbst ist in den Garten eingezogen, die Blätter fallen unentwegt, aber ihm gefällt die bunte Färbung auf dem Rasen. Seine Vermieterin lässt ihn ganz in Ruhe, winkt ihm nur manchmal aus dem Fenster zu. Doch für diesen Freitag hat sie ihn zum Abendbrot eingeladen. »Herr Tillmann, ich habe Tee gemacht, kommen Sie doch rein«, sagt sie höflich. Max findet sich an einem fürstlich gedeckten Tisch wieder, auf dem Ammerländer Schinken, kräftiger Tilsiter, Zwiebelmett und frische Butter auf feinem, blau-weißem Porzellan angerichtet sind, appetitliche Rosinen- und Schwarzbrotscheiben in einem passenden Korb liegen und Ostfriesentee auf einem Stövchen vor sich hin knistert. Muss das schön sein, abends so von seiner Familie begrüßt zu werden, denkt er wehmütig.

Frau Onneken fragt nach seinem Tag, erzählt von früher und schenkt kräftig Tee nach. Nach der siebten Tasse hält Max seine Hand über das Porzellan. »Verzeihen Sie mir, Frau Onneken. Aber ich kann wirklich nicht noch mehr Tee trinken. Ich habe schon Herzrasen.« Sie lacht. »Oh, Entschuldigung, ich hätte wissen müssen, dass Sie die ostfriesische Regel nicht kennen, das war bei meinen Referendaren an der Schule auch immer so.« Wenn die Junglehrer ostfriesische Eltern besuchen mussten, kamen sie oft völlig verzweifelt zurück, weil man sie dort einfach nicht wegließ. Ständig wurde Tee nachgeschenkt. »Dabei fanden es die Eltern wahrscheinlich unhöflich, dass die jungen Lehrer so viel Tee tranken, denn nach ostfriesischem Brauch ist nach drei Tassen eigentlich Schluss.« Dabei hätten sie einfach nur den Löffel in die Tasse stellen müssen – das ist das Signal, dass der Gast genug hat.

»Was den Tee angeht, bin ich Ostfriesin durch und durch. Ich würde ihn nie aus einem Becher trinken«, sagt sie. Ostfriesentee gehört in zarte Porzellantassen, muss mit *Kluntje*, also Kandiszuckerstücken, und *Wulkje* (siehe Glossar), einer Wolke Teesahne, getrunken werden und darf nicht zu lange ziehen. Die beliebtesten Sorten sind die Ostfriesentee-Mischung von Bünting, Thiele oder Onno Behrends. Darüber können sich Liebhaber streiten wie Weinkenner über die besten Winzer in Burgund.

»Wenn ich zu meinem Sohn nach Göttingen fahre, nehme ich mir immer zwei Liter Wasser mit. Tee schmeckt nur mit unserem weichen Wasser.« Dann macht sie eine Pause, und ihr Gesicht wird ernst. »Herr Tillmann, ich mag Sie wirklich gern, Sie erinnern mich an meinen Sohn. Ihn musste ich auch immer ermahnen, seine Pflichten zu erfüllen.« Max verschluckt sich fast an seiner letzten Tasse Tee. »Frau Onneken, hab ich irgendetwas falsch gemacht?« »Das Laub, Herr Tillmann, das Laub muss dringend gefegt werden. Sehen Sie sich mal den Rasen an, der ist ja schon rot von Blättern. Ich fahre am Wochenende nach Göttingen und besuche meinen

Sohn. Es wäre schön, wenn Sie die Zeit nutzen würden, den Garten herzurichten.«

Max flucht innerlich. Eigentlich will er sich mit Jan am Samstag ein Auto ansehen; Heinz, der Mechaniker, hat da was im Angebot. Und er will unbedingt seine Sachen noch mal gründlich durchsuchen, um vielleicht doch noch den Zettel mit Wibkes Nummer zu finden. Das alles und Frau Onnekens Garten kann er kaum schaffen. »Natürlich, das wollte ich ohnehin längst tun«, sagt er zu Frau Onneken und hofft, dass sie seine Lüge nicht bemerkt.

Sie zeigt ihm den Schuppen mit dem Laubbläser, dem Rasenmäher und unzähligen anderen Gerätschaften, die er bislang noch nie gesehen hat. »Dann wünsche ich Ihnen ein erfolgreiches Wochenende, Herr Tillmann. Es ist schön, Sie bei mir zu haben«, sagt Frau Onneken, lächelt und schreitet kerzengerade zurück in ihr Haus.

## Wenn die Wolken über den Tee ziehen – die ostfriesische Teetied

*Eine Freundschaft ist wie eine Tasse Tee.*
*Sie muss klar und durchscheinend sein,*
*und man muss auf den Grund schauen können.*
*(Aus China)*

Ostfriesen machen vieles anders als der Rest der Republik. Auch bei ihrem Nationalgetränk brühen sie sich gern ein Extratässchen: Während man 2010 im übrigen Deutschland 26 Liter Tee pro Kopf und Jahr getrunken hat, kamen die Ostfriesen auf stattliche 300 Liter (laut

Angaben des Deutschen Teeverbands). Das macht sie derzeit zu den Weltmeistern im Teetrinken (gefolgt von den Nationen Kuwait und Irland).

*Teetied* (Teezeit) ist eigentlich den ganzen Tag, dennoch haben sich klassische Pausen eingebürgert: so der *Elführtje* am Vormittag gegen 11 Uhr (früher gern auch mit einem Schnäpschen) oder der Nachmittagstee um etwa 15 Uhr. Oft gibt es abends um 21 Uhr noch mal ein Tässchen, um den Tag ausklingen zu lassen.

### Wie kam der Tee überhaupt nach Ostfriesland?

Angefangen hat alles mit den Nachbarn, den Holländern, die sich zu Beginn des 17. Jahrhunderts zur führenden Seefahrernation entwickelt hatten. Ihre Niederländische Ostindien-Kompanie brachte im Jahr 1610 zum ersten Mal Tee nach Europa. Das neue Getränk blieb zunächst auf die Niederlande beschränkt. Dort wurde es immer beliebter, sodass ab 1635 regelmäßige Teelieferungen eintrafen. Gerade mal 40 Jahre später wurde Tee in Ostfriesland das erste Mal in den Geschichtsbüchern erwähnt: Über holländische Kaufleute in Emden und ostfriesische Schiffer, die im Dienste ihrer Nachbarn zur See fuhren, kam er über die Grenze. Von da an ging es mit dem Heißgetränk unaufhaltsam voran. Es verdrängte sogar das Bier von Platz eins der wichtigsten Durstlöscher.

Gut 100 Jahre später blickte die preußische Obrigkeit missbilligend auf den Teekonsum der Ostfriesen. Das gemeine Volk solle sich des »chinesischen Drachengiftes« enthalten, verfügte Friedrich II., der sich mehr Bierabsatz wünschte. 1778 versuchte der König, sich in Ostfriesland mit einem Teeverbot durchzusetzen, und scheiterte damit gnadenlos am Beharrungsvermögen der Einheimischen. Die Sache wurde zunächst verschoben und dann stillschweigend zu den Akten gelegt.

### Was für ein Tee ist der Ostfriesentee?

Der »echte Ostfriesentee« ist eine geschützte Bezeichnung für Tee, der in der Region gemischt worden ist. Jeder andere muss als »ostfriesische Mischung« bezeichnet werden. In Ostfriesland gibt es drei große und ein paar kleinere Teemischer. Jedes Jahr, wenn die neue Ernte eintrifft, müssen die Experten den »echten Ostfriesentee« aus Hunderten Proben auswählen und neu zusammenstellen. Er besteht aus diversen Schwarzteesorten, hauptsächlich aus Assam, aber auch Tees aus Ceylon und Indonesien gehören dazu. Typisch für den echten Ostfriesentee ist ein herber und kräftiger Geschmack. Sollten die Teemischer den Geschmack ihrer Landsleute nicht getroffen haben, erkennen sie es daran, dass die Kunden ihre gekauften Päckchen umgehend wieder zurückschicken. Das soll aber nicht oft vorkommen.

### Wie trinkt der Ostfriese seinen Tee?

Da man in Ostfriesland gern zusammensitzt, hat sich eine Teezeremonie mit festen Regeln etabliert, die der Auswärtige am besten schon vor dem Besuch kennt.

So stark und herb der Tee auch sein mag, er kommt in zarten Porzellantässchen daher. Oft tragen diese ein Dekor mit der typischen ostfriesischen Rose – sie hat sich zu Beginn des 19. Jahrhunderts eingebürgert und stellt eine Rosa centifolia dar, eine »100-blättrige« alte Rose auf weißem Porzellan. In eine solche Tasse wird mit der *Kluntjezange* ein Stück Kandiszucker, ein

*Kluntje*, gelegt. Darauf wird der Tee gegossen, der zwischen drei und fünf Minuten gezogen hat. Aber nur, bis die Tasse halb voll ist. Nun wird mit dem Sahnelöffel an den Tassenrand ein Klecks flüssiger Sahne gegeben, die zunächst auf den Boden sinkt. Dann steigt sie in Wölkchen wieder an die Oberfläche und breitet sich behutsam im rotbraunen Tee aus. Andächtig darf man dem kleinen Gesamtkunstwerk zuschauen, wie es sich verwandelt. Keinesfalls rührt man um, sondern nimmt vorsichtig einen Schluck und erlebt so alle drei Geschmacksvariationen nacheinander: sahnig, herb, süß. Wie das Land, so sein Tee.

Ein weiterer Grund für den besonderen Geschmack ist das weiche und kalkarme Wasser in der Region. Nicht wenige Ostfriesen nehmen abgefülltes Wasser mit auf Reisen, weil ihnen der Tee anderswo nicht schmeckt. »*Dree is Oostfreesen Recht*«, heißt es: Drei Tassen sind üblich, danach stellt man den bis dahin unberührt gebliebenen Löffel in die Tasse zum Zeichen, dass man nun genug hat. Wenn man bei einer netten »Mootjelina« eingeladen ist, wird diese spätestens hier wohlwollend lächeln und ihrem Gast zunicken. Denn er weiß sich nach Ostfriesenart zu benehmen.

Eine Fülle an Informationen bietet das **Ostfriesische Teemuseum Norden**: www.teemuseum.de; Am Markt 36, 26506 Norden, Tel.: 04931 / 12 100

Dort kann man auch an Teezeremonien teilnehmen (jeden Mittwoch und Sonnabend um 14 Uhr).

# Sonntagsvorfahrt

Max schiebt die Kassette in den Schlitz, die seinen iPod mit dem 20 Jahre alten Radio verbindet. »Oh Lord, won't you buy me a Mercedes Benz«, scheppert Janis Joplin noch kratziger als ohnehin schon aus den alten Boxen. Max grinst. Das Lied musste er sich unbedingt auf seinen iPod laden, nachdem er gestern mit Jans Hilfe sein erstes Auto erstanden hat: einen roten Polo mit Heckklappe, Baujahr 1987. Fast so alt wie ich, denkt er. Egal, Jans Kumpel Heinz, der als Automechaniker arbeitet, hat den Wagen besorgt und für tauglich befunden. »Der is einwandfrei für sein Alter. Du wills ja nich nach München domit, odä?«, fragte er Max. Und so weit kennt der die Ostfriesen mittlerweile – Heinz wartete nicht auf Antwort. Konkret hieß das: nur kurze Strecken fahren und immer schön anschnallen. Lieber hätte Max einen alten Toyota erstanden, einen coolen Starlet. Aber als er davon anfing, hatte Jan ihn so strafend angeblickt, dass Max ganz von selbst das Gespräch auf einen VW Golf lenkte. Nun also ein Polo. Aber immerhin sein eigener, vom eigenen

Gehalt und dem Weihnachtsvorschuss seiner Eltern bezahlt.

Max fährt raus aus Aurich. Er will den Sonntag nutzen, um ein wenig Autofahren in Ostfriesland zu üben. Ab Montag pendelt wieder die Landbevölkerung in die Stadt hinein, und das macht ihn nervös. Er passiert den Auricher Wald Richtung Wiesens und drückt das Gaspedal durch. Sehr langsam kämpft sich das Tachometer auf 90 Stundenkilometer hoch, es fühlt sich an wie 130.

Hinter dem Wald beginnt die ostfriesische Einsamkeit. Nur noch vereinzelt stehen Bauernhöfe an der Kreisstraße, immer wieder gehen links und rechts gepflasterte Wege ab, die vermeintlich im Nichts enden. Die Felder liegen niedriger als die Straße, dadurch wirkt die Landschaft noch flacher. Max fasziniert diese Weite jedes Mal aufs Neue. Neugierig geworden, biegt Max einfach mal nach links ab. In einiger Entfernung sieht er Mühlenflügel und überall abgemähte Maisfelder. Entspannt geht es in die Kurve. Plötzlich rast etwas auf ihn zu. Er kann es nicht genau erkennen, weiß nicht, ob er ausweichen soll, bis ein dumpfer Schlag alle Gedanken beendet. Die Kugel springt zur Seite, das Auto kommt zum Stehen. Max sieht wild gestikulierende Männer in Trainingsanzügen um die Ecke biegen. »*Sünn Se denn mal worn?*«[1], beschimpft ihn ein grauhaariger Alter. Sein Gesicht ist rot von der Kälte, über der Trainingsjacke trägt er einen Parka. Der Graue hat ja wohl Nerven. Der Schuss hätte die Windschutzscheibe treffen können! »Woher soll ich denn wissen, dass hier auf der Straße gekegelt wird?«, fragt Max wütend und lehnt sich aus dem Fahrerfenster. »*De is nich van hier!*«[2], ruft der Alte seinen Kollegen zu. Und dann, an Max gerichtet: »Sonntags haben Boßler

1 Sind Sie denn verrückt geworden?
2 Der kommt nicht von hier!

Vorfahrt. Lesen Sie denn nie die Zeitung, junger Mann?«
Max antwortet nicht. Natürlich hat er in Redaktionskon-
ferenzen schon davon gehört. Darum gekümmert hat er
sich nie. Plötzlich entdeckt er in der Gruppe einen seiner
Kollegen, einen freien Mitarbeiter, der montags immer in
der Redaktion sitzt. »Hey, Max, guter Stunt!«, ruft der, hebt
die Hand und grinst. »Jedenfalls hast du dem Spitzenreiter
den Sieg vermasselt, weil du die Kugel vorzeitig gestoppt
hast. Aber das erklär ich dir morgen mal in Ruhe.«

## *B*oßeln – der ostfriesische Straßenkampf

Es heißt, der geborene Friese lernt zuerst das Laufen, dann das Boßeln. Bei einem solchen Heimvorteil ist es für *Utwärtige* (Nichtostfriesen) natürlich nicht einfach, beim Heimatsport mitzuhalten.
Dennoch gilt: Wer kegeln kann, kann auch boßeln.
Das Spiel wird entweder in Vereinen als Ligasport
betrieben oder als Jedermanns-Hobby auf den ostfriesischen Landstraßen. Beim Straßenboßeln spielen zwei Mannschaften aus je 4 bis 16 Spielern gegeneinander (im Ligabetrieb sind es vier Gruppen
à vier Werfer). Dabei gilt es, eine Gummikugel von
etwa zehn Zentimetern Durchmesser aus vollem Lauf
die Straße entlangzurollen. Kunststoffkugeln werden auch verwendet, die dann einen Durchmesser
von zwölf Zentimetern haben. Sieger ist das Team,
das für eine festgelegte Strecke die wenigsten Wür-
fe benötigt. Meist dauert der Wettbewerb zwei bis
drei Stunden und führt über fünf bis zehn Kilometer.
Auch bei Einzelmeisterschaften, die die Kreis- und
Landesverbände durchführen, wird das Straßenboßeln

bevorzugt. Mit dem Unterschied, dass eben nicht eine Mannschaft, sondern jeder für sich startet.

Boßeln ist in Ostfriesland ein sehr populärer Sport, der mit viel Leidenschaft betrieben wird. Das sieht man allein schon an den mehr als 40.000 Mitgliedern, die die Landesverbände Oldenburg und Ostfriesland zusammen haben. In einigen Familien werden Boßelkugeln vererbt und Termine für Kindstaufen nach den Wettkämpfen ausgerichtet. Als Autofahrer auf ostfriesischen Straßen sollte man umsichtig fahren, sobald man Menschen in Trainingsanzügen an der Straße sieht, und insbesondere sonntags auf Schilder (»Boßelsport«) an den Straßen achten. Denn wenn die Kugel rollt, dann rollt sie – auch wenn Boßler rein rechtlich natürlich keine Vorfahrt haben und darauf achten, niemandem vorsätzlich vor das Auto zu boßeln.

Übrigens lieben nicht nur die Ostfriesen diesen Sport: In unterschiedlichen Variationen wird auch in anderen norddeutschen Regionen sowie in den Niederlanden und Irland geboßelt.

### Boßelbegriffe

*He löpt noch!* Er rollt noch! (gemeint ist die Kugel)
*Lüch up un fleu herut!* Hebe auf und fliege weit hinaus! (Boßelgruß)

## Klootschießen –
### am besten gar nicht erst damit anfangen

Wenn es für das Boßeln heißt, dass es im Prinzip jeder lernen kann, gilt dies für das Klootschießen ganz und gar nicht. Es ist eine sehr komplizierte, schwierig auszuführende Wurftechnik, die mit langem Anlauf (etwa 20 Meter) eingeleitet und mithilfe eines Sprungbretts vollendet wird. Beim Sprung auf das Brett mit gegrätschten Beinen wird der Wurfarm in einer kreisförmigen Bewegung am Körper entlanggeführt. Dabei schleudert der Werfer gleichzeitig seine Kugel aus der Hand. Der derzeitige Weitenrekord aus dem Januar 2006 liegt bei stattlichen 106,2 Metern.

Das Klootschießen gibt es seit vielen Jahrhunderten. Immer wieder kam es gehörig in Verruf, weshalb es mehrfach von der Obrigkeit verboten wurde. 1789 stand sogar Gefängnisstrafe darauf. Offenbar hatten die Friesen in ihrem Ernst so blutig dabei gestritten, dass man um die öffentliche Ordnung fürchtete. Überflüssig zu sagen, dass sich das Klootschießen trotzdem nicht unterdrücken ließ.

Auch bei diesem Spiel treten zwei Mannschaften gegeneinander an. Entweder im traditionellen Feldkampf, der nur bei Frost stattfindet und bei dem eine kilometerlange Strecke durch Wälder und Wiesen zurückgelegt wird. Oder im Standkampf, der auf einem Sportplatz oder auf einer Weide ausgetragen werden kann und nicht von der Jahreszeit abhängig ist. Diese Variante wird von den Vereinen bevorzugt.

### Klootschießenbegriffe

*Trüll* Ausrollen der Klootkugel nach dem Aufprall
*de größte Smät* der weiteste Wurf

Wer mehr über die ostfriesischen Sportarten erfahren möchte, informiert sich am besten auf den Websites www.bosseln-online.de und www.nachbarsport.de.

# Der falsche Martinstag

Max' Handflächen sind voller Schwielen. Hände und Arme kann er kaum mehr bewegen. Nach einem frühen Dienstschluss hat er die Blätter geharkt, aufgesammelt und auf den Komposthaufen geworfen. Wenn er geahnt hätte, was genau sich Frau Onneken unter Gartenarbeit vorstellt, hätte er vielleicht nicht so leichtfertig zugesagt. Auch die umliegenden Gärten sind so perfekt von Blättern befreit, dass man meinen könnte, es stünde kein einziger Baum darin. Das hätte Max wirklich nicht für möglich gehalten, dass die Ostfriesen so viel Wert auf schwarze Beete und blätterfreie Zonen legen, wo sie doch so schön in der Natur leben!

Max hockt sich unter die Dusche, damit der Wasserstrahl seinen Rücken massiert. Er will früh schlafen gehen, der nächste Tag wird anstrengend: Die erste Sturmflut (siehe Glossar) des Jahres an der Nordseeküste ist angesagt, und er darf eine Reportage darüber schreiben. Die Experten rechnen mit Orkanböen von mehr als 100 Stundenkilometern. Das Wasser könnte drei Meter höher steigen als das mittlere Hochwasser und damit die Häfen an der ostfriesischen Nordseeküste überschwemmen. Und wer weiß, was noch alles passiert, wenn der Sturm auf eine Springflut trifft, also eine höher als üblich auflaufende Flut.[1] »Da müssen wir morgen vor Ort sein«, hatte der Chefredakteur gesagt. »Tillmann, können Sie das?« Max wäre fast in die Luft gesprungen. Eine Sturmflut! In seiner überschäumenden Begeisterung denkt er nur an spannende Geschichten, aber nicht an zerstörte Häuser, Seeleute in Not und ins Meer gespülte Küstenabschnitte. Mit dem Hausfotografen Thilko hat er ausgemacht, am nächsten Morgen um sieben Uhr zu starten.

Als er gerade aus der Dusche steigt, klingelt es an der Tür. Max hält verdutzt inne – es ist 18 Uhr, seine Vermieterin verreist, die Nachbarn haben sich seit dem Bogenmachen nicht mehr blicken lassen (siehe Glossar). Er zieht sich seinen Bademantel über, öffnet die Tür einen Spalt und blickt auf zwei geschminkte kleine Mädchen und einen Jungen mit Laternen, dahinter eine Frau mit blonden kurzen Haaren – Hemma! Max macht die Tür weit auf. »Das ist ja eine Überraschung, was macht ihr denn hier?«, fragt er. Hemma kommt mit Hannes, Kea und deren Freundin ins Haus. Die Mädchen sind als Prinzessinnen verkleidet und frieren sichtlich. Über ihren dicken Anoraks tragen sie rosafarbene Kleidchen, die so gar nicht zu ihren warmen Stiefeln passen, in der Hand eine vom Wind bereits zerzauste Laterne mit elektronischer Kerze. »Singt ihr für den heiligen Martin? Dann seid ihr einen Tag zu früh dran.« Hemma lacht. »Ich hab's geahnt, Kinder«, sagt sie. »Max weiß nicht, was heute für ein Tag ist.« Was soll der 10. November für ein Tag sein, überlegt Max. Martinstag ist doch erst morgen, jedenfalls kennt er es so, dass

---

1 So eine Flut hat 1962 für die katastrophale Sturmflut in Hamburg gesorgt, mit über 300 Toten und 6.000 zerstörten Häusern.

zu Ehren des heiligen Martin am 11. November gesungen wird. »Heute vor über 500 Jahren ist Martin Luther geboren, und deshalb singen wir«, sagt Hannes. Seit Max einen Abend auf sie aufgepasst hat, ist er sein heimlicher Held.

Martinisingen nennen die Lutheraner diesen Brauch, den sie vor etwa 200 Jahren den Katholiken abgeschaut haben. Dort hat dieses Kindersingen einen bitteren Hintergrund. Vor Jahrhunderten wurden im späten Herbst die einfachen Arbeiter und Knechte entlassen, denn etwas zu tun auf den Höfen gab es nun nicht mehr. Ein harter Winter wartete auf sie. Also schickten sie ihre Kinder zu den wohlhabenden Familien, um singend Lebensmittel zu erbetteln. Später wurden aus den überlebenswichtigen Gaben Äpfel, »Stutenkerle« aus süßem Hefegebäck oder Pfeffernüsse. Die Protestanten übernahmen den Brauch und münzten ihn auf den Geburtstag Luthers um, der am 10. November 1483 zur Welt kam. Die ursprünglichen Martinslieder wurden umformuliert und neue erfunden.

Heutzutage ziehen die Kinder in Ostfriesland für Süßes um die Häuser, wobei ein einfacher Schokoriegel ihnen meist bloß ein müdes Lächeln abringt – schließlich gilt es, möglichst fette Beute zu machen, um in der Schule nicht blöd dazustehen. Dort wird am nächsten Morgen verglichen, wer am meisten bei seinen Nachbarn und der Familie abgestaubt hat.

»Also, dann fangt mal an«, sagt Hemma, und die Kinder singen ein plattdeutsches Lied: »*Mit Kippkappkögels komen wi an; elk singt wat he man singen kann. Sünner-Martens-Avend dat is en Tied, daar worden ji'n heel Bült Appels quiet.*«[1]

---

**1** Mit Laternen (*Kippkappkögels*) kommen wir herbei; jeder singt so gut, wie er nur singen kann. St.-Martins-Zeit, das ist eine Zeit, da werdet ihr sehr viele Äpfel los.

Drei Strophen schmettern sie und sehen Max dann erwartungsvoll an. »Das habt ihr aber schön gemacht«, sagt er. »Nur leider habe ich noch nicht einmal mehr einen Müsliriegel im Haus.« Kea sieht ihn etwas enttäuscht an. »Kann ich euch ein bisschen Geld geben?« An den Gesichtern sieht er, dass niemand etwas dagegen hat. Er zückt sein Portemonnaie und drückt jedem Kind zwei Euro in die Hand. Kea strahlt: »Danke, Onkel Max! Dafür kann ich mir Hello-Kitty-Lutscher kaufen.« »Darf ich dir einen Kaffee anbieten?«, fragt er Hemma. Die schüttelt den Kopf. »Nein, wir müssen weiter, die Tüten müssen noch voll werden.« Sie legt ihm ihre Hand auf den Arm. »Falls du morgen früh raus musst, lösch lieber das Licht. Nachher ziehen die Erwachsenen verkleidet durch die Straßen. Jan macht sich auch schon fertig, der will gleich zu den Nachbarn. Das wird sicher feuchtfröhlich.« Max bedankt sich bei Hemma für den Tipp – für so was ist er heute gar nicht zu haben – und knipst hinter ihr das Licht aus. Der kommende Tag wird stürmisch genug.

# Trutz, Blanke Hans

Punkt sieben am nächsten Morgen hupt es vor der Tür. Max ist schon lange wach. Seit etwa vier Uhr peitscht der Wind den Regen derart laut gegen die Scheiben, dass an Schlaf nicht mehr zu denken ist. Ein bisschen unheimlich ist es schon, aber die Aufregung überwiegt. Immer wieder lugt Max hinaus, um zu sehen, ob der Sturm schon Schäden im Garten angerichtet hat.

Bepackt mit Regenkleidern und einer Thermoskanne Kaffee sprintet er zum Auto. Selbst in der geschützten Hofeinfahrt kommt der Wind von der Seite, so etwas hat er noch nie erlebt. Thilko begrüßt ihn besorgt: »Ich hoffe, dass wir nicht von einem umfallenden Baum erwischt werden. Auf der Fahrt hierher lagen schon verdächtig viele Äste auf den Straßen.«

Tatsächlich ist die Fahrbahn voller Geäst. Der städtische Straßendienst ist bereits ausgerückt, um die größten Hindernisse zu beseitigen. Fahrradfahren wird heute wohl niemand, denkt Max. Der Wind zergelt an Thilkos kleinem roten Auto, aber erst außerhalb der Stadt, auf der ungeschützten Landstraße bekommt Max die ungebremste Kraft des Sturms zu spüren. Thilko hat Mühe, das Lenkrad geradeaus zu halten. Bei jeder Böe zieht es rechts hinüber, Richtung Graben.

In den Dörfern passieren sie abgeknickte Verkehrsschilder und abgedeckte Häuser. »So einen Sturm habe ich auch noch nicht erlebt«, sagt Thilko. Er stellt Radio Ostfriesland ein, um aktuelle Meldungen zu hören. Ein Meteorologe des Deutschen Wetterdienstes gibt gerade durch, dass die Windspitzen vor Norderney und Borkum 120 Stundenkilometer überschritten hätten, vor Spiekeroog wurden sogar 156 Stundenkilometer gemessen. »Das ist ein Orkan der Stärke 12«[1], sagt der Sprecher. »Bitte verlassen Sie in Küstennähe Ihre Häuser nicht.« Bei diesen Windstärken bleibt niemand mehr aufrecht stehen.

In Emden liegt das Wasser bereits drei Meter über dem mittleren Tidehochwasser. Dabei steht die Flut noch bevor. Vorsichtshalber haben die Zuständigen das fast 500 Meter lange Emssperrwerk in Gandersum geschlossen. Steigt das Wasser noch höher, drückt es sonst über die Ems ins Inland. »Kommen wir denn überhaupt an den Hafen?«, fragt Max, als sie die Autobahn verlassen und über die Nesserlander Straße Richtung Ems fahren. Thilko zuckt mit den Schultern. »Wir versuchen es bis zum Borkumkai. Da sind bei Sturmfluten immer Schaulustige. Das ist gut zum Fotografieren. Wenn ich überhaupt fotografieren kann«, sagt er seufzend. Er macht sich ein wenig

[1] Ungefähr ab Windstärke 10 (nach der Beaufort-Skala zwischen 89 und 102 Kilometern pro Stunde) kann ein Normalsterblicher direkt am Deich dem Sturm nicht mehr standhalten. Deshalb sollte man bei solch einem Wetter drinnen bleiben – abgesehen von der Gefahr, von herumfliegenden Gegenständen getroffen zu werden. Im Jahr 2006 spielte der Sturm auf Norderney mit großen Containern, die als Toilettenhäuser und als Straundsauna dienen, Strandfußball.

Sorgen um seine neue Ausrüstung. Sie ist zwar wetterfest, aber nicht sturmfluterprobt.

Am Außenhafen ist schon Land unter. Bereits jetzt stehen das Fährhaus, die Frachthalle und das Verwaltungsgebäude der Reederei im Wasser. Einsatzfahrzeuge des Technischen Hilfswerks, der Feuerwehr und des Niedersächsischen Landesbetriebs für Wasserwirtschaft, Küsten- und Naturschutz stehen bereit. Eines der Autos fährt zu Thilko und Max herüber, der Fahrer kurbelt das Fenster einen Spalt auf und schreit gegen den Wind an: »Moin, Jungs, hier ist höchste Alarmbereitschaft. Da können wir euch nicht gebrauchen. Der Chef meldet sich, wenn das Schlimmste überstanden ist.« Max will protestieren, aber Thilko nickt nur und dreht ab. »Hey, wie kannst du dich so abwimmeln lassen? Der will doch nur nicht, dass wir hier eine Geschichte machen«, empört sich Max. Gerade wo es mal spannend in Ostfriesland wird, wo er endlich mal zeigen kann, was in ihm steckt, da kneift der Fotograf. Thilko guckt ihn mit großen Augen an. »Sag mal, du hast keine Ahnung, was hier gerade abgeht, oder?«

Max ist beleidigt. Mein Gott, diese Fischköpfe! Bloß nicht herausragen aus der Masse, bloß keinen Mut beweisen und etwas riskieren. Aber insgeheim fühlt Max sich auch ertappt. Tatsächlich weiß er nicht so ganz genau, was hier gerade abgeht, denn das Archivmaterial liegt ungelesen in seiner Tasche.

»Entschuldigung, war nicht so gemeint. Was machen wir denn jetzt?«, fragt Max. Thilko versucht eine andere Strecke, um zum Außendeich zu gelangen, aber auch da kommen sie nicht durch. Unentwegt peitscht die Gischt die Kaimauern hoch, so als wolle sich das Meer zurückholen, was die Friesen ihm in den letzten Jahrtausenden abgetrotzt haben.

Als sie gerade ihre Pläne überdenken, klingelt das Handy. Chefredakteur Nordmann ist dran. »Tillmann, wie sieht es aus in Emden?« Max drückt auf den Lautsprecher seines Telefons, damit Thilko mithören kann. Er erklärt, dass sie von keiner Seite mehr an den Außendeich herankommen und Thilko bei Böen von über 100 Stundenkilometern schlicht nicht fotografieren kann. Selbst die hartgesottensten Schaulustigen sind heute zu Hause geblieben. Ihr Chef schweigt. »Ich habe es mir gedacht.« Nordmann berichtet, dass vor Borkum zwei ostfriesische Seenotretter über Bord gegangen sind, die unterwegs waren zu einem Rettungseinsatz. »Bei zehn Meter hohen Wellen hielten die Männer sich im fünf Grad kalten Wasser auf, eine geschlagene Stunde lang. Es grenzt an ein Wunder, dass sie das überlebt haben.« Die Seeleute sollten die Besatzung eines ausländischen Frachters evakuieren, der steuerlos vor Borkum trieb. Die Sturmflut hatte die Ruderanlage zerfetzt. Doch bei dem Wellengang konnte nur noch ein Hubschrauber helfen, der zunächst die im Wasser treibenden Seenotretter barg und dann die havarierten Matrosen ausflog. »Tillmann«, sagt Nordmann, »die Seenotretter sind Helden! Machen Sie sich Gedanken, wie Sie an die rankommen.« Dann, nach einer Pause: »Versucht noch irgendwo ein brauchbares Foto zu schießen. Trinkt einen ordentlichen Grog und kommt dann zurück.« Klick, aufgelegt. Typisch ostfriesisch. Doch Max hat verstanden, dass Nordmann sich Sorgen um seine Leute macht. Er fröstelt. *So* hatte er sich sein Reporterabenteuer nicht vorgestellt.

Während Max sich fragt, wie er an die verunglückten Seenotretter herankommen soll, hat Thilko bei dem Telefonat glänzende Augen bekommen. Der Chef hat ihn bei der Ehre gepackt. Trutz, Blanke Hans[1], die friesische See-

---

**1** Trutz, Blanke Hans: So lautet eine Ballade des Dichters Detlev von Liliencron (1844–1909). Darin geht es um den Untergang der nordfriesischen Stadt Rungholt, die während der Zweiten Marcellusflut im Jahre 1362 im Meer versank. Der »Blanke Hans« steht dabei für die todbringende Nordsee.

le bricht sich Bahn. »So, Max, dann zeigen wir dem Nordmann mal, dass wir Reporter sind.« »Was hast du vor?«, fragt Max. »Wir machen die Geschichte, was sonst?«, sagt Thilko. »Du klemmst dich an dein Telefon und machst die Seenotretter ausfindig. Ich kümmer mich um Fotos.«

Sie fahren über plattes Land. Thilko braust von Emden aus durch die Krummhörn mit den stolzen Bauerndörfern. Die großen Gulfhöfe und Kirchtürme halten dem Wind seit Jahrhunderten stand. Von der Straße aus sieht Max den Emsdeich. Sie kommen vorbei an schier endlosen Feldern mit schief gewachsenen Bäumen, dem berühmten rot-gelben Pilsumer Leuchtturm, dem Blinkfüer, Richtung Nordseeküste. Es ist eine der schönsten Gegenden Ostfrieslands, selbst bei diesem Wetter, denkt Max. Der Sturm tobt unvermindert, Max stellt sich vor, wie die Ems stoßweise gegen den Deich schlägt. Und wie sie vor rund 500 Jahren während der Cosmas- und Damianflut (siehe Glossar) das Rheiderland zerstörte und Emden seine Lebensader durchschnitt.

Sie kommen nach Norddeich, dem Ferienort und Fähranleger nach Norderney und Juist. Sie sehen niemanden auf ihrer Fahrt Richtung Hafen. In Deichnähe hält Thilko unvermittelt an: »Ich riskier's«, sagt er, packt seine Kamera in eine Plastiktüte und hechtet aus dem Auto. Max setzt ihm nach. Auch hier ist der Hafenbereich überflutet. Dort, wo er als Kind einst Eis am Schiffsanleger gegessen hatte, steht nun überall das Wasser. Im Jachthafen sieht es nicht besser aus. Er sucht Schutz im Schatten eines kleinen Hauses, sein Blick bleibt an einer zerfetzten weißen Fahne mit einem roten Kreuz darauf hängen – das Zeichen der Seenotretter der Deutschen Gesellschaft zur Rettung Schiffbrüchiger.

Natürlich! Die Seenotretter der DGzRS! Die muss Nordmann gemeint haben. Max rennt zum Auto zurück und wühlt in einem Stapel ungelesener Pressemitteilungen. Da steht doch alles, Schiffe, Adressen, Namen. Max ist froh um sein Handy, das trotz des Sturmes guten Empfang hat. Während er telefoniert, sieht er Thilkos Mütze am Deichkamm auf- und abhüpfen. Nach dem letzten Gespräch schlägt Max wieder seinen Kragen hoch und sprintet zu seinem Kollegen zurück auf den Deich. Der Fotograf ist ganz in seine Arbeit vertieft. »Thilko«, schreit Max ihm ins Ohr, »beeil dich, wir haben in einer Stunde einen Termin in Greetsiel.«

Als sie im Auto sitzen, spürt Max das Salz und die Kälte auf seiner Haut, es wirkt wie eine Frischzellenkur. »Wir fahren zu Betje Bruns. Das ist die Mutter von einem der Männer, die über Bord gegangen sind.« »Donnerwetter«, sagt Thilko, »das hätte ich dir gar nicht zugetraut.« Nach Greetsiel sind es etwa 20 Kilometer zurück Richtung Krummhörn. »Das passt gut, in Greetsiel finden wir bestimmt ein nettes Café, wo wir was zu essen bekommen«, sagt Thilko.

# Ein Boot ist noch draußen

Sie fahren von Norddeich zurück in die Krummhörn, immer am Deich entlang. An den Zwillingsmühlen biegen sie in den Ort ein. Über einen kleinen Kanal fahren sie bis ins Zentrum hinein. Auch in Greetsiel (siehe Glossar) stürmt es, aber das kleine Hafenbecken mit seinen holländischen Giebelhäusern schützt eine Schleuse vor dem offenen Meer. Die Cafés, die im Sommer unzählige Touristen in das alte Fischerdorf locken, sind jedoch geschlossen. Allein eine Bäckerei hat geöffnet.

Betje Bruns wohnt in einer Gasse in einem schiefen Rotklinkerbau. Sie steht schon an der Tür, um die beiden Männer von der Zeitung zu begrüßen. Max hatte sich eine vom Leben gezeichnete Rentnerin mit krummem Rücken und Kummerfalten vorgestellt. Stattdessen steht da eine kleine Frau Holle mit rosiger Haut und wollweißem kurzem Haar. »Guten Tag, meine Herren«, sagt sie, mit für die Region typisch breitem Hochdeutsch. »Ich dachte, es ist besser, Sie kommen zu mir und nicht zu meiner Schwiegertochter. Die hat heute andere Sorgen.« Das Häuschen sieht innen aus wie eine Puppenstube, alles ist klein und gedrungen. Auf den Fensterbänken stehen Buddelschiffe. Kunstvolle Knoten sind an den Wänden aufgereiht. Max' Blick bleibt an einem Kupferstich hängen: »Ein Boot ist noch draußen«. Man sieht Frauen darauf, die am Ufer eines tosenden Meeres stehen und auf die Rückkehr ihrer Männer warten. Betje Bruns weiß um die Wirkung dieses Bildes. »So habe ich früher auch am Hafen gestanden und gehofft, dass mein Mann, mein Sohn und ihre Kollegen zurückkehren«, sagt sie. Ihre Stimme ist warm und fest wie die einer Frau, die dank ihrer inneren Stärke noch jedem Sturm standgehalten hat.

Betje Bruns stammt aus Greetsiel, ihr Vater war Fischer und verehrte die »stillen Helden von der Gesellschaft«, wie man in Ostfriesland die DGzRS abkürzt. Sie waren seine Lebensversicherung, wenn es auf der Nordsee stürmte wie heute. Als seine Tochter Betje sich in einen dieser Helden verliebte, ausgerechnet in einen auf Borkum stationierten hauptamtlichen Vormann, wünschte er sich, er hätte nie von ihnen gesprochen. »Kind, such dir einen anderen, um den du dir nicht ständig Sorgen machen musst«, hatte er zu ihr gesagt. Die Warnungen machten die Liebe nur noch stärker. Betje zog ihrem Jelto mit 20 Jahren nach Borkum hinterher. Das war 1962.

»Die Bruns waren auf Borkum angesehene Leute«, erzählt sie. Die Familie hatte die Station im Jahr 1862 mitgegründet, der Urgroßvater das Ruderboot geführt. Betje lebte das Leben ihrer Schwiegermutter, aber es störte sie nicht. Sie genoss den Respekt, der ihr entgegengebracht wurde, den langsamen Inselrhythmus, die Gemeinschaft, die Abende mit den Frauen und selbst den Moment, wenn sie nach einem schweren Einsatz am Hafen standen und auf die Rückkehr ihrer Männer warteten. Betje Bruns lächelt. »Ich war so stolz auf meinen Jelto, er hatte den ehrenhaftesten Beruf, den ich mir vorstellen konnte.«

Schon bald kamen zwei Töchter auf die Welt und 1970 noch ein Sohn. Betje ging in ihrem Leben als Mutter auf. Als ihr Jüngster mit 16 Jahren verkündete, in die Fußstapfen seines Vaters treten zu wollen, änderte sich ihre Einstellung zu den stillen Helden. Sie bekam Angst um ihr eigen Fleisch und Blut. »Ich habe versucht, es ihm auszureden. Aber die Tradition war stärker«, sagt sie. Mit ihrem Mann war nicht zu reden. Für ihn stand fest, dass sein Sohn sein Erbe fortsetzen, die Zahl der von Bruns geretteten Menschen erhöhen würde. Von nun an wurde es einsam um Betje Bruns. Die Töchter waren aufs Festland gezogen, 1990 heuerte ihr Sohn beim Vater auf dessen Seenotkreuzer »Georg Breusing« an. 14 Jahre lang fuhren Vater und Sohn gemeinsam aufs Meer. 14 Jahre lang stand sie angsterfüllt am Kai. Jedes Mal dachte sie, wenn jetzt das Boot draußen bliebe, hätte sie beide verloren.

Als ihr Jelto in Rente ging und fortan mit am Kai stand, um auf das Boot des Sohnes zu warten, lernte er die Furcht seiner Frau kennen. »Plötzlich konnte er mich verstehen«, sagt sie und lächelt. »Nach langer Zeit war er mir wieder ganz nah.« Der unerschrockene Seemann konnte die Sorgen an Land nicht aushalten, sein Herz versagte. Nach dem Tod ihres Mannes zog Betje Bruns zurück nach Greetsiel.

Die Angst um ihren Sohn ist geblieben. Bis heute. Nach diesem Unfall wird Jelto junior nicht mehr als Seenotretter arbeiten. »Er wird nun die Fähre nach Borkum oder Norderney fahren, das ist eigentlich nach solchen Unfällen immer so«, sagt Betje Bruns, nur mühsam gefasst. Eine Stunde lang hat ihr Junge im Meer um sein Leben gekämpft. Als der Hubschrauber kam, war sein Körper auf 31 Grad heruntergekühlt, hatte er drei Kilogramm abgenommen. »1.800 Menschen haben die Bruns bisher aus den Fluten gerettet.« Sie holt eine Kiste mit Medaillen aus dem Schlafzimmer, darunter das Bundesverdienstkreuz ihres Mannes und das ihres Schwiegervaters. Nun wird noch eines hinzukommen. »Mein Sohn hat meinen Mann vergöttert«, sagt sie. »Nun ist er auch ein Held. Aber er wird nie wieder der Jelto sein, der er bis gestern war.«

Max und Thilko schweigen betreten. Betje Bruns wischt sich eine Träne von der Wange und atmet tief durch. »Ich habe Ihnen gar nichts zu trinken angeboten«, sagt sie, nun wieder klar wie zu Beginn ihrer Erzählungen. Ohne eine Antwort abzuwarten, geht sie in die Küche und macht Tee. Max würde am liebsten gehen, er fühlt sich so hilflos, aber ganz offensichtlich will die alte Dame jetzt nicht allein sein.

Als Thilko Max am Abend zu Hause absetzt, ist der Sturm bereits abgeflaut. Wortkarg verabschieden sie sich voneinander. Dieser Tag wird ihnen im Gedächtnis bleiben. Max geht einmal um das Haus herum. Der Garten sieht schlimm aus. Das ganze Blätterharken vom Vortag war für die Katz. Wenigstens ist kein Baum aufs Haus gestürzt. Er schafft es gerade noch, eine Pizza zu essen, dann sinkt er in tiefen Schlaf.

Im Traum steckt Max mitten in der großen Sturmflut von Februar 1962. Er sieht sich verzweifelt durch den Hamburger Stadtteil Wilhelmsburg irren, auf der Suche nach Wibke. Betje Bruns ist auch da, die auf ihren Mann und ihren Sohn wartet. Thilko hört Norddeich Radio, das immer neue Sturmwarnungen und Pegelstände durchgibt. Nun schon vier Meter über dem Mittleren Tidehochwasser. Endlich entdeckt er Wibke. Max will gerade auf sie zulaufen, da klingelt sein Wecker.

Wibke! Er hat noch immer nicht nach ihrer Telefonnummer gesucht. Wie konnte er das nur immer wieder vergessen? Und wie gern würde er sie jetzt sehen, die blonde Wibke mit den wachen Augen. Gleich morgen werde ich das Telefonbuch durchfilzen, denkt Max. Wie hießen die Eltern noch? Tommo und Akko, Onno und Akka? Diese verfluchten ostfriesischen Namen, das kann sich ja kein Mensch merken.

## Stille Helden: die Deutsche Gesellschaft zur Rettung Schiffbrüchiger

»Vor Gericht und auf hoher See ist man in Gottes Hand«, sagt ein Sprichwort. Da ist es gut zu wissen, dass Gottes Hand ein paar tüchtige Helfer entlang der deutschen Küsten hat. Seit 1865 gibt es den Seenotrettungsdienst der DGzRS. Diese Gesellschaft ist jedem Seemann, der auf Nord- und Ostsee unterwegs ist, ein Begriff – egal, ob er Berufsschiffer ist oder Sonntagssegler. Rund um die Uhr in Bereitschaft, an jedem Tag im Jahr, kommen die Seenotretter auf die eindrucksvolle Zahl von mehr als 77.000 Einsätzen seit der Gründung ihrer Organisation.

Bis auf eine kurze Zeit nach dem Zweiten Weltkrieg, als es staatliche Zuwendungen gab, finanziert sich die DGzRS ausschließlich aus privaten Beiträgen und Spenden. Auch die Seenotretter selbst sind überwiegend ehrenamtlich tätig. 186 Festangestellte stehen mehr als 800 Freiwilligen auf See und mehr als 500 an Land gegenüber. Ihren Dienst tun die Seenotretter auf 61 Booten und Kreuzern. Dabei unterhalten sie 54 Stationen auf den Inseln und längs der Küsten.

Ihre Boote sind modern ausgerüstet und zwischen 6,8 und 46 Meter lang. Das größte DGzRS-Schiff ist der Seenotkreuzer »Hermann Marwede« mit eigenem Bordhospital und Hubschrauberarbeitsdeck. Die Namen der Seenotrettungsboote erinnern entweder an Seeleute, die bei Einsätzen ihr Leben ließen, oder an Förderer. Hermann Marwede ist der Name eines Bremer Unternehmers, dessen Familie den Bau des Schiffes ermöglichte.

Wer sich für die Arbeit der DGzRS interessiert, findet auf der Vereins-Homepage umfangreiches Informationsmaterial. Die Schiffe können auch besichtigt werden. Nur mitfahren darf man in der Regel nicht: Die Einsatzbereitschaft zur Rettung Schiffbrüchiger geht vor. Dafür veranstaltet die DGzRS regelmäßig einen »Tag der Seenotretter«. Mit viel Glück – denn der Besucherandrang kann stürmisch sein wie die See – heißt es dann für Interessierte: »Leinen los!«

Informationen: www.seenotretter.de

# Weite Räume

Am Tag nachdem seine Geschichte über Betje Bruns erschienen ist, wird Max zum Chefredakteur zitiert. »Ganz ordentlich, Ihr Bericht über die alte Bruns. Ich möchte, dass Sie in Zukunft mehr solche Sachen machen«, sagt Nordmann. Max freut sich, »ganz ordentlich« ist schließlich das höchste ostfriesische Lob. Und wenn es dann noch vom Chef kommt, der ihm das Leben am Anfang so schwer gemacht hat … Das heißt doch mal was.

Tatsächlich: Max verlässt den Raum des Chefredakteurs mit dem Auftrag, ein Porträt über die Archäologin des Klosters Ihlow zu schreiben. Sie hat die Grabungen in der früheren Ruine des fast 800 Jahre alten Zisterzienserklosters geleitet. Max sieht sich das Kloster im Internet an und ist überrascht: Wo er altes Gemäuer erwartet hatte, überwölbt eine moderne Stahlkonstruktion die Klosterstätte. Anstelle des üblichen Pressetextes liest er auf der Webseite von Spiritualität und Imagination: »Stille. Die suchen eine Handvoll Mönche Anfang des 13. Jahrhunderts im Herzen Ostfrieslands. Das Schweigen im Walde finden sie in einem Yl-loh, einem Eiben-Hain.« Max denkt sich, dass das gut zusammengepasst haben muss vor so vielen Jahren: eine unwirtliche Gegend, schweigende Mönche und wortkarge Friesen. Die »Stillen Räume Ihlow«, so wird das Areal genannt, beginnen ihn zu interessieren. Er ruft die Leiterin des Grabungsteams an und vereinbart mit ihr einen Termin.

Auf dem Weg nach Ihlow passiert Max Bauernhöfe und Felder. Am Ortseingang angekommen, sieht er links bereits den Wald liegen, aber kein Kloster weit und breit. Er biegt ab auf den mit Schotter befestigten Parkplatz am Wald und sieht eine zarte Frau mit jungenhaftem Kurzhaarschnitt und grünen Katzenaugen, kaum älter als er, auf ihn warten. Ihr apartes Äußeres passt so gar nicht zu den Gummistiefeln, der atmungsaktiven Jacke und ihrer steifen Art. Geradezu spröde wirkt Angelika Großmann, als sie auf dem Weg in den Wald die Geschichte des Klosters in Zahlen und Fakten erläutert:»1228 gab der Erzbischof von Bremen und Hamburg, Gerhard II. zur Lippe, den Zisterziensern die Genehmigung für den Klosterbau südlich von Aurich. In diesem Forst erbauten die Geistlichen das größte Gotteshaus zwischen Bremen und dem niederländischen Groningen. Ihlow war das größte der 28 Klöster in Ostfriesland und auch politisch sehr einflussreich, weil es ja in der Nähe des Upstalsbooms lag. Das Kloster war das Archiv und die Kanzlei der gesamtfriesischen Bewegung der ›Friesischen Freiheit‹.«[1]

»Das muss doch eine ungeheure Ehre sein, als junge Frau so ein großes Projekt leiten zu dürfen, oder?«, unter-

---

[1] Nach der Reformation ließ ein Bruder des ostfriesischen Grafen Enno II. das Kloster 1529 zerstören und ein Jagdschloss erbauen. Der Altar überlebte, er steht heute in der Auricher Lambertikirche. Stein um Stein haben Archäologen die Grundrisse des Klosters in den vergangenen Jahren rekonstruiert, haben Skelette alter Häuptlinge und kostbare Schmuckstücke gefunden.

bricht Max die Archäologin, als sie einmal kurz Atem holt. »Das ist ganz normal, mein Professor war ja im Hintergrund aktiv dabei. Außerdem leite ich ab nächsten Monat schon das nächste Projekt in Süddeutschland«, antwortet sie kühl. Und weiter geht's mit Details zu Fundamenten und Formsteintypen, alles Begriffe, die Max fremd sind. Er blickt verstohlen in den Himmel. Auf dem Weg zur Kirche hängen schwarze Banner zwischen den Bäumen: »Der Stamm der Friesen ist nach außen frei« ist auf dem ersten zu lesen, und so begleitet das Grundgesetz der Friesischen Freiheit Max tiefer in den Wald hinein. Die Bäume formen eine lichtdurchlässige Kapelle aus Geäst. Der Wald hat etwas Verwunschenes, gern hätte Max ihn im Stillen bewundert. Sie erreichen eine Lichtung. Hier erhebt sich die »Imagination«, wie die Metallkonstruktion heißt, die heutige Klosterstätte, und Max bleibt andächtig stehen. Eine Art offene Raketenkapsel aus Stahlträgern überragt die Baumwipfel: der Dachreiter[1] des kunstvollen Klosternachbaus. Es ist nur eine reduzierte Form von Kirche, und trotzdem spürt Max darin die Ruhe, die von Gotteshäusern ausgeht. Die Stahlträger formen 25 Meter über seinem Kopf ein sakrales Gewölbe. Die efeubewachsenen Eisenmatten sind wie natürliche schützende Außenmauern. Und das kunstvolle Treppenhaus an der Seite ist unverkennbar ein Kirchturm.

»Das ist ja unglaublich schön«, flüstert Max. »Das muss ich auch sagen, obwohl ich einen originalgetreuen Nachbau gut gefunden hätte«, sagt die Archäologin und steigt die Treppen zum »Raum der Spurensuche« hinab – unterhalb der Kirche gelegen, ist dort ein modernes Muse-

---

[1] Ein Dachreiter ist ein schlanker Turm, der auf den Dachaufbau beziehungsweise mittels Pfosten auf den Dachstuhl aufgesetzt wird. Es ist also kein eigener Kirchturm, wie er bei vielen Sakralbauten zu sehen ist. Der Dachreiter ist typisch für Zisterzienserkirchen und ein Ausdruck christlicher Demut.

umskonzept mit eigener Toninstallation und unaufdring-lichen Lichteffekten entstanden. »Und hier haben Sie mit Ihren Grabungen das ganze Wissen zutage gefördert. Das ist sehr beeindruckend, Frau Großmann.« Als die junge Archäologin wieder mit Backsteinplatten und Ausgrabun-gen unter dem Fundament anfängt, fällt Max ihr ins Wort: »Haben Sie denn auch etwas Spannendes gefunden? Alte Leichen oder Schwerter oder so?« Frau Großmann ver-dreht ihre grünen Augen: »Wenn Sie in Kirchen graben, finden Sie immer Skelette, Herr Tillmann.« »Vielleicht war ja etwas ganz Besonderes darunter, ein Mordopfer oder ein berühmter Geistlicher«, versucht Max es erneut. Die Archäologin wird etwas lockerer, lächelt kurz. »Tatsächlich war das recht interessant. Wir sind sehr wahrscheinlich auf die Knochen der beiden bedeutendsten Häuptlinge Ost-frieslands im Mittelalter gestoßen«, sagt sie. »Keno II. tom Brok und sein Sohn Okko II. Der wollte im Sarg seines Va-ters beerdigt werden. Okko II. starb 1437 mit 40 Jahren.« Max ist begeistert. »Aber das ist doch großartig, wo in etwa war das denn?«, fragt er und strebt Richtung Ausgang. »Ich merke schon, die archäologischen Funde langweilen Sie«, antwortet Angelika Großmann und folgt ihm zur Trep-pe. Dabei erklärt sie, wie sie eigenhändig mit Maurerkelle und Pinsel in drei Metern Tiefe zuerst einige Quadratzen-timeter eines Schädels und wenig später das vollständige Skelett freigelegt hat. Überbleibsel von Häuptlingen, weit mehr als 500 Jahre alt.

»Wovon haben die Mönche hier eigentlich gelebt?«, fragt Max. »Von Steinen doch sicherlich nicht.« Wie Klöster in Norditalien über die Runden kamen, kann er sich vorstellen. Aber hier an der Nordsee? »Wie in vie-len Stätten der Zisterzienser, mithilfe des Klostergartens«, sagt die Archäologin. »Kommen Sie.« Ihm voran geht sie die Stufen hinauf, wieder ins Freie.

Irgendwie muss ich diese spröde Frau zum Lachen bringen, sonst erfahre ich heute nichts Lebendiges mehr, denkt Max. Als sie die kreuzförmige Anlage des Klostergartens betreten, fragt Max: »Hätten Sie nicht manchmal Lust, mehr mit Menschen statt mit Leichen zu arbeiten?« Die Archäologin bleibt stehen und blickt ihm forschend in die Augen. Dann lacht sie zum ersten Mal und sagt mit charmantem Augenaufschlag: »Das mache ich doch gerade.« Sie lehnt sich leicht gegen ihn, führt ihn an Beeten vorbei. Eine ältere Frau kniet halb auf dem Weg und harkt Laub. Sie trägt Gummistiefel und eine verschmutzte Jeans, ihre krausen Haare stehen wild in alle Richtungen. Das ist doch ... Mit einem Mal ist es mit der sakralen Ruhe vorbei. Max' Herz macht einen Sprung: Wibkes Mutter! »Frau Freese!«, ruft er, gerade noch rechtzeitig ist ihm ihr Name wieder eingefallen. »Wie schön, Sie zu treffen«, doch bei dem feindseligen Blick, den Okka Freese ihm vom Boden aus zuwirft, verstummt er. »Viel über Sie gesprochen«, sagt Wibkes Mutter und steht langsam auf. Sie klopft sich die Erde von den Händen und blickt ihn kaum an. Dafür mustert sie nun das Gesicht von Angelika Großmann. »Aber leider gar nichts mehr von Ihnen gehört.« Pause. »Herr Tillmann.« Wieder Pause. »Nun«, fährt sie fort, »Sie haben sich ja inzwischen eingelebt, wie man sieht.« Okka Freese dreht ihnen den Rücken zu und will zwischen den Büschen verschwinden. Ach du liebe Zeit, Max ist klar, worauf sie anspielt. Mit einem Ausfallschritt holt er sie ein. »Entschuldigen Sie, darf ich vorstellen: Frau Großmann, die Grabungsleiterin, mit der ich hier einen Pressetermin habe. Frau Freese, die Mutter einer – Freundin«, haspelt er. Alles fühlt sich furchtbar falsch an. Die Archäologin ist peinlich berührt, zieht die Schultern hoch: »Guten Tag, Frau Freese. Sind Sie noch bei der Gärtnertruppe des Klostergartens?«, fragt sie höflich, an Okka Freese gewandt. Offenbar kennt man sich. »Dass die Forscher sich für unsere Gärten interessieren, wäre mir neu«[1], antwortet Wibkes Mutter. Bevor Max noch irgendetwas erwidern kann, was die Situation vielleicht rettet, stapft Okka Freese grußlos davon.

Betretenes Schweigen. Max lächelt halb und versucht, das vorige Gespräch wieder aufleben zu lassen, aber es gelingt ihm nicht. Angelika Großmann setzt zu einem weiteren Vortrag an, diesmal über Heilkräuter und Zierpflanzen, und Max ist froh, als sie wieder am Parkplatz ankommen. »Es war nett mit Ihnen, Herr Tillmann. Schicken Sie mir Ihre Fragen doch einfach per E-Mail«, sagt sie mit einem kleinen Anflug von Spott in ihrer Stimme. Max kann sie kaum ansehen. Er weiß, er hat nicht nur das Interview in den Sand gesetzt, sondern sich auch noch unmöglich gemacht. Ganz abgesehen davon, dass er auf ein Wiedersehen mit Wibke nicht einmal mehr hoffen darf.

### 𝒦loster Ihlow – das Große im Einfachen

301 Jahre lang stand es tief im Wald, das größte Kloster im ostfriesischen Raum anno 1228. Sein Platz war mit Bedacht gewählt: Der ursprünglich aus Frankreich stammende Orden der Zisterzienser suchte stets in der Einsamkeit nach Gott. 301 Jahre lang war es trotz seiner versteckten Lage ein Zentrum der Geistlichkeit und der friesischen Politik. Vieles deutet daraufhin, dass die Äbte von Ihlow über Archiv und Kanzlei des Upstalsboom-Bundes wachten und als Friedensrichter tätig waren. Die Zisterzienser und die Friesen passten gut zusammen. Die Mönche lebten autark von ihrer

---

1 Die Archäologin und der Konflikt zwischen den Forschern und den Klostergärtnern sind frei erfunden.

eigenen Landwirtschaft und forderten keine Ernteab-
gaben der benachbarten Bauern ein. Das hätten die
wohl auch kaum zugelassen, schließlich akzeptierten
sie niemanden als Herrn über sich, abgesehen vom
Kaiser: Die Friesische Freiheit regelte als quasigenos-
senschaftliche Rechtsordnung jahrhundertelang das
Leben der Friesen, während das übrige Europa der
Feudalherrschaft unterworfen war.

Doch dann kam die Reformation: 1529 wurde die
mächtige Klosterkirche dem Erdboden gleichgemacht.
Die übrigen Gebäude des Zisterzienserklosters über-
dauerten hingegen die Jahrhunderte. Sie dienten friesischen Grafen als Jagdanwesen, bis sie schließlich im
18. Jahrhundert abgerissen wurden. Lange Zeit stand
an der alten Stätte nur ein Forsthaus, das viele Besucher an den Wochenenden anzog.

Dann reifte der Plan, die Klosterkirche wieder neu entstehen zu lassen. In den Jahren zwischen 2005 und
2009 wurde nach und nach eine kühne Stahlkonstruktion mit Wänden aus Efeu errichtet, die »Imagination«.
Und wie der Name sagt, vermittelt die luftige Bauwei-
se des Stahlgerüsts eine Vorstellung von der früheren
Größe der Klosterkirche.

Für die damalige Zeit muss sie enorm gewesen sein:
etwa 68 Meter in der Länge und mehr als 34 Meter in
der Breite. Zusammen mit dem Dachreiter erreicht die
heutige Nachbildung eine Höhe von fast 45 Metern.
Klosterkirchen von Zisterzienserorden hatten in der
Regel keinen Glockenturm. An dessen Stelle setzte
man einen kleinen Dachreiter als Symbol für die or-
denstypische Bescheidenheit. (Dass der Orden trotz
seines Armutsgelübdes im Lauf der Zeit zu beträchtli-
chem Wohlstand kam, ist eine andere Geschichte.)

Die Grabungen in den Jahren 2004 und 2005 konzentrierten sich im Wesentlichen auf die Klosterkirche selbst. Die mutmaßlichen Skelettfunde der Häuptlinge, von denen die (fiktive!) Archäologin Großmann spricht, beziehen sich auf ein Doppelgrab im Bereich des früheren Querhauses. Es kam vor, dass sich weltliche Machthaber, die dem Orden große Schenkungen machten, einen Grabplatz in der Kirche erkauften. Im Grunde war es ein Tauschhandel: Die weltliche Macht versprach militärischen Schutz und großzügige Gaben im Diesseits, die geistliche Macht sicherte spirituelle Unterstützung für das Jenseits zu. Man nimmt an, dass die Häuptlingsfamilie der tom Brok zwei ihrer Oberhäupter, Keno II. und seinen Sohn Okko II., im Zentrum der Klosterkirche hatte bestatten lassen. Auf ihrem Gebiet befand sich damals das Kloster, dessen weltliche Schutzherren sie ab 1376 waren. Die beiden Backsteinkisten, in denen die Skelette lagen, können im »Raum der Spurensuche« (siehe Seite 98) besichtigt werden.

Viel Interessantes birgt der heutige Klostergarten: Seine derzeitige Lage ist historisch nicht korrekt. Dass es ihn überhaupt gibt, ist einem Förderverein und tatkräftigen Frauen zu verdanken. Sie haben sich in der Klostergartengruppe zusammengetan und erschaffen einen Garten nach mittelalterlichem Vorbild. Unterteilt ist er in vier Themenbereiche: einen Garten mit Heilpflanzen, wie sie schon Hildegard von Bingen nutzte; einen Hexengarten, der auch giftige Pflanzen beherbergt – hier wird der heilkundigen Frauen gedacht, die um die Wirkung derartiger Pflanzen wussten und zur Zeit der Inquisition als Hexen ihr Leben ließen. Weiterhin ein Mariengarten voller Blumen, die der Marienverehrung dienten, der Gottesmutter geweiht waren oder ihren Namen tragen, denn die heilige Maria war die Schutzpatronin der Zisterzienser. Und ein Küchengarten, dessen Pflanzenauswahl sogar auf die Zeit Karls des Großen zurückgeht.

### Raum der Spurensuche – dem Himmel so nah

*Von Oliver Vorwald, dem Pastor der Klosterstätte*

Im Raum der Spurensuche befindet sich nicht nur eine Ausstellung zur Klostergeschichte an Nord- und Ostsee, sondern auch ein neuer Altar. Er wird eingefasst von einem blauen Glaskreis. Darin spiegeln sich Wolken und der Dachreiter der imaginierten Zisterzienserkirche. Hier haben die regelmäßigen spirituellen Veranstaltungen an der Klosterstätte Ihlow ihren Ort. Um den neuen Ihlower Altar findet jeden Freitagabend das Ihlow-Gebet statt. Gehalten und getragen wird die Wochenschlussandacht von einem Arbeitskreis, zu dem Pastoren und Gemeindeglieder der beiden christlichen Konfessionen gehören. Im Frühjahr und im Herbst gibt es an der Klosterstätte außerdem Einkehrtage mit Stundengebeten. Darüber hinaus gehören zum geistlichen Programm ein Kreuzweg zu Karfreitag sowie eine Osternacht. Außerdem wird bis zu zweimal im Jahr eine »Nacht der Lichter« zelebriert nach der liturgischen Ordnung der ökumenischen Bruderschaft von Taizé.

Weitere umfangreiche Informationen zum Kloster Ihlow finden sich unter www.kloster-ihlow.de

# Enttäusche nie eine Ostfriesin

Als er auf dem Waldparkplatz ins Auto steigt, klingelt sein Handy. Es ist Jan, der ihn für den nächsten Tag zum Männerabend in die Kneipe einlädt. »Das ist nett von dir, aber ich bin nicht in Stimmung«, sagt Max. In knappen Worten berichtet er seinem Freund von der Begegnung mit Wibkes Mutter. »Von deiner Wibke hast du mir nie erzählt«, sagt Jan. »Wenn du magst, komm vorbei, dann können wir schnacken.«

Bei Jan zu Hause angekommen, presst Hemma Max an ihren üppigen Busen. »Jan hat mir schon erzählt, dass du Kummer hast.« Sie hat Chips, Bacardi und Cola auf den Couchtisch gestellt und greift selbst als Erste zu. Jan und Max trinken ein kühles Jever und lehnen sich in die tiefen Sessel. Weil Hemma so drängelt, beginnt Max, von der Begegnung mit Wibke im Zug zu erzählen. Als er fertig ist, weiß Jan nichts zu sagen. Hemma dafür umso mehr. »Also wirklich, Max«, sagt sie aufgeregt, »ich glaube nicht, dass Wibke dir etwas bedeutet. Sonst hättest du die Telefonnummer längst rausgefunden.« Max versucht sich zu verteidigen, der verschwundene Zettel, die anfänglichen Schwierigkeiten in Ostfriesland, aber Hemma fällt ihm ins Wort. »Verhalt dich wie ein Mann und steh zu deinem Fehler. Falls du sie wirklich wiedersehen willst. Wenn nicht, ist doch alles in Butter.« Max spürt, dass sie recht hat. Was hatte er denn unternommen, um Wibkes Nummer herauszufinden? Rein gar nichts. Dass es ihm jetzt so vorkommt, als hätte er die Frau seines Lebens verloren, versteht er selbst nicht.

»Meinst du denn, ich kann das noch retten?« Hemma schüttelt ihre blonden kurzen Haare. »Nein. Du hast sie verletzt und gekränkt. Wenn das eine richtige Ostfriesin ist, brauchst du der nie wieder zu kommen.« Max muss tief durchatmen, das war eine klare Ansage. »Mein Gott, Hemma, es sind doch nicht alle Menschen so stur wie du«, sagt Jan hilflos. Hemma wirft ihrem Mann nur einen kurzen Blick zu. War ja klar, dass der seinem Freund sofort zu Hilfe eilen musste.

Nach einer Pause, in der jeder in Gedanken versunken schweigt, die Stille nur unterbrochen durch das Krachen der Chips, die Hemma sich in den Mund schiebt, sagt sie: »Du müsstest ihr schon beweisen, dass du eine Chance verdient hast. Wenn sie dir das wert ist, kannst du es ja probieren.« Max blickt auf. Er würde es wirklich gern probieren. Nur wo findet er Wibke überhaupt? Er hat sie bisher nie zufällig getroffen. Vielleicht war sie lange nicht mehr in Aurich und ist an den Wochenenden immer in Münster geblieben? Wo in aller Welt sollte er sie dort suchen? Hemma richtet sich auf. »Sie geht bestimmt zum Handball.«

Max sieht sie erstaunt an. »Zum Handball?«[1] Er hat alles Mögliche in Erwägung gezogen, aber keine Sport-

---

[1] Handball ist in Ostfriesland sehr populär. Die erste Herrenmannschaft des Ostfriesischen Handballvereins (OHV) Aurich spielt seit Jahren in der Regionalliga Nord, obwohl sie – im Vergleich zu anderen Clubs – mit verhältnismäßig wenigen Sponsoren auskommen muss.

veranstaltung. »In der Sparkassen-Arena«, sagt Hemma. »Wir gehen auch immer hin. Kea ist total verliebt in den Kreisläufer.« Für einen Moment vergisst Max seinen Liebeskummer. »Eure Tochter schwärmt für einen Kreisläufer aus der dritten Liga?« Jan lacht. »Früher war sie Werder-Bremen-Fan. Seit wir sie zu den Heimspielen vom SVA, dem Sportverein Aurich[1] mitnehmen, ist der Kreisläufer ihr neuer Schwarm«, sagt er. »Wir sind hier ja nicht so verwöhnt wie ihr im Ruhrgebiet mit euren erstklassigen Fußballclubs und den Millionärsspielern.«

»Komm doch morgen mal mit und schau dir das Spiel an«, schlägt Hemma vor. »Mit viel Glück triffst du deine Wibke. Auch wenn du dir davon nicht zu viel versprechen solltest.« Max winkt ab. »Hemma, das geht nicht. Morgen spielt Dortmund gegen Schalke. Das ist *das* Spiel der Hinrunde. Wenn ich schon nicht hinfahren kann, muss ich es auf jeden Fall in einer Sportkneipe sehen.« Hemma sieht ihn kopfschüttelnd an: »Siehst du? Wibke ist dir einfach nicht wichtig genug. Vergiss es.« Max öffnet den Mund, überlegt, schließt ihn wieder. Wenn Wibke tatsächlich beim Handballspiel wäre … aber deshalb auf das Derby verzichten? Es wäre das erste seines Lebens, das er verpassen würde.


Am Sonnabend radelt er gegen halb sieben zur neuen Multifunktionshalle am Gymnasium. Die sparkassenrote Fassade sieht man schon von der Straße aus leuchten. Etwa 300 Autos stehen auf dem Parkplatz, vor dem Eingang Hunderte Hollandräder. Max schaut auf seine Uhr: Eben war Anstoß in Dortmund. Ronnie hat versprochen, die aktuellen Spielstände sofort per SMS durchzugeben.

Im Foyer tummeln sich Jugendliche in Jeans und Handballschuhen, durchtrainierte Frauen und Männer, Ge-

[1] Der »Sportverein Aurich« hier ist frei erfunden.

schäftsleute und Familien. Max entdeckt die kleine Kea, mit einem riesigen Pappherz um den Bauch. »Joke« steht darauf, der Spitzname des Kreisläufers. »Mensch, das ist ja ein tolles Herz«, sagt er. »Ja, nicht wahr?«, lacht Kea strahlend.

Gemeinsam gehen sie zu Jan und Hemma auf die Tribüne. Max ist überrascht über die helle, moderne Halle und den Besucherandrang. Etwa 1.000 Fans sitzen auf den roten Tribünen, die links und rechts des Feldes hochsteigen.[1] Am Spielfeldkopf sind Werbebanner zu sehen. Max versucht, nicht an den »Tempel« zu denken, das Westfalenstadion von Borussia Dortmund. An seinen Dauerplatz auf der größten Stehplatztribüne Europas. An seine Helden in Schwarz-Gelb: die Borussen an der Tabellenspitze, auf dem Weg zur Meisterschale. An ihren Sensationstrainer Jürgen Klopp, »Kloppo«, wie sie ihn nennen. Und er, Max, sitzt hier. Ein Westfale in Ostfriesland. Deplazierter kann man sich nicht fühlen. Nun verpasst er für eine Frau, die er kaum kennt, das wichtigste Fußballspiel der Hinrunde. Was ist nur los mit ihm? Passend zu seinem Frust vibriert sein Handy. Ronnie. »Eins null«, schreibt sein Freund mit drei Ausrufezeichen. »Alter!! Hammertor von Kagawa!! Neuer am Boden!!!«

Und er hat es nicht gesehen. Das hebt nicht gerade die Stimmung. Max setzt sich zu Hemma und Jan, die mit Freunden darüber beratschlagen, wie hoch Aurich gewinnen wird. Dass ihr Club den Tabellenletzten schlagen wird, scheint absolut klar zu sein. Dann geht das Spiel los,

---

1 Die Sparkassen-Arena Aurich ist die modernste Veranstaltungshalle in der Region. Sie ist 2009 eröffnet worden und zieht nicht nur Handballfans an: Regelmäßig treten hier berühmte Künstler vor großem Publikum auf. Die Halle wird mit einem innovativen Energiekonzept beheizt. Für dieses deutschlandweit einzigartige Vorzeigeprojekt wurde die Stadt im Jahr 2011 als »Ausgewählter Ort im Land der Ideen« des Innovationswettbewerbs »365 Orte im Land der Ideen« ausgezeichnet. Mehr Informationen gibt es unter www.land-der-ideen.de.

und noch ehe Max die Gastgeber überhaupt identifiziert hat, sind bereits vier Tore gefallen, nach 15 Minuten steht es 9:3 für die Auricher. Die Gäste aus Hamm sind sichtlich unter Druck. Keas Schwarm ist ein wahrer Publikumsmagnet. Der Kreisläufer macht ein Tor nach dem anderen, um sich anschließend vor seinen Fans zu verbeugen. Max beginnt, das Spiel konzentriert zu verfolgen.

Zur Pause steht es überraschend 16:15. Die Stimmung ist gereizt, als Max ins Foyer tritt. »*Dat harr ik di gliek seggen kunnt, dat dat vandaag noch knapp word. De daar links, de passt nich up, de kickt alltied blot na de lüttje Wichter.*«[1] Von Ronnie hat Max nichts mehr gehört, dabei müsste Halbzeitpause sein. Er läuft von Grüppchen zu Grüppchen, stellt sich unauffällig an die Toiletten und scannt noch einmal die Tribüne. Nichts. Keine Wibke.

Wieder vibriert das Handy, und Max kann seine Enttäuschung kaum mehr im Zaum halten. Zwei zu null, wieder Kagawa (»Alter!!! Wasn Hammerschuss!! Hättest du SEHEN MÜSSEN!!!«). Max steckt das Handy tief in die Jackentasche. Hätte er sich doch gleich denken können, dass eine Frau wie Wibke nicht zum Handball geht. Womöglich ist sie Dortmund-Fan wie er und fiebert in einer Kneipe dem Sieg der Borussen entgegen. Mit hängendem Kopf geht er zurück zur Tribüne, das Spiel läuft bereits wieder. Keas Schwarm dreht auf, und die Auricher holen mit Rückraumwürfen und Tempogegenstößen sechs Tore Vorsprung heraus. 1.000 Fans tröten, rasseln und trommeln, was ihre Instrumente hergeben. Jan und Hemma klatschen sich ab. Immer wieder schielt Jan zu seinem Freund Max. Doch er lässt ihn taktvoll in Ruhe.

Und dann das: Drei Minuten vor Schluss steht es plötzlich nur noch 28:27 für Aurich. Es folgt ein Siebenmeter

---

1 Das hätte ich dir gleich sagen können, dass das knapp wird. Der Linksaußen ist gar nicht bei der Sache, der guckt nur nach den jungen Mädchen.

für die Gäste, unentschieden. Die Zuschauer sind außer sich vor Enttäuschung über diesen leichtsinnig verspielten Sieg. Pfiffe gellen durch die Halle, die Fans schreien. Fast zeitgleich mit dem Schlusspfiff trifft ein Auricher Spieler zum rettenden 29:28. Die Gastgeber sind mit einem blauen Auge davongekommen. Jan fällt Max um den Hals, er kann nicht anders. Max muss lachen, auch wenn ihm zum Heulen zumute ist.

Durch die jubelnde Menge gehen sie zum Ausgang. Ringsum schnattert es. Plötzlich eine Stimme, die ihn herumfahren lässt. Das ist doch nicht möglich. In zwei Metern Entfernung sieht er Wibke mit ein paar Freunden in Richtung Ausgang gehen. Die Borussen sind vergessen. Max fühlt, wie seine Hände und Achseln feucht werden. Was tun? Er schiebt sich zu ihr durch. »Hallo Wibke«, sagt er aufgeregt. Sie dreht sich um, offensichtlich irritiert. Schaut ihn einen Moment lang entgeistert an, sortiert dann blitzschnell ihre Gesichtszüge. »Ach, hallo, äh ... Max. Du hier?« »Ich freu mich so, dich zu sehen«, sagt Max schnell, bevor ihn der Mut verlässt. »Es tut mir leid, dass ich so lange nichts von mir hab hören lassen. Aber ich hab deine Telefonnummer verloren.« Sie lächelt kalt. »Ach?«, erwidert sie. »Was du nicht sagst ...« Bevor er weiterreden kann, ist sie im Gedränge an der Tür verschwunden. Hat ihn wortlos stehen lassen. Unbemerkt vibriert das Handy in seiner Jackentasche.

Max ist wütend. Auf sich, auf Ronnie, auf die Borussen, auf alles und jeden. Heute geht einfach alles schief. Hektisch läuft er auf den Platz hinaus. Die Flutlichter erhellen ihn ein Stück weit, bevor er in der Dunkelheit versinkt. Wibke könnte in jede Richtung gelaufen sein. Max sprintet zu seinem Fahrrad und radelt über das große Campusgelände des Gymnasiums Richtung Innenstadt. Wenn sie zu Fuß unterwegs war, könnte er sie noch abfangen. Doch kaum ein Fußgänger kreuzt seine wilde Fahrt. So eine schwachsinnige Idee, zu glauben, ein zufälliges Treffen würde alles wiedergutmachen.

Das war es dann wohl. Gerade dreht er eine letzte Runde um die Sparkassen-Arena, als sein Telefon klingelt. Ronnie ist dran. »Leuchte auf, mein Stern Borussia«, singt der lallend in den Hörer, »leuchte auf, zeig mir den Weg. Ganz egal, wohin er uns auch führt, ich werd immer bei dir sein.« Im Hintergrund singen Leute mit, falsch und laut. »Olé, jetzt kommt der BVB«, scheppert es im Hörer. »Ronnie«, ruft Max, doch Ronnie in seiner Begeisterung hört ihn nicht. Jetzt reicht es mir endgültig, denkt Max, legt auf und stellt sein Handy ab. Er setzt sich aufs Rad und fährt zu »Hinni«. Heute Abend wird er nur noch eines tun: sich in der Kneipe die Lichter ausschießen, schön gepflegt eines nach dem anderen.

## Ostfrieslands Spiel mit der anderen Kugel: der Fußballverein Kickers Emden

*BSV Kickers, wir sind da, jedes Spiel ist doch kla,*
*Oberliga tut so weh, scheißegal, Emden allez!*

Dieser Fangesang bringt auf den Punkt, was lange Sache gewesen ist in der Herrenabteilung des höchstplatzierten ostfriesischen Fußballclubs: Die Kickers Emden spielten »nur noch« in der Oberliga Niedersachsen, also in der fünften Liga des deutschen Fußballs (und damit in der zweithöchsten Amateurfußballliga). Und selbst die Oberliga gehört bald der Vergangenheit an: Der hochverschuldete Verein hat Insolvenz angemeldet, womit der Zwangsabstieg besiegelt ist. Scheitert das Insolvenzverfahren, ist der BSV Kickers Emden Geschichte.

Für die ehemaligen Profifußballer ist das ein herber Schlag: Die Kickers haben eine ruhmreiche Vergangenheit hinter sich und waren mal ein Profifußballclub, 1994 standen sie sogar kurz vor dem Aufstieg in die Zweite Bundesliga. 2008/09 schafften es die Kickers schließlich in die neu gegründete dritte Liga und hielten sich dort auch in den vorderen Rängen. Doch schon ein Jahr später war es mit dem Profi-Dasein vorbei. Bereits damals drückten die Schulden. Um in der Profi-Liga spielen zu können, wäre eine Renovierung des baulich maroden Stadions unausweichlich gewesen. So zog der Verein seinen Antrag auf Lizenzerteilung für die dritte Liga zurück und landete wieder bei den Amateuren. Zum Trost hat man sich aber in der Saison 2010/11 immerhin für den DFB-Pokal qualifiziert.

1946 wurde der Club als BSV Kickers Emden gegründet. Dieser Name ging 2008 im Zuge der Fusion mit dem SV Blau-Gelb Barenburg-Emden verloren. Heute heißt der Verein offiziell Barenburger Sportverein Kickers Emden. Er hat um die 900 Mitglieder in allen seinen Sparten (Damen- und Herrenfußball, Tischtennis und Gorodki, eine russische Mannschaftssportart). Aus seinen Reihen ging ein Fußball-Nationalspieler hervor: Jörg Heinrich, der heute beim BSC Rathenow 94 spielt.

Der berühmteste Kickers-Fan ist sicherlich Otto Waalkes, der es 2005 dem Verein erlaubt hat, den populären Ottifanten als Logo zu verwenden.

Selbst wenn der Profifußball in weite Ferne gerückt ist – zumindest hat das frühere Embdena-Stadion einen klangvollen Namen bekommen. Es heißt nun dank einer Sponsorenaktion Ostfriesland-Stadion und ist sicherlich die einzige Fußballarena im ganzen Land, die sich sogar mit dem Paddelboot erreichen lässt (Fahrzeit ab Ostmole Außenhafen schätzungsweise zwei bis drei Stunden).

Mehr Informationen zu den **Kickers Emden** finden sich auf der Homepage des Clubs:
www.bsv-kickers-emden.de

# Facebook für Ostfriesen

Die nächsten Abende verbringt Max in seiner kleinen Wohnung am Computer auf der Suche nach Wibke. Nach einem gewaltigen Kater am Sonntag hat er beschlossen, sich nicht so einfach abwimmeln zu lassen. Ihre Eltern anzurufen traut er sich nach der Begegnung mit Okka Freese im Klostergarten nicht mehr. Er sucht Wibke über unterschiedlichste Foren der Universität Münster, in sozialen Netzwerken wie Facebook und StudiVZ und ganz profan im Telefonbuch. Nichts. Am Mittwoch ist er so frustriert, dass er Thilko anspricht. Nach ihrer gemeinsam erlebten Sturmflut sind sie so was wie Freunde. »Wibke Freese, der Name kommt mir bekannt vor«, sagt Thilko. »Wie alt ist sie?« »Ungefähr 22, würde ich schätzen.« »Spielt die Handball?« Max zuckt die Schultern. »Beim letzten SVA-Spiel war sie zumindest.« »Kommt sie aus Aurich?« Max nickt. »Du weißt nicht wirklich viel, oder? Hast du es mal bei Morphex probiert?«, fragt Thilko. Morphex? »Das ist so etwas wie Facebook für Ostfriesen«, sagt Thilko und grinst. Max muss auch lachen. Selbst im Internet schotten sich die Ostfriesen von der großen weiten Welt ab. Irgendwie konsequent, lieber einige echte Freunde als einen Haufen illustrer (Un-)Bekannter. Max weiß es längst.

Noch vom Büro aus loggt er sich bei Morphex ein. Was er da liest, hat er an diesem Tag schon mal gehört, es sind die neuesten Nachrichten aus Ostfriesland: Schwerer Motorradunfall in Oldersum. Der SVA kommt mit blauem Auge davon. Unter »Events« stehen so lustige Partys wie »Osterfüür«, »Moorfete« oder »Omas Teich« (siehe Glossar). In den Gruppen gibt es Fanseiten zu Städten und Gemeinden. Selbst Butenfriesen, also Landsleute, die außerhalb Ostfrieslands leben (müssen), schließen sich hier zusammen, etwa in Hamburg. Dann gibt es vielleicht auch eine Gemeinschaft in Münster, hofft Max. Nichts. Die Detailsuche auf Morphex muss bis zum Feierabend warten. In seinem Facebook-Profil blinkt eine Freundschaftsanfrage von Thilko auf. Nachdem er sie bestätigt hat, poppen Fotos von dessen Freunden auf, die Max kennen könnte. Sein Blick fällt auf eine blonde Frau in einem Garten voller Küchenkräuter. Der Garten kommt ihm bekannt vor, die Frau auch – das ist doch Wibke am Kloster Ihlow! »Mensch, Thilko, du kennst Wibke ja doch!« Der Fotograf beugt sich über Max' Bildschirm. »Dann ist das die handballspielende Wibke aus Kirchdorf. Die Nummer könnte ich dir besorgen, aber ich mache das eigentlich nicht. Ich müsste sie zuerst fragen.« Doch Max redet so lange auf den Fotografen ein, bis der nachgibt.

Eine halbe Stunde später liegt die Telefonnummer auf seinem Tisch. »An deiner Stelle würde ich mich beeilen. Du bist nicht ihr einziger Verehrer«, sagt Thilko. »Tausend Dank, Kumpel. Ich revanchier mich«, erwidert Max und beeilt sich, seine Arbeit zu erledigen. Heute macht er früh Schluss. Während er nach Hause radelt, überlegt er hin und her, wie er das Gespräch beginnen soll, ohne dass sie sofort auflegt. Soll er sich entschuldigen? Sie zum Essen einladen? Er sieht Wibke vor seinem inneren Auge, wie sie ihn auslacht. Ihm ist längst klar, dass er nur eine Chance hat: ehrlich sagen, wie alles abgelaufen ist. Wenn sie dann nichts von ihm wissen will, kann er nichts daran ändern.

Ohne den Mantel auszuziehen, setzt er sich an das altmodische Scheibentelefon, das er von seiner Vermieterin geerbt hat. Er wählt Wibkes Nummer, in der Hoffnung, dass jetzt nicht irgendein Mitbewohner abnimmt. Er will gerade auflegen, da ertönt eine gehetzte Stimme am anderen Ende der Leitung. »Freese?«, hört er ihre Stimme an seinem Ohr. Max wird ganz flau – hat sie sich so beeilt, weil sie seinen Rivalen erhofft hat? »Hallo Wibke, ich bin es, Max.« Tiefes Einatmen am anderen Ende. »Wibke, bitte leg nicht auf«, sagt er. Keine Antwort. »Wibke, ich wollte mich bei dir entschuldigen.« Er stockt. »Wofür?«, antwortet sie langsam. »Dafür, dass du dich nicht gemeldet hast? Das ist längst vergessen«, sagt sie gleichgültig. Und ich wohl auch, denkt Max. Sie schweigen. Dann sagt sie: »Ist noch was? Ich bin gerade vom Sport gekommen und würde gern etwas essen.« »Ja, es ist noch was«, antwortet er. »Ich möchte dir etwas erklären. Doch das dauert ein bisschen länger. Darf ich nachher noch mal anrufen?« Max hört, wie er klingt. Bittend, aber nicht weinerlich. Ehrlich, direkt, eigentlich ganz annehmbar. Wibke scheint es ähnlich zu sehen. »So schnell verhungere ich nicht«, sagt sie, »dann schieß halt los.« Max holt Luft. »Nachdem deine Eltern mich netterweise in die Pension gebracht haben«, beginnt er, »muss ich den Zettel mit deiner Nummer verloren haben. Jedenfalls war er abends nicht mehr da.« Er erzählt von seinem schwierigen Start bei der Zeitung, den älteren

Kollegen, die ihn wochenlang geschnitten hatten und der fast aussichtslosen Suche nach einer Wohnung. »Immer wenn es gerade mal nett war, passierte irgendetwas Blödes, und wenn es eine Boßelkugel war, die mir aufs Auto knallte. Ich war kurz davor, meine Koffer zu packen und wieder nach Hause zu fahren.« Er verschweigt ihr nicht, dass er zwar immer wieder an sie gedacht, aber nicht die Energie aufgebracht hat, sich ernsthaft um ihre Nummer zu kümmern. Schließlich die erhoffte Wohnung, die Stimmung in der Redaktion besserte sich. Dann kam die Sturmflut. »In der Nacht habe ich sogar von dir geträumt. »Und dann war ich so froh, als ich deine Mutter im Wald getroffen habe. Aber die Szene war für sie offenbar eindeutig, ich kam gar nicht dazu, mich zu erklären.« Schweigen. Max weiß nicht mal, ob sie noch dran ist, so leise ist es. »Wibke, ich habe mich bei dir entschuldigt«, redet er weiter. »Aber lass uns ehrlich sein. Wir haben uns ein Mal gesehen und auf Anhieb gemocht. Als ich deine Hilfe gebraucht hätte, hatte ich deine Nummer nicht. Du hast auf einen Anruf gewartet, der nicht kam. Im Nachhinein ist es vielleicht gut so. Denn jetzt hab ich mich ein bisschen eingelebt und möchte dich immer noch gern treffen.« Schweigen. »Wibke?« »Ja?« »Darf ich dich zum Essen einladen?« Pause. Sie lacht. Zögert. Dann sagt sie: »Okay. Eine Currywurst auf dem Auricher Weihnachtsmarkt. In zwei Wochen.« Sie legt auf, ohne Abschied. Max reißt die Arme hoch, kann sich ein Jubeln nicht verkneifen. Eine Chance, eine echte richtige Chance. In zehn Tagen ruft er sie wieder an. Nein, in drei. Einfach nur, um Hallo zu sagen.

# Theater auf Plattdeutsch

## Lustig ist's, wenn's böse wird

Seit seinem Anruf bei Wibke kann Max nichts mehr die Laune verderben, schon gar nicht sein Chef. Nordmann hat ihn zur Premiere eines plattdeutschen Theaterstücks verdonnert. »Niederdeutsche Bühne, nicht niedersächsische, Tillmann.« Und breit gegrinst dabei. Max kann sich vorstellen, worauf das hinausläuft. Plattdeutsch natürlich, was er immer noch kaum versteht.

»Sie können doch gut mit den Ostfriesen«, sagt Nordmann. »De Spööldeelers ehren heute einen legendären Schauspieler, Frieso Tammen.[1] Porträtieren Sie den zu Montag, Tillmann.« Max begibt sich ins Archiv. Seitenweise findet er Rezensionen zu plattdeutschem Theater, liebevoll und mit Blick fürs Detail geschrieben. Alle Schauspieler sind Laien, kommen aus der Umgebung und proben ihre Stücke, wenn andere abends die Füße hochlegen. Dafür sind die Säle voll besetzt, sobald die Laienschauspieler aus Plaggenburg, vom Fehn, aus Wiesmoor (siehe Glossar), Aurich, Emden und andernorts die Bühne betreten.

1 Diese Theatergruppe sowie der Schauspieler sind frei erfunden.

De Spööldeelers spielen in der Aula einer Haupt- und Realschule. Ein schmächtiger Mann mit Ostfriesenmütze auf dem Kopf steht vor der Flügeltür aus Glas und raucht eine Pfeife, als Max mit dem Redaktionsauto über das Straßenpflaster geholpert kommt. »*Se sünd vööl to froh dran, mien Jung. So vööl hebb ik neet to vertellen.*«[1] Max ist vorbereitet. »Moin, Herr Tammen, schön, dass Sie Zeit für mich haben. Mein Chef hat *Frömdschiet*[2] zu Ihnen geschickt. Es tut mir leid, aber wir müssen das Gespräch auf Hochdeutsch führen.« Tammen sieht Max verdutzt an und fängt dann herzhaft an zu lachen, bis er sich an seinem Pfeifenrauch verschluckt. »*Stüürt mi 'n Düütsken. De Noordmann, de is mi so 'n Spaaßvögel.*«[3] Jetzt weiß Max, warum sein Chef so breit gegrinst hat. Der humorvolle Schauspieler ist seine Art der Wiedergutmachung für das Plattdeutsch sprechende Hochzeitspaar an Max' erstem Tag beim »Ostfriesenblatt«.

Der Laienstar führt ihn durch einen Seiteneingang hinter die Bühne. Bunt geblümte Satinblusen, Kittelschürzen und Schlaghosen liegen dort fein säuberlich sortiert für den Auftritt. Frauen und Männer werden von hilfsbereiten Friseurinnen verfremdet und geschminkt: toupierte Haare, wilde Perücken, buntes Make-up. »Müssen Sie sich nicht umziehen?«, fragt Max. Tammen schüttelt den Kopf: »*Ik bün vandaag blot Ehrengast, ik geh so auffe Bühne, wie die Menschen mich aus den Sketchen kennen.*« In schwarzer Hose, weißem Hemd und Pullunder. Er tritt sonst nur noch gemeinsam mit einem Freund auf. Sie nehmen auf Hochzeiten, Geburtstagen und Betriebsfesten die Anwesenden auf die Schippe.

1 Sie sind viel zu früh dran, mein Junge. So viel habe ich gar nicht zu erzählen.
2 Fremdmist, böser Begriff für Auswärtige
3 Schickt mir einen Hochdeutschen! Der Nordmann, der ist mir ein Spaßvogel.

Max hat viele Rezensionen über den pensionierten Volksschullehrer gelesen. Alle waren voll des Lobs. »*Ach, dat is doch allens übertrieben*«, sagt Tammen. »*Man muss doch bloß dat wahre Leben studier'n und auffe Bühne bring'n, dat is doch schon verrückt genuch.*« Er erzählt von seiner arbeitsreichen Kindheit als Sohn des Dorfbäckers. Seine Eltern leisteten sich wenig. Nur das Theater der plattdeutschen Laienspieler im Winter verpassten sie nie. Da durften sogar Frieso und seine Schwestern mit. Für Frieso verwandelte sich die Dorfschule dann in ein Staatstheater. Die Bänke für die Kinder an der Seite wurden zu Logenplätzen, die Schauspieler – sonst Arzthelferinnen oder Landwirte – waren seine Stars wie Ulrich Tukur und Nina Hoss in den Metropolen. Wie stolz wäre er gewesen, hätte seine Mutter auch zu den Schauspielern gehört. »*Wenn ik groß bün, dann mach ik ook bei den Spööldeelern mit*«, sagte er zu ihr.

So kam es dann auch. Nach dem Studium in Oldenburg ging er als Volksschullehrer zurück in die alte Heimat und fing bei den Spööldeelers an. Er übernahm schnell das Kommando in der Truppe, gründete eine Schüler-AG und letztlich die Zweimann-Show. »Die Schauspielerei ist dat schönste Hobby, dat man haben kann«, sagt er zu Max. Dann verabschiedet er sich mit den Worten: »*Ik mut nu zur Bühne, dat geht bald los.*«

Die Glocke schrillt, die Menschen streben zu ihren Plätzen. Frieso Tammen tritt vor den Vorhang, mit seiner Ostfriesenmütze und der Pfeife in der Hand. Tosender Applaus und Jubelpfiffe lassen den Hallenboden vibrieren. Als der Mann anfängt zu reden, wird es still. Er bedankt sich ironisch feierlich, fragt, womit er das eigentlich verdient habe, schließlich spiele er doch immer nur das Leben. Dann erzählt er von seiner jüngsten Reise. Im Auto hörte er auf einmal seine Frau im Radio: »*Wo kummt de d'r denn rin?*«[1] Sie wünschte sich für ihn ein Lied und bat ihn, er möge doch schön leise fahren.[2] Leise und langsam, das heißt beides auf Plattdeutsch *sacht*. Er fuhr also »schön leise« nach China.

Geschichte reiht sich an Geschichte, Tammen erzählt von seinem Krankenhausaufenthalt und bedankt sich beim Roten Kreuz, das alle Theaterveranstaltungen ehrenamtlich begleitet, um im Notfall gleich zur Stelle zur Sein. »*Dat is 'n Segen, wenn ik Lievpien hebb, gah ik na 't rode Krüüz. De willen keen teihn Euro hebben, de willen neet maal en Krankenkaart sehn. Aver de helpen. Man neet, dat ji nu menen, ik hebb 'n halv Jahr neet bi d' Doktor west, laat mi man gliek in d' lüttje Paus even hengahn, dat is 'n Gelegenheid de Praxisgebühr to sparen. Daarför sünd de neet komen.*«[3] Noch einmal herzliches Lachen aus dem Publikum, dann verneigt sich Tammen und wird mit viel Applaus von der Bühne verabschiedet.

Gleich darauf öffnet sich der Vorhang. Esstisch, Sofaecke, vier abgehende Türen von einer großen Wohndiele. Das Bild kennt Max mittlerweile. Die Pension Winterköken lässt grüßen. Der Plot ist spannungsgeladen: Eine glutäugig-feurige Hochschwangere und ein tollpatschig wirkender angehender Vater betreten die Bühne. Sie wollen ihre Flitterwochen auf Langeoog genießen, die letzte kinderlose Zeit. Kaum sind sie auf der Insel angekommen, reisen die Eltern des Bräutigams an: eine grauhaarige Frau in Kittelschürze und Filzpantoffeln und ihr Gatte, ein

1 Wie kommt die da denn rein?
2 Das plattdeutsche Wort *sacht* für vorsichtig ist gleichbedeutend mit leise, weshalb es immer wieder zu Verwechslungen kommt.
3 Das Rote Kreuz ist wirklich ein Segen. Die helfen, ohne zehn Euro zu verlangen. Noch nicht einmal die Krankenkarte wollen die sehen. Aber wenn Sie nun meinen: Oh, ich war ein halbes Jahr nicht beim Arzt, lass mich gleich mal in der kleinen Pause hingehen, das wäre eine gute Gelegenheit – dafür sind die natürlich nicht gekommen.

Unikum mit getönter Brille, Blumenshorts und Tennissocken in beigefarbenen Sandalen. Noch bevor die beiden einen Ton gesagt haben, klatschen die Zuschauer begeistert. Diese Alten sind die wahren Stars der Truppe, das ist nicht zu übersehen.

Schon kreischt es. Schrille Töne dringen an Max' Ohr – die Frauen auf der Bühne schreien sich an. Ein für ihn unverständlicher Schlagabtausch zwischen Schwiegertochter und -mutter beginnt. Im Hintergrund sitzen die Männer auf ihrem Sofa und verfolgen stumm den Streit, drehen ihre Köpfe wie bei einem Tennisspiel von einer zur anderen.

Plötzlich fasst die Schwangere sich an den vortrefflich ausgepolsterten Bauch, krümmt sich so authentisch, dass es filmreif wirkt. Es wird hektisch auf der Bühne, die grauhaarige Frau nimmt das Zepter in die Hand, bringt die Schwiegertochter hinter die Kulissen, von wo immer wieder Schreie zu hören sind. Die Männer sitzen phlegmatisch da, sie wissen ja, dass sie nicht gebraucht werden.

»Na? Wie finden Sie dat, naiv?« Max antwortet nicht und sieht Frieso Tammen abwartend an. »Dat is überhaupt nicht naiv. Dat is mit so viel Ernsthaftigkeit gemacht, dass dat ganz viel Respekt abverlangt«, fährt der Schauspieler fort. Die Laiendarsteller investieren Abend um Abend und Wochenende um Wochenende in die Schauspielerei. Und nicht nur sie – auch die ortsansässigen Betriebe helfen mit Tischlerarbeiten oder ausrangierten Möbeln, Friseurinnen mit der Maske, die Ehepartner mit der Organisation inklusive Kasse und Thekendienst. »Die Schauspielerei hier hat ganz viel mit Gemeinsinn zu tun«, sagt Frieso Tammen. »Wo findet man dat denn heutzutage noch?«

Max wird nachdenklich. So hat er es noch nie betrachtet. Ob nun die Laiengruppen oder die Kaninchenzüchter, die freiwilligen Feuerwehren, die vielen kleinen Heimat- und Kulturvereine oder die zahlreichen Service-Clubs. Welche Pressemitteilung er auch auf den Tisch bekommt, sie handelt in erster Linie vom Gemeinsinn.

Ein gellender Schrei hinter der Bühne und das sich anschließende Gelächter des Publikums holen Max aus seinen Gedanken. Das Kind ist in der Ferienwohnung auf die Welt gekommen. Die Schwiegermutter betritt mit einer Babypuppe im Arm die Bühne und blickt in die Zuschauerränge, als wäre so eine Hausgeburt im Grunde genommen nicht viel anderes als eine Hausschlachtung.

Der Saal grölt. Der frischgebackene Vater und der Großvater sitzen abseits, im schwachen Licht. Wortlos kippen sie einen Schnaps nach dem anderen. Auch wenn Max kaum ein Wort versteht, bleibt ihm nicht verborgen, dass hier Naturtalente spielen: Noch nie hat er jemanden einen betrunkenen Tollpatsch mit so viel Selbstironie spielen sehen. Und noch nie hat er eine Schwiegermutter so keifen hören. »Wir Ostfriesen sind Weltmeister im schwarzen Humor«, sagt Tammen. Max nickt. Recht hat der Mann.

## *W*enn der Wind Musik macht: Orgeln in Ostfriesland

Nicht nur Laienkultur, nein, auch Hochkultur findet sich in diesem windzerzausten Landstrich – was beispielsweise das Festival **Der Musikalische Sommer** (siehe Seite 203) jedes Jahr aufs Neue beweist. Dennoch ist es eine Überraschung, hier auf eine der reichsten und vielfältigsten Orgellandschaften Europas zu stoßen, mit weit mehr als 100 Orgeln aus sechs Jahrhunderten und unterschiedlichen europäischen Stilen. Noch heute wirken Orgelbauer in Ostfriesland, zu denen Fachleute aus aller Welt angereist kommen. Die Region ist ein Zentrum europäischer Orgelkultur, wie man es auf geografisch so engem Raum kein zweites Mal findet.

Dabei stammt die älteste ostfriesische Orgel aus dem Jahr 1457 und steht in **Rysum** – einem idyllischen Warfendorf, das 1998 als Niedersachsens schönstes Dorf prämiert wurde. Die Orgel ist in ihrem Grundbestand erhalten und spielbar, sodass sie heute noch an den Sonntagsgottesdiensten erklingt. Der Erbauer des gotischen Instruments ist unbekannt geblieben. Umfangreich restauriert wurde es ab 1959 von den ostfriesischen Orgelbauern Jürgen Ahrend aus Leer und Gerhard Brunzema aus Emden, der 1992 verstarb.

Die größte Orgel Ostfrieslands befindet sich in der **Ludgeri-Kirche in Norden**. Sie wurde zwischen 1686 und 1692 von Arp Schnitger geschaffen, dem legendären Orgelbaumeister des 17. Jahrhunderts. Sie ist zugleich die zweitgrößte noch erhaltene Schnitger-Orgel in Norddeutschland (nach der zu St. Jacobi in Hamburg). In der Ludgeri-Kirche gab es bereits gegen Ende des 16. Jahrhunderts ein Instrument. Doch durch einige Kriege hindurch hatte es so gelitten, dass umfangreiche Reparaturarbeiten anderer Orgelbauer nichts mehr fruchteten und man nach dem Meister Schnitger selbst rief, eine neue zu bauen. Obwohl aus Hamburg kommend, hatte der damals in Ostfriesland fast eine Monopolstellung inne: Seine Werkstatt verfügte über zahlreiche Außenstellen, mit denen er Orgeln von höchster handwerklicher Qualität schuf. Diese Außenstellen dienten ihm aber auch dazu, seine Konkurrenten nicht allzu groß werden zu lassen. Schließlich wurde das fertige Werk in der Ludgeri-Kirche vom Organisten Hermannus Schmit abgenommen. In seinem Abschlussbericht beschrieb er es als »solche perfecté und künstlich gemachte Arbeitt«, wie man sie schwerlich woanders finden könne.

Im Lauf der Jahrhunderte ging von den 46 Registern (Pfeifenreihen einer Orgel), die Schnitger in der Ludgeri-Kirche gebaut hatte, jedoch mehr als die Hälfte verloren. So wurden etwa die Prospektpfeifen im Ersten Weltkrieg an die Rüstungsindustrie ausgeliefert. Als der Leeraner Orgelbauer Jürgen Ahrend im Jahr 1981 mit der Restaurierung beauftragt wurde, waren nur noch 21 alte Register vorhanden. Dennoch ist Ahrend die Restaurierung so gelungen, dass das Instrument heute ein Anziehungspunkt ist für Organisten und Orgelbauer aus aller Welt.

Eine Orgel mit außergewöhnlich schönem Schnitzwerk steht in **Wittmund** in der **St.-Nicolai-Kirche**. Die Geschichte dieses Gemeinde-Instruments ist sehr wechselhaft: Nachweislich wurde bereits 1636 eine Orgelreparatur in Auftrag gegeben. 1684 sollte schließlich ein Neubau erfolgen, und zwar durch den Schnitger-Konkurrenten Joachim Kayser aus Jever. Obwohl der den Vertrag dafür bereits in der Tasche hatte, war es dann doch wieder Arp Schnitger, der sich ans Werk machte und eine zweimanualige Orgel schuf. Keyser prozessierte gegen die Gemeinde Wittmund wegen der Nichteinhaltung des Vertrags, allerdings erfolglos.

Allzu lang hatte die Gemeinde jedoch keine Freude an ihrem Kleinod. Keine 100 Jahre später, 1775, baute der ortsansässige Meister Hinrich Just Müller eine neue Orgel, wobei er einiges von Schnitger übernahm. Aber auch dieses Instrument blieb nicht in Gänze erhalten. Diverse Umbauten, die nicht zu seinem Vorteil waren, erforderten 1966 eine grundlegende Renovierung und 1981 sogar einen weitgehenden Neubau. Immerhin hat das prächtige Schnitzwerk die Zeiten überdauert und macht diese Orgel zu einer echten Augenweide. Durch die nun kunstvoll der Wind fährt.

*(Quelle: Harald Vogel, Reinhard Ruge, Robert Noah, Martin Stromann: Orgellandschaft Ostfrieslands, Verlag Soltau-Kurier-Norden, Norden 1995)*

**Tipp:** Viele interessante Informationen zu den ostfriesischen Orgeln gibt es im **Organeum in Weener**, das 1997 auf Initiative von Harald Vogel, dem Organisten und Autor des oben genannten Buches, gegründet wurde. Hier kann man nicht nur alles über die Orgellandschaft in Ostfriesland erfahren, sondern auch viele andere historische Tasteninstrumente besichtigen wie Cembali und Tafelklaviere. Führungen nach Voranmeldung.

**Organeum Weener**, Norderstr. 18, 26826 Weener, Tel.: 04951 / 912203, www.nomine.net, Di–Do 10–12 Uhr und 15–17 Uhr, Fr 10–12 Uhr und nach Vereinbarung. Vorstellung der Instrumentensammlung mit vorhergehendem Orgelkonzert in der Georgskirche: jeden 1. Sonntag im Monat, 17 Uhr (Die Georgskirche Weener befindet sich schräg gegenüber vom Organeum.)

# Desäng

Der erste Advent steht vor der Tür, und das erste Mal seit Max' Kindheit schleppt sich die Vorweihnachtszeit dahin. Noch sieben lange Tage, bis er Wibke endlich auf dem Weihnachtsmarkt treffen darf. Er sitzt in seiner Küche und blickt auf die Buchenhecken im Garten. Nur die letzten braunen Blätter heben sich ein wenig ab vom grauen Einerlei des Winters.

Vielleicht sollte er heute mal Weihnachtsgeschenke besorgen. Seine Mutter wünscht sich einen neuen Toaster, nachdem der alte kürzlich das Brot gefressen hat. Aber wohin geht der Ostfriese zum Shoppen? Wohl kaum im Restpostenladen an der Ausfallstraße, bei dem er neulich schon an der Aushilfe gescheitert war.

Er hatte nach langem Suchen zwei Toaster aus ihren Kartons gegraben, beide in Edelstahloptik, ähnlicher Preis. Worin denn der Unterschied zwischen beiden bestehe, hatte er die Aushilfe gefragt, die die Regale auffüllte. Sie hatte sich die Geräte angesehen und laut nachgedacht: *»Anne füür sich sin die gleich. Dat wird wohl dat*

*Desäng sein.«*[1] »Das was?«, hatte er gefragt und überlegt, ob das was mit der elektrischen Spannung zu tun haben könnte. »*Dat Desäng, de is matt, und de is glänzend.*«

Als er Jan abends davon erzählt hatte, war der in Lachen ausgebrochen. »Selbst schuld. Du musst nach Leer fahren, da kann man super einkaufen.«

Also nach Leer (siehe Glossar). Seit seiner Ankunft auf dem Bahnhof ist er nicht wieder dort gewesen. Nun fährt Max auf der Bundesstraße Richtung Süden und passiert weihnachtlich geschmückte Dörfer.

In der Leeraner Innenstadt kommt er vorbei an imposanten Stadthäusern und Neubauten, fährt durch den alten Industrie- und Handelshafen und gelangt plötzlich in einen ganz neuen Stadtteil, eine Art Hamburger Hafencity in Klein: Moderne Rotklinkerbauten mit Blick auf das Hafenbecken stehen hier, eine Fußgängerbrücke verbindet die Halbinsel mit der Innenstadt, und eine Promenade lädt zum Spazieren am Wasser ein.

Max parkt sein Auto am Straßenrand und schlendert Richtung Altstadt. Sie ist, das kann man nicht anders sagen, wunderschön. Originalgetreu restaurierte Handelskontore und Giebelhäuser stehen nebeneinander, darin geschmackvolle Läden. Er läuft Richtung Fußgängerzone und stößt auf eine gut sortierte Weinhandlung[2]. Dorthinein geht er jetzt, um einen Rotwein für seinen Vater zu kaufen. Der Weinhändler empfiehlt ihm einen trockenen Franzosen. »Klingt gut. Hauptsache dunkelrot, schwer und teuer, dann ist mein Vater zufrieden«, scherzt Max. Er fängt den missbilligenden Blick des Sommeliers auf und fügt schnell hinzu: »Schön haben Sie es hier in Leer.« »Ja, das kann man wohl sagen. Unsere Altstadt ist einmalig. Woher kommen Sie?« »Aus Bochum.« Der Wein-

---

1 Im Grunde genommen sind die gleich. Das wird wohl das Design sein.
2 Die Weinhandlung hier ist frei erfunden.

händler betrachtet ihn mitleidig. »Na, da ist es ja kein Wunder, dass es Ihnen bei uns gut gefällt.« Max sieht ihn verwundert an. »Ihre Region ist doch ganz schön gebeutelt. Das kennen wir hier in Leer noch von früher. Aber glücklicherweise liegt das schon eine Weile zurück.« Dann erzählt er: Nach dem Zweiten Weltkrieg hatten sich zahlreiche Unternehmen rund um Leer niedergelassen, darunter auch ein Zweigwerk des Büromaschinenherstellers Olympia mit zeitweilig 2.700 Arbeitsplätzen. Als aber die Firma 1984 das Werk schloss und 1987 auch noch die Jansen-Werft Insolvenz anmeldete, schnellte die Arbeitslosigkeit auf bis zu 29 Prozent hoch. »Wir waren das Armenhaus der Nation«, sagt der Weinhändler. Doch dann gründeten einige Ostfriesen fast zeitgleich Reedereien und machten Leer zum zweitgrößten Reedereistandort in Deutschland. Die maritime Verbundwirtschaft in der Region Leer, Haren, Papenburg (»Unterems«) hat so nach eigenen Angaben über 4.000 Arbeitsplätze an Land und etwa 12.500 auf den bereederten Schiffen geschaffen. Heute liegt die Arbeitslosenquote bei unter zehn Prozent.

Die Tür geht auf, weitere Kunden kommen herein. »Kann ich noch etwas für Sie tun?«, fragt der Weinhändler. Max schüttelt den Kopf und bedankt sich für das informative Gespräch und den Wein.

Von der Weinhandlung geht er weiter ins Taraxacum-Kulturcafé, in dem früher die bekannte Buchhandlung Taraxacum[1] beherbergt war. Er trinkt eine Tasse Kaffee und findet in der »Wirtschaftswoche« einen Artikel über Leer. Die Geschichte trägt den Titel »Fast ein Märchen«

---

[1] Das Taraxacum von Michael Wübbelsmann war eine echte Institution der ostfriesischen Kulturlandschaft. Bei ihm zu Gast waren Autoren wie Robert Gernhardt, Erich Fried, Sarah Kirsch oder Harry Rowohlt. Seiner Schließung im Jahr 2005 widmete die »Süddeutsche Zeitung« sogar einen langen Artikel.

und beschreibt den Aufstieg der Stadt. Einiges weiß er schon aus der Erzählung des Weinhändlers.

Max bestellt sich noch einen Kaffee. Fast ein Märchen. Er kann sich gut vorstellen, hier eines Tages mit Wibke zu sitzen und ihre Meinung zum neuen Ostfriesland zu hören – mit seiner Windenergie, den Reedereien und Luxusschiffen.

# O du fröhliche ...

Endlich ist es so weit. In einer Stunde trifft er Wibke, an der Würstchenbude auf dem Weihnachtsmarkt. Seit Tagen ist er aufgeregt, hat Thilko genervt, Jan verrückt gemacht. Jetzt nur noch schnell zum Geldautomaten geflitzt.

Als er Richtung Innenstadt radelt, ist er überrascht von so viel Verkehr. Vor der Abbiegespur zur Tiefgarage unter dem Marktplatz stauen sich die Autos geradezu. Als Max sein Rad schwungvoll in die Fußgängerzone lenkt, muss er abbremsen, um nicht in eine Menschenmenge hineinzufahren. »Menschentrauben«, kommen Max in den Sinn: Sein Chef regt sich immer auf über »Menschentrauben auf dem Marktplatz«, wenn sich dort mal ein paar Jugendliche versammeln. Heute scheint tatsächlich was los zu sein. Das hatte er gar nicht erwartet, denn natürlich ist er die ganze Woche über noch nicht auf dem Weihnachtsmarkt gewesen. Wann auch? Nordmann hetzt ihn von Auftrag zu Auftrag.

Viel langsamer als gedacht schiebt er sein Fahrrad durch die Menge, die durch die Fußgängerzone trödelt, immer wieder stehen bleibt, sich umdreht, es ist wie am verkaufsoffenen Sonntag. Als er endlich an seiner Hausbank angekommen ist, muss er draußen bleiben – die Schlange der Wartenden reicht bis auf die Straße. Gut, dass ich früh genug losgefahren bin, denkt er. Zehn Minuten vergehen, Max wird ungeduldig, ein Automat ist ausgefallen. Er macht sich auf den Weg zum nächsten Geldinstitut, das direkt am Marktplatz liegt. Ein Lichtermeer erwartet ihn auf dem sonst so leeren Platz mit seiner Markthalle und dem Sous-Turm, einem futuristischen Bauwerk aus Stahl und Plexiglas.[1] Ein Marktstand reiht sich an den nächsten, der Geruch von gebrannten Mandeln vermischt sich mit Gewürzen aus der China-Pfanne und der Duft von Glühwein mit dem von Wunderkerzen. An den Kinderkarussells »weihnachtet es sehr« oder »jingle belled« es. »Da gibt es nur eine Würstchenbude, die kannst du nicht verfehlen«, hatte Wibke gesagt. Nicht verfehlen? Allein auf dem Weg in die Mitte des Platzes ist er schon an zweien vorbeigekommen. Wollte sie ihn bloß hochnehmen?

Max windet sich durch Männer- und Frauengruppen hindurch, immer den Blick auf die Stände gerichtet, stößt sich das Knie an Kinderkarren und erntet blöde Sprüche von Betriebsausflüglern. Nun steht er auch noch vor einem Weihnachtsmann mit schlampig geklebtem Wattebart, der seine Glocke scheppernd gegen Max schwenkt. Die dritte Wurstbude. Seine Uhr zeigt zehn vor fünf. Wenn er sich jetzt forsch durch die Menge boxt, kann er es noch einmal rundherum schaffen, und viel-

---

[1] Anfang der 1990er-Jahre wurde der Auricher Marktplatz neu gestaltet, die Autos unter die Erde verbannt, in eine Tiefgarage. Im Zuge dessen wurden 1990 eine Markthalle und der 25 Meter hohe Sous-Turm vom Metallbildhauer Albert Sous aus Würselen bei Aachen gebaut. Unten Wikingerhelm, oben Kirchturmspitze – ein abstraktes Gebilde, das vielen Einheimischen fremd geblieben ist, Urlauber aber bestaunen.

leicht entdeckt er sie ja an einer der Buden. Verstohlen schubst er einen Buggy aus dem Weg, als er eine vertraute Stimme hinter sich hört: »So eilig, Tillmann?« Es ist sein Chef – und dessen Kinderkarre. »Oh, hallo, Herr Nordmann, ich habe Sie gar nicht gesehen. Ich ...« »Das merke ich«, sagt Nordmann gereizt: »Passen Sie mal ein bisschen auf.« Max nickt, hebt die Hände entschuldigend hoch und läuft zügig weiter.

Um zehn nach fünf erreicht er die erste Wurstbude wieder. Keine Wibke. Fünf Minuten später nähert er sich der nächsten Station und – da steht sie! In einer schwarzen Wachsjacke und mit einem sportlichen jungen Mann an ihrer Seite. Max wühlt sich zu ihr durch und sagt: »Hallo, Wibke, entschuldige die Verspätung.« »Hallo«, sagt sie kurz angebunden und dreht sich wieder zu dem durchtrainierten Mann. Max drängt sich neben sie: »Hier ist vielleicht was los. Da braucht man ja ewig, um durchzukommen.« »Ja, damit kann man natürlich nicht rechnen – auf dem Weihnachtsmarkt«, antwortet Wibke spöttisch. »Moment mal«, wehrt sich Max, »zum einen kann ich nicht wissen, dass der Weihnachtsmarkt hier offenbar *das* Event ist, und zum anderen gibt es weit mehr als bloß eine Würstchenbude.« Sie sieht ihn an, plötzlich nachdenklich. »Stimmt, hätte ich dran denken sollen. Wir treffen uns immer schon an diesem Stand, aber den kennst du ja nicht. Tut mir leid.« Sie zeigt auf ihren Begleiter. »Darf ich vorstellen? Klaas, mein Exfreund.« Klaas macht die Schultern breit und gibt Max selbstbewusst die Hand. Nach Ex sieht das für Max nicht so ganz aus. »Klaas muss aber gleich weiter«, sagt Wibke und lächelt ihren Ex fröhlich an. Der schaut etwas düpiert. Nach einer kurzen Pause sagt er jedoch: »Viel Spaß dann noch. Meld dich bald mal.« Er küsst sie auf die Wange und zieht ab. Immerhin hat sie *ihn* weggeschickt, denkt Max. Dann atmet er tief durch.

»Ich dachte halt, du kommst nicht. Da habe ich Klaas getroffen und mit ihm eine Wurst gegessen. Jetzt mag ich keine mehr«, bekennt Wibke freimütig. Max lacht erleichtert und erzählt von seiner Odyssee über den Weihnachtsmarkt, wobei ihm einfällt, dass er immer noch kein Geld am Bankautomaten gezogen hat. »Wollen wir zur Bank gehen und uns dann in ein Café setzen?« Er hat genug von dem Gedränge. »Gute Idee, hier werden wir uns ohnehin nicht in Ruhe unterhalten können«, sagt Wibke und begrüßt den nächsten jungen Mann, der sie ebenfalls auf die Wange küsst. Schon wieder ein Ex? »Um Weihnachten werden wir alle sentimental und kehren in unser schönes Aurich zurück«, erklärt Wibke, als der sportliche junge Riese weitergezogen ist. »Die meisten kommen zwar erst kurz vor Weihnachten, aber auch so trifft man reichlich Bekannte. Und dann verabreden wir uns eben hier an unserer Würstchenbude.«[1] Sie lacht ihr unbeschwertes Lachen, das Max auf der Fahrt nach Leer so gefallen hat. Überhaupt kommt es ihm vor, als läge die Zugreise erst einen Tag zurück und nicht schon viele Monate. Wibke ist ihm auf Anhieb wieder vertraut.

Nachdem Max Geld gezogen hat, gehen sie in eine historische Kneipe, die er bisher nicht wahrgenommen hat. Ein Raum mit abgetretenen Holzbohlen, Ostfriesensofas, Schwarz-Weiß-Fotos und Kaminfeuer. Wibke bestellt einen Pharisäer. »Ich brauche was Warmes und was Klares. Du auch?« Verstohlen schaut Max in die Karte. Was ist ein Pharisäer? Ah da, Kaffee mit Rum hat Wibke bestellt.

[1] Seit fast 30 Jahren gibt es den »Weihnachtszauber« in Aurich. Vier Wochen lang ist er täglich auf dem historischen Marktplatz geöffnet. Damit zählt der Auricher Markt zu den größten in der Region. Busunternehmen fahren ihn an, am Wochenende ist er Treffpunkt für Betriebs- und Weihnachtsfeiern, Freunde und Familien, in der Woche kommen Kindergärten und Schulklassen.

»Hier habe ich meine gesamte Schulzeit verbracht«, erzählt sie. Sie ist in Plauderstimmung und lässt keine Befangenheit aufkommen. Während der zweiten Runde Pharisäer isst Max ein Käse-Schinken-Baguette, und Wibke schwärmt etwas wehmütig von ihrer Schulzeit. Von der Heimeligkeit der immer selben Kneipen und der einzigen Diskothek, in die es jedes Wochenende ging, egal ob sie nur Handballtraining oder ein wichtiges Spiel hatten. »Spielst du in Münster auch noch Handball?« Sie schüttelt den Kopf. »Es kostet zu viel Zeit. Machst du Sport?« Ein peinliches Thema. Immer wieder hat Max sich vorgenommen zu joggen. Aber lieber spielt er abends Gitarre, als draußen lange Feldwege abzurennen. »Ein bisschen langweilig, ich weiß, aber im Sommer möchte ich unbedingt Kitesurfen ausprobieren.« »Das ist ja witzig, ich auch«, sagt sie und scheint sich zu freuen. »Freunde liegen mir schon seit Jahren damit in den Ohren.« Wibke erzählt von Bekannten, die bei jeder Jahreszeit zum Surfen an die Küste fahren. Im Sommer donnern sie auf ihren kleinen Brettern hinüber nach Langeoog. Im Winter fahren sie für eine schnelle Runde ans Große Meer. »Manchmal vergessen sie, dass der Wind zwar klasse ist, das Große Meer aber leider zugefroren.« »So schnell friert die Nordsee doch nicht zu«, sagt Max. »Die Nordsee doch nicht«, sagt Wibke und schüttelt den Kopf. »Das Große Meer. Kennst du das nicht?« Nein, Max kennt es nicht, überhaupt kennt er vieles nicht, wie ihm gerade auffällt. Mit Jan geht er in der Regel bloß immer zu Hinni. »Sag mal, was hast du denn an den Wochenenden hier gemacht, dass du noch nicht mal das Große Meer kennst?«[1]

---

[1] Das Große Meer ist ein natürlicher Moorsee mit schönem Schilfufer und Brutplatz vieler Vogelarten. Mit circa 460 Hektar Fläche ist er der größte Binnensee Ostfrieslands und ein beliebtes Naherholungsgebiet. Auch bei Urlaubern ist das Große Meer beliebt, insbesondere Wassersportlern und Familien, weil man fast überall stehen kann (0,5–1 Meter tief).

»Was ich gemacht habe?« Max überlegt. »Gute Frage«, sagt er. Seit Monaten ist er in Ostfriesland und hat das Gefühl, erst vor wenigen Wochen angekommen zu sein. Noch immer ist ihm alles fremd, noch immer hat er fast nichts gesehen außer Jan, Hemma und, ja, Hinnis Kneipe. Das sollte er besser auslassen, damit kann er vor Wibke nicht punkten.

»Mein Chef lässt mich die ganzen Wochenenddienste machen«, sagt er schließlich und hört selbst, wie lahm das klingt. »Ich bin ja der Neue. Und wenn mir dann noch Zeit bleibt, treffe ich mich mit Jan.« Wibke lächelt. »Wird Zeit, dass sich das ändert. Ich zeig dir das Große Meer, wenn du magst. Wie wär's mit morgen?« »Morgen?«, fragt Max, als sein Handy in der Tasche vibriert. Eine Nachricht von seinem Chef: »Morgen auf dem Weihnachtsmarkt Nikolausverlosung, Foto und vorher Passanten-Interviews. Zehn Uhr in der Redaktion. Nordmann.« Max seufzt. »Das geht nicht. Mein Chef hat mir gerade wieder einen Extradienst aufgedrückt.« Er fängt ihren misstrauischen Blick ein und erzählt von seinem Missgeschick auf dem Markt. »Um Viertel nach zehn abends schickt der so eine SMS.« So spät ist es schon? Sitzt er wirklich mit Wibke seit über fünf Stunden zusammen? »Es ist Viertel nach zehn? Ich bin um halb elf fürs Kino verabredet«, sagt Wibke und steckt schon halb in ihrer Jacke. Da kommt sie, die kalte Dusche. Max verkneift sich zu fragen, mit wem. Sie brechen hastig auf. Als sie in der Fußgängerzone stehen, sind die »Menschentrauben« weg. Vorweihnachtlich leuchtet die Straße, Max wird ganz schwer ums Herz. »Soll ich dich noch zum Kino begleiten?« »Nein danke, auf den 500 Metern passiert mir schon nichts. Vielen Dank für die Pharisäer.« Schon spurtet sie los. Sie haben keine weitere Verabredung getroffen. Einen Kuss auf die Wange gab es für ihn auch nicht.

Nachdenklich fährt er nach Hause. Schön war es mit der blonden Ostfriesin. Ob sie es auch so empfunden hat? Wieso nur hat sie sich noch fürs Kino verabredet? Und was ist das für eine seltsame Sache mit ihrem Exfreund Klaas? Vielleicht will sie ihn bloß ein bisschen zappeln lassen. Er wird sich anstrengen müssen, das wird ihm klar.

Am nächsten Morgen um zehn Uhr ist außer Max noch niemand in der Redaktion. Er macht sich einen Kaffee und lehnt sich in seinem Bürostuhl zurück. Wie furchtbar war die erste Zeit in diesen vollgestopften Räumen, niemand hatte ihn gegrüßt. Mittlerweile fühlt er sich fast heimisch zwischen den Papierstapeln und den Lokaljournalisten. Die Skepsis ist verflogen, auf beiden Seiten. Den Termin heute nimmt er sportlich – er ist halt der Neue, das Mädchen für alles, das immer die Feiertagsschichten bekommt. Eines Tages wird er sich auch freuen, wenn ihm ein Jungredakteur den Rücken freihält. Auf dem Weg zum Kaffeeautomaten trifft er auf Nordmann. »Frohen Advent, Tillmann«, knarzt er. »Noch schön gefeiert gestern?« Max brummelt etwas vor sich hin, Nordmann unterbricht ihn. »Wir haben die Ankunft von Sinterklaas auf dem Emder Engelkemarkt verpasst.«[1] Die Kollegen von der Konkurrenz seien bereit, ein Foto zu schicken, aber zumindest müsse jemand dorthin und ein paar Stimmen einfangen. »Sie sind der Einzige ohne Familie, deshalb habe ich an Sie gedacht. Und wenn Sie schon unterwegs sind, können Sie auch noch ein paar andere Märkte abklappern.«

1 Lohnenswert ist auch der vier Wochen dauernde Emder Weihnachtsmarkt, der rund um den Binnenhafen mit dem schönen Rathaus stattfindet. Abends sind die Museumsschiffe beleuchtet. Ein besonderes Ereignis ist die Ankunft des »Sinterklaas« mit den »Zwarten Pieten«, seinen schwarzen Begleitern, aus den Niederlanden, immer am Sonnabend vor Nikolaus.

Max nickt. Der Einzige ohne Familie. »Herr Nordmann, wo wir schon beim Thema sind: Ist der Dienstplan für Weihnachten fertig?« »Weihnachten? Nichts für ungut, Tillmann. Aber da sind Sie natürlich gefragt.« Als Max sich auf den Weg zum Emder Engelkemarkt macht, weiß er nicht, ob er weinen oder lachen soll. Bislang hatte er gehofft, an den Feiertagen nach Hause fahren zu können. Mal wieder seine Eltern sehen, seine Freunde treffen und Geschichten aus ihren jeweiligen Jobs austauschen. Andererseits würde Wibke zu Weihnachten hier sein. Eine Chance mehr.

Seine Rundreise über ostfriesische Weihnachtsmärkte lenkt ihn etwas ab. Auch wenn das Hafenbecken in der Innenstadt von Emden keine Bedeutung hat, die Schiffe historisch sind und das Rathaus ein Landesmuseum ist, so sind noch immer die Würde und das Fernweh einer 1.200 Jahre alten Hafenstadt zu spüren. Er läuft Richtung Wasser und entdeckt eine kleine Hafencity, wie schon in Leer, mit urbanen Restaurants, Büros und Wohnungen.[1] Gern würde Max noch einen Abstecher in die Kunsthalle machen, aber dafür braucht er mehr Zeit.

Als er zurück in der Redaktion ist und seine Passanten-Interviews zusammenschreibt, vibriert wieder sein Handy: »Ein Ausflug ans Große Meer wäre sicher lustiger gewesen als die Weihnachtsbäckerei mit meiner Mutter. Sehen wir uns am 23. Dezember, gegen 21 Uhr in derselben Kneipe? LG Wibke.« Max lächelt und dankt innerlich seinem Chef. Für den Dienst heute und die vielen rund um Weihnachten.

[1] Wie die Stadt Leer setzt auch Emden auf die Wiederbelebung des alten Hafenbeckens in unmittelbarer Stadtnähe. Hier ansässige Reeder haben die modernen Rotklinkerbauten ans Wasser gebaut. Weitere Projekte sollen folgen.

# Last Christmas ...

In den nächsten beiden Wochen wird Max Meister im Texten von SMS. »Was tust du gerade? Feuerzangenbowle oder Vorlesung?« »Leitartikel oder Polizeimeldungen?« So geht es zwischen ihm und Wibke hin und her, mal ironisch, mal flirtend, vor allem aber ständig. »Pharisäer oder Bier?« tippt er, während er auf dem Weg ist in »ihre« Kneipe, in der sie sich gleich treffen werden. Es kribbelt im Magen, als wäre es sein allererstes Date. Er hofft, an die Vertrautheit des vergangenen Treffens und ihrer fortwährenden Kurzmitteilungen anknüpfen zu können. Doch bei seiner Ankunft erwartet ihn ein höchst unromantischer Anblick: Eine Traube von 20- bis 50-Jährigen drängelt sich vor dem Eingang in *die* Kneipe *ihrer* Jugend. »Last Christmas« plärrt George Michael von innen, gefolgt von Lady Gagas »Paparazzi«.

Max ist enttäuscht. Schon wieder so ein Anlass, wo jedes Treffen unverbindlich ist und sofort beendet werden kann – wie auf dem Weihnachtsmarkt. Er kämpft sich durch die herumstehenden Menschen in die Kneipe hinein, sieht hin und wieder ein bekanntes Gesicht, fühlt sich aber insgesamt fehl am Platz. So, als würde Jan in seiner Stammkneipe in Bochum aufkreuzen. Am Ende sind doch diese Weihnachtsheimkehr-Treffen überall gleich. Nun ist er schon eine halbe Stunde vor Ort und von Wibke noch keine Spur. Komisch. »*Upkamer* oder Tresen?« tippt er in sein Handy. Keine Antwort. Er geht zum dritten Mal ganz hinunter in den untersten Raum der Kneipe, der Ruhe hinterher. Hier ist es etwas weniger voll, die Musik etwas weniger laut. Durch »Mambo Number Five« hindurch hört er auf einmal Wibkes Stimme. Sie kommt aus einem kleinen Flur, der zu den Toiletten führt. Die Tür zum Flur steht halb offen, und da sieht er sie, versunken in ein Gespräch mit einem sportlichen jungen Mann mit Wuschelhaar, der ihre Hand hält. Klaas, ihr Exfreund.

Lautlos zieht Max sich zurück und macht sich auf den Weg zum Ausgang. Die wummernde Musik, die feiernden Menschen, alles ist weit weg, als wäre er abgeschirmt von der Welt. Er setzt sich auf sein Fahrrad und fährt los, so schnell er kann. »Das ist Klaas, mein Exfreund.« Ex? Na klar. Auf dem kürzesten Weg fährt er nach Hause. Er will keinen Menschen mehr sehen.

Am nächsten Tag weckt ihn sein Handy. Ein Anruf in Abwesenheit, um 10:50 Uhr. Max sieht, dass auch noch eine SMS angekommen ist, geschickt um 4:53 Uhr: »Eigentlich Tresen, aber da habe ich dich gar nicht mehr gesehen. Wo warst du?« Du warst ja auch mit Klaas beschäftigt, denkt Max, ohne ihr zu antworten. Er hört die Mailbox ab. Jan fragt, ob er auf ein schnelles Weihnachtsbier mit zu Hinni käme. Von Kneipen hat Max seit gestern Abend mehr als genug. Er wird nachher auf eine Tasse Tee zu seiner Vermieterin hinübergehen, ihr den Eierlikör und die Orchidee überreichen, die er als Weihnachtsgeschenke für sie besorgt hat, die Kinder in den Gottesdiensten fotografieren und um halb sieben zu Jan und Hemma zum Essen gehen. Sie haben ihn eingeladen, seine einzigen Freunde, damit er an Heiligabend nicht allein sein muss.

Max kommt zeitgleich mit Jan und Hemma, die aus der Kirche zurückkehren, im Hause Janssen an. »Frohe Weihnachten«, sagt Max, bemüht um Heiterkeit. »Ach, lass doch das Gequatsche«, faucht Hemma und läuft an ihm vorbei ins Haus. »Was ist denn bei euch los?«, flüstert Max Jan zu. Er kann die Antwort riechen – sein Freund hat ganz offensichtlich nicht nur ein schnelles Weihnachtsbier getrunken, sondern ordentlich nachgetankt. Na, da bin ich hier ja genau richtig, denkt Max. Er eilt Hemma hinterher, hört sich geduldig ihren Frust an, lenkt die Kinder ab, während Hemma die Geschenke unter den Baum legt, und weckt Jan aus seinem Tiefschlaf auf dem Sofa, als die Kinder auspacken. Dieses Weihnachten passt wie kein anderes zu seiner Stimmung. Um zehn Uhr verabschiedet er sich. Schwermütig denkt er an zu Hause, an seine Eltern, die ihn vermissen, an die roten Kerzen, den Gänsebraten und die Bücher unter dem Weihnachtsbaum. So feiert Wibke bestimmt auch gerade und ganz viele Familien hier in diesen schönen Rotklinkerhäusern in Ostfriesland. Gut, dass er nicht gewusst hat, wie sein Weihnachten ausfallen würde.

Am 25. Dezember wacht Max früh auf. Wo die Feiertage sowieso schon verkorkst sind, kann er genauso gut arbeiten. Er denkt an eine Sozialreportage. Die glücklichen Kinder hat er schon in den Gottesdiensten eingefangen. Da können die Leser ruhig noch einen Bericht über die Feiertage im Krankenhaus vertragen.

Während er mit der diensthabenden Leiterin telefoniert, vibriert sein Handy. Max versucht sich auf sein Gespräch zu konzentrieren und vereinbart einen Termin für den kommenden Tag. »Frohe Weihnachten, lieber Max. Hast du schon wieder meine Nummer verlegt? Was ist los???« Wibkes SMS. Jetzt muss er mal antworten. »Das müsstest du doch eigentlich wissen«, schreibt er zurück. Zwei Minuten später klingelt sein Telefon. »Was ist passiert?« »Frohe Weihnachten, Wibke ...« »Lass das, erst schreibst du mir täglich, dann seh ich dich nicht in der Kneipe, und jetzt meldest du dich gar nicht mehr. Ich würde gern wissen, was los ist.« »Nicht am Telefon, lass uns treffen.« »Gut, dann komm ich jetzt zu dir.« Max überblickt sein Chaos, das ungemachte Schlafsofa, den Abwasch von vier Tagen, die dreckige Wäsche. »Nein«, sagt er. Doch Wibke hat schon aufgelegt.

Sie kommt zu ihm! Jetzt! Eilig reißt er seine Wäsche an sich, klappt das Bett zum Sofa um, öffnet das Fenster und fährt mit dem Staubsauger durchs Wohnzimmer. Da klingelt es an der Tür. Wibke steht vor ihm, sichtlich in Aufruhr. »Das wäre doch nicht nötig gewesen«, sagt sie und zeigt auf den Staubsauger. »Komm rein«, antwortet Max. »Kaffee?« »Gern.« Während er Kaffee kocht, geht sie in seiner Wohnung umher und betrachtet die Gemälde. Max kommt mit der Kanne nach und bleibt im Türrahmen stehen. Während er ihr beim Beobachten zusieht, spürt er, wie sehr er sich freut, dass sie da ist. Vielleicht ist alles doch ganz anders, denkt er. »Was würde mein Vater für eins dieser Bild geben.« »Sie gehören Frau Onneken, meiner Vermieterin.« Wibke dreht sich zu ihm um. »Ich kann verstehen, dass alles erst besser wurde, als du hierherziehen konntest. Dein Freund Jan scheint ein feiner Kerl zu sein.« Sie nimmt ihm den Kaffee ab und stellt ihn auf den Tisch, dann blickt sie hinaus in den Bauerngarten mit den Buchenhecken und den turmhohen Laubbäumen. »Den musst du ganz allein sauber halten? Na, dann kannst

du ja ab April Urlaub nehmen.« »Oder mir Hilfe suchen.«
Wibke lacht, da ist es wieder. Dieses Lachen. »Ich hab
dich vermisst am Dienstag, Max.« Der schluckt. »Wirklich? Das kann ich nur schwer glauben«, antwortet er.
»Was ist passiert?«, fragt sie. »Ich hab dich gesehen ... Mit
deinem Ex. Hand in Hand.« Pause. Wibke seufzt, dreht
sich um und setzt sich langsam auf das Sofa.

»Ich hätte es mir denken können«, sagt sie nach einer Pause. »Wir waren fünf Jahre zusammen.« Eine Faust
gräbt sich Max in die Magengegend. Sie erzählt von Klaas,
in den sie sich mit 15 verliebte, während eines Handball-
camps. »Er war der begehrteste Junge der ganzen Unter-
stufe.« »Kann ich mir lebhaft vorstellen«, murmelt Max
und sieht sie nicht an. Wibke erzählt weiter von Klaas,
der mit 16 in den Handball-Landeskader kam, mit 17 in
der ersten Herrenmannschaft des SVA spielte. »Wir sahen uns jeden Tag, es war so eine richtige erste Liebe.«
Doch während des Abiturs zeigten sich Risse. »Ich wollte
ihn überzeugen, Sport zu studieren und sein Glück woanders zu versuchen.« Klaas war einerseits zu verwöhnt
und andererseits zu ängstlich. »Lieber in Aurich ein Star
als in Gummersbach ein Niemand«, sagte er. Sie begann
in Münster ihr Medizinstudium, er eine Lehre beim
Landkreis. Sie kam zu seinen Heimspielen und redete
weiter auf ihn ein. »Ich war wohl ein bisschen gönnerhaft
in der Zeit.« Sie war die Einzige, die ihn nicht anhim-
melte, sondern nervte. »Ziemlich genau vor zwei Jahren
hat er Schluss gemacht.« Er hatte sich in eine 16-Jährige
verliebt. Wibkes Blick verliert sich im Garten. »Es war
richtig hart.« Seitdem fliegt Klaas von einem Fan zum
nächsten, »und wenn ihm langweilig ist, kommt er zu mir,
seinem besten Freund. Meine Eltern regen sich wahn-
sinnig über ihn auf. Und über mich, dass ich überhaupt
noch mit Klaas rede. Meine Mutter glaubt, ich hätte eine

Vorliebe für Typen, die mich ausnutzen. Ich hab mich oft gefragt, ob sie damit vielleicht recht hat.« Dann lacht sie. Lieber Klaas' bester Freund sein, als ihn ganz zu verlieren, hatte sie lange gedacht. Bis es ihr selbst albern vorkam. »Und jetzt, wo er merkt, dass ich wirklich drüber weg bin und jemand Neues auftaucht, will er mich zurück. Und das Neue kaputt machen.« Sie blickt Max an. »Und wie es aussieht, ist es ihm ja auch gelungen.«

Max versteht mit einem Mal vieles. Wibkes reservierte Art, ihre Unnahbarkeit, die harsche Reaktion ihrer Mutter in Ihlow, die Wahl ihrer Treffpunkte und der Auftritt dieses albernen Handballspielers bei ihrem ersten Treffen auf dem Weihnachtsmarkt. Er kann nicht anders: Er setzt sich zu ihr, nimmt sie in den Arm und sagt ausnahmsweise einmal das Richtige: »Nein, ist es nicht.« Und dass sie ihm nun den Pullover nassweint, geht für ihn völlig in Ordnung.

# Eine Waffel geht immer noch

Die nächsten Tage verbringt Max wie auf einer Wolke. Jede freie Minute, die ihm zwischen Terminen und Schreiben bleibt, verbringt er mit Wibke. Sie erzählen einander ihr Leben, sie stellt ihn ihren Freunden vor, und nachts hören sie Philipp Poisel: *Wo fängt dein Himmel an und wo hört er auf?* Es ist ihre Ostfrieslandhymne.

Silvester hat Max wieder mal Dienst. »Jungjournalisten werden ja ausgebeutet wie angehende Mediziner«, sagt sie, während er sich rasiert. »Wir sind die modernen Mägde und Knechte«, antwortet Max schaumverschmiert. »Wohin musst du denn jetzt schon wieder?«, fragt Wibke, gießt warme Milch in zwei Becher und Kaffee dazu. »Sämtliche Mühlen abklappern und Silvesteressen fotografieren. Magst du nicht mitkommen?« »Liebend gerne, aber ich muss mal wieder zu meinen Eltern, sonst werden die noch sauer, dass ich mich gar nicht mehr bei ihnen blicken lasse.« Beinah hätte Max sich die Rasierklinge in die Wange geritzt. Nur allzu genau erinnert er sich an Okka Freeses wütenden Blick.

Mit seinem Becher Milchkaffee setzt er sich an den Tisch und breitet eine Ostfrieslandkarte aus. Er muss Richtung alte Fehnkolonien, Rhauderfehn und ins abgeschiedene Saterland (siehe Glossar), und da kennt er sich nun gar nicht aus. »Die Welt hört nicht südlich von Hesel[1] auf«, hatte Wibkes Geschichtslehrer den Schülern immer gepredigt und sich über ihr Kirchturmdenken mokiert. Nun erwischt sich Max, der Auswärtige, dabei, dass seine Welt auch schon am Auricher Ortsschild endet. Klar, denn bevor man von Aurich fast eine Stunde ins südliche Ostfriesland fährt, kann man genauso gut hinter Hesel auf die Autobahn und nach Oldenburg fahren, wenn man in eine größere Stadt will.

Während der Fahrt knurrt sein Magen, er hat außer dem Kaffee nichts gefrühstückt und auch die letzten Tage das Essen ganz vergessen. Wie gut, dass die erste Mühle nicht so weit entfernt ist (siehe Glossar, Speckendicken-Essen und Windmühlen). »Iss nicht zu viel, heute Abend sind wir zum Raclette-Essen eingeladen«, hatte Wibke ihm nachgerufen. Nun fährt er direkt vor dem »zweistöckigen Galerieholländer« vor. Als Max unter den Flügeln steht und den langen, reetgedeckten Mühlenleib hochblickt, kommt der ihm viel größer vor als gedacht. Beim Hineingehen zieht er instinktiv den Kopf ein, obwohl der Türbogen genügend Platz lässt. Den gewaltigen Flügeln der Mühle traut er nicht so recht. Ein großer Saal öffnet sich. Scheinwerfer geben warmes Licht ab. Im Erdgeschoss

1 Zu empfehlen ist ein Spaziergang an der »Wüstung Kloster Barthe« im Heseler Wald: Als Heckenpflanzung ist dort der Grundriss der Klosterkirche nachgezeichnet. Anders als in Ihlow ist von diesem um Ende des 12. Jahrhunderts wohl als Frauenkloster gegründeten Gottesort nicht viel geblieben: Der Konvent löste sich zu Beginn des 16. Jahrhunderts (etwa zur Reformation) auf. Mitte des 16. Jahrhunderts übernahmen ostfriesische Grafen die Anlage, um sie bald danach aufzugeben. Starke Sandverwehungen schütteten auf den Resten der Anlage den »Nunnenbarg« (Nonnenhügel) auf.

sind Tische und Bänke aufgebaut, Teetassen stehen bereit, Frauen zünden weiße Kerzen an und stellen Wasserflaschen auf. Im ersten Stockwerk, der Galerie, arbeiten Männer konzentriert in einer improvisierten Küche. Sie fetten Pfannen ein, stellen riesige Bottiche mit Teig, Speck und Mettwurst auf. Niemand beachtet Max. »Moin, ich bin von der Zeitung«, ruft er in den Raum. Ein Mann blickt von der Galerie hinab und winkt ihn zu sich. »Sie sind ja zu früh, die Leute kommen erst ab halb elf.« »Macht doch nichts, Herrmann«, mischt sich seine Frau ein, »dann ist er eben unser Probegast, und für ein Foto sind wir doch wohl genuch Leute.« Max lacht. »Das klingt gut.« Ein salziger Pfannkuchen kommt ihm jetzt gerade recht. Während ein Mann für ihn backt – Speck in die Pfanne, dann Teig, dann Mettwurst –, unterhält Max sich mit der Dame vom Heimatverein. Seit vielen Jahren wird hier und auch anderswo das Speckendicken-Essen angeboten, um alte Traditionen wiederzubeleben und ein wenig Geld für den Verein einzutreiben. »Das macht ja sonst kaum einer mehr«, sagt sie. »In Frankreich isst man die Pfannkuchen doch auch gern kräftig«, widerspricht Max. »Ja, aber das können Sie nicht mit Speckendicken vergleichen«, sagt die Frau. Das stimmt, denkt Max, als er den Teller vor sich sieht: Dieser Pfannkuchen hat wirklich nichts mit einem Crêpe zu tun, dick und saftig, wie er ist. »Und wie schmeckt er Ihnen?«, fragt die Frau. »Hervorragend«, antwortet Max mit vollem Mund.

Fototermin für Fototermin geht es so weiter. Er weiß bald alles über den besonderen Speckendickenteig, der über Nacht ziehen muss und häufig in den eigenen Backhäusern an der Mühle hergestellt wird. Über geheime Rezepte und besondere Gewürze wie Anis und Kardamom.

Schon am frühen Nachmittag wird ihm allein vom Geruch nach gebratenem Speck speiübel. Er hat noch einen Termin vor sich, bei dem er kein Krümelchen mehr essen darf, sonst wird er an Überfettung sterben. Als er in der letzten Mühle ankommt, ist es dort stickig im Innenraum von den vielen Besuchern, jeder Platz ist belegt. »Einen *müssen* Sie aber essen. Bei uns schmeckt Speckendicken am besten«, sagt die Mühlenwirtin. »Wir backen sie im Waffeleisen, dadurch sind sie besonders kross.« »Vielleicht können Sie mir den einpacken?«, fragt Max vorsichtig und hält sich eine Hand auf den Bauch. »Nein, die müssen Sie frisch essen«, sagt sie resolut. »*Hier, Tjade, geev mi even en Speckendicken, hier is een van 't Bladd.*« Max weiß wirklich nicht, wie er den letzten Pfannkuchen noch schaffen soll. »*Wo, utverköfft? Büst du mall? Dat is doch eerst een Ühr, bit twee komen doch noch Lüü.*«[1] Max seufzt erleichtert. »Wie schade, aber dann komme ich nächstes Jahr einfach wieder.« Die Wirtin lässt nicht locker. Nach einer halben Stunde sitzt Max wieder im Auto. Natürlich hat die Wirtin noch einen Speckendicken für ihn aufgetrieben. Ob er gut war oder nicht, kann Max nicht mehr sagen. Sein Magen rebelliert. Er öffnet den Knopf seiner Hose und holt tief Luft. Wie war das noch? »Iss nicht zu viel, heute Abend sind wir zum Raclette-Essen eingeladen.« Er darf nicht dran denken: mit Käse überbackene Kartoffeln ... Ein Glück nur, dass er den dazugehörigen Schnaps besser vertragen wird als sonst.

## *O*stfriesland tischt auf: von Wasserkaninchen und falschen Bohnensuppen

*Des Lebens Komfort findet hier sein Ende,*
*kein Luxus hat bis hierher sich erstreckt,*
*hier hat noch nie naturgeformte Hände*

---

[1] Wie, ausverkauft? Bist du verrückt geworden? Es ist doch erst 13 Uhr! Bis 14 Uhr kommen doch noch Leute!

*ein üpp'ger Handschuh keck und frei bedeckt!*
*Ein Kamm ist Fabel, man betrachtet Seife*
*als Sage einer unbekannten Welt.*
*Von fremden Sachen hat sich nur die Pfeife*
*und nur der Schnaps zum Friesenvolk gesellt!*

Das sind böse Schmähungen eines frustrierten Leutnants, den man anno 1852 nach Ostfriesland zwangsversetzt hatte. Was war dem Mann derart aufgestoßen? Schmeckte ihm der Tee nicht? Oder hatten sie ihm vielleicht Wasserkaninchen aufgetischt? Aber nein, winken Kenner der ostfriesischen Küche ab: So was hat es hier nie gegeben. Trotzdem schwärmt mancher vom schmackhaften Fleisch des wassernahen Tieres mit dem langen nackten Schwanz, das eigentlich Bisamratte heißt und als Plage gilt. Noch heute hält sich das Gerücht, dass für Ostfriesen nichts über einen saftigen Wasserkaninchen-Braten gehe.

Halten wir uns lieber an die kulinarischen Fakten: Die ostfriesische Küche ist weit besser als ihr Ruf. Deftig ist sie, natürlich, schließlich war das Leben im kargen Küstenland hart. Aber gerade das Extrastück Butter macht das Essen bekanntlich schmackhaft. So ließ Altkanzler Gerhard Schröder zu seiner Amtszeit schon mal Termine quetschen, wenn es auf einer Veranstaltung *Großheider Stippe* gab, eine Art Mehlschwitze mit Pellkartoffeln und grünen Heringen, oder *Speckfetten mit Grau-Arten*, das sind besondere ostfriesische Erbsen mit getrocknetem Speck und eingelegten Essigpflaumen (so geschehen zur ersten Kulinarischen Ostfriesland-Woche in Berlin im Jahr 2004).

Zu Silvester treibt es regelmäßig Hunderte Besucher in ostfriesische Mühlen, um *Speckendicken* zu

essen – Pfannkuchen aus Eiern, Weizen- und Roggen-
mehl, Schinkenspeck und Mettwurst, die mit Zuckerrü-
bensirup übergossen werden. In früheren Zeiten durfte
sich das Gesinde am Silvesterabend daran buchstäb-
lich dick essen.

Nach wie vor kommt gern Besuch, wenn man zum
*Snirtjebraa* einlädt. Das ist ein fast schwarzer, weich
gekochter Schweinenackenbraten, in große Stücke
geschnitten, mit Pfeffer und Piment eingerieben, mit
Zwiebeln angebraten und stundenlang in Wasser ge-
köchelt. Bei vielen Metzgern gibt es fertig gewürztes
*Snirtjebraa*-Fleisch zu kaufen.

Auch mit Süßspeisen kann man Ostfriesen und
*Utwärtige* begeistern: So etwa mit *Mehlpütt*, einer Art
Germknödel, der meist mit Vanillesauce und Birnen-
kompott gegessen wird. Süße Suppen wie die *Plumm-
sopp* (Pflaumensuppe) schmecken immer gut. Sollten
Sie an einem Schild mit »hausgebackenem Kuchen«
vorbeikommen, kehren Sie unbedingt ein – frischen
Erdbeerkuchen mit Schlagsahne oder die beliebte *Os-
sitorte* mit branntweingeschwängerten Rosinen darf
man sich nicht entgehen lassen.

Apropos branntweingeschwängerte Rosinen: Die
berühmt-berüchtigte *Bohntjesopp* (auch *Sinbohnt-
jesopp* oder *Kinnertön*) hat schon manchen *Utwä-
rtigen* außer Gefecht gesetzt. Dabei handelt es sich
nicht etwa um Bohnensuppe, sondern um ein mör-
derisches Gebräu, bestehend aus ostfriesischem
Branntwein, angesetzt mit Kandiszucker und Rosinen,
die über Wochen Zeit hatten, sich mit Alkohol vollzu-
saugen. *Bohntjesopp* wird traditionell den Besuchern
nach der Geburt eines Kindes serviert und mit zarten
Löffelchen »gegessen«.

Was nun die wassernahen Tiere betrifft: Mittlerweile sind neue ins Land gezogen, die wirklich einen veritablen Braten abgeben könnten. Im Fehntjer Tief bei Aurich stehen seit einigen Jahren asiatische Wasserbüffel. Allerdings sind sie nicht für den Kochtopf gedacht, sondern zur Landschaftspflege.

Echte ostfriesische Küche erwartet den Gast in diversen Restaurants und historischen Wirtshäusern, zum Beispiel:

* **Landgasthof Oltmanns** in Friedeburg. Der Gasthof wurde (zusammen mit der Alten Brauerei in Pilsum) zum »Historischen Gasthof 2010« gekürt. Die Spezialität des Hauses ist der Snirtjebraten; Friedeburger Hauptstraße 79, 26446 Friedeburg, Tel.: 04465 / 205, www.landhotel-oltmanns.de
* **Alte Brauerei** in Pilsum; An der alten Brauerei 2, 26736 Pilsum, Tel.: 04926 / 912 910, www.alte-brauerei-pilsum.de

Weitere Informationen zu den historischen Gasthäusern: www.ostfriesland.de/mein-ostfriesland/kulinarisch/gastronomiekooperationen/historische-wirtshaeuser.html

Außerdem:

* **Fährhaus Neßmersiel**, Dorfstraße 42, 26553 Neßmersiel, Tel.: 04933 / 303, www.faehrhaus-nessmersiel.de
* **Altes Haus am Siel** in Ditzum; leckere Fischgerichte; Sielstraße 23, 26844 Ditzum, Tel.: 04902 / 658, www.alteshausamsiel.de

Oder hier:

* **Hotel und Restaurant Gulfhof**, Widdelswehrster Warf, 26725 Emden, Tel.: 04921 / 55 830 (Hotel), 04921 / 87 31 91 (Restaurant), www.gulfhof-emden.de

## *R*ezept Speckendicken

*Zutaten für 6 Portionen*

| | |
|---|---|
| 750 g | *Mehl oder Speckendickenmehl (Buchweizenmehl)* |
| 1 Becher | *Zuckerrübensirup* |
| 1 EL | *Zucker* |
| 3 | *Eier* |
| 1 Pck. | *Anis* |
| 1 Pck. | *Kardamom* |
| 1 Pck. | *Backpulver* |
| 250 ml | *Milch, lauwarm* |
| 3 | *Mettwürste im Ring, luftgetrocknet* |
| 250 g | *Speck, fett oder durchwachsen* |
| 1 Prise | *Salz* |
| 1 EL | *Öl zum Braten* |

### Zubereitung

Mehl, Sirup, Zucker, Eier, die Gewürze, Backpulver und Milch zu einem Teig verrühren. Über Nacht abgedeckt im Kühlschrank ziehen lassen.

Am nächsten Tag die Mettwürste in Scheiben und den Speck in feine Stücke schneiden. Das Öl in einer Pfanne erhitzen und auf mittlere Hitze zurückschalten.

Je eine Scheibe Wurst und etwas Speck leicht anbraten und 1 EL Teig dazugeben. Auf den Teig nochmals eine Scheibe Wurst und Speck legen. Den Speckendicken wenden und braten, bis er durch ist. Warm stellen.

| | |
|---|---|
| *Arbeitszeit:* | *circa 30 Minuten* |
| *Ruhezeit:* | *circa 12 Stunden* |
| *Schwierigkeitsgrad:* | *einfach* |

# Abstellgleis? Nich mit uns!

Wibke und Max schlendern Arm in Arm den Ostfrieslandwanderweg entlang. Sie schweigen beide. Am nächsten Tag muss Wibke zurück nach Münster. Wie wird es weitergehen? Was wird die Entfernung mit ihnen anstellen? »Max«, setzt Wibke gerade an, da zeigt Max auf die Gleise, die plötzlich neben ihnen aufgetaucht sind. »Wieso hast du mir im August erzählt, dass man nicht mit dem Zug hierherfahren kann?« Wibke sieht ihn verdutzt an, sie hat eigentlich keine Lust, über Züge zu reden. »Max Tillmann, du bist doch Journalist, du wirst doch die Geschichte dieser Gleise kennen.« Aber nein, er muss passen und schüttelt den Kopf. Wibke lächelt ihn an und drängt zur Umkehr. »Das ist eine lange Geschichte, die erzähl ich dir gleich bei einem Espresso zu Hause.«

Wie so oft in Ostfriesland ist es eine Geschichte von Hartnäckigkeit und Widerstand. Wenn Ostfriesen sich etwas in den Kopf gesetzt haben, können sie lange Durststrecken aushalten, bis sich der Erfolg einstellt. So auch bei der Sache mit den Schienen: Anfang der 1960er-Jahre hatte die Deutsche Bahn den Personenzugverkehr eingestellt, Mitte der 90er wurde die Strecke für den Güterverkehr geschlossen. Beides rentierte sich nicht mehr. Unkraut wucherte über die Schienen, sie waren nutzlos und wurden vergessen. Deshalb sollten sie Ende 2001 endgültig abgerissen werden. Allerdings hatte die Deutsche Bahn nicht mit dem Widerstand der neuen Auricher Bürgermeisterin Sigrid Griesel und einer emsigen Gruppe von Bahn-Enthusiasten gerechnet. Die geplante Entfernung der Gleise hätte eine Wiederbelebung des Schienenverkehrs für immer vereitelt. Doch genau dafür wollten die Bahnbefürworter kämpfen, auch wenn seit 40 Jahren kein Zug mehr Personen nach Aurich gebracht hatte. Eine Kreisstadt ohne Eisenbahn war für die Schienenkämpfer ein Ding der Unmöglichkeit.

Es begann ein zäher Kampf gegen Straßenbauämter, Landespolitiker, Kommunalhäuptlinge der umliegenden Gemeinden, Landbesitzer und auch Medien. Lange sah es so aus, als stünden die Widerständler auf verlorenem Posten. Als das für die Region wichtige Unternehmen Enercon seine finanzielle Unterstützung für das Projekt kundtat, wendete sich das Blatt. Die Sorgen wegen der vermeintlich hohen Kosten, der Folgen für den Straßenausbau nach Emden oder die Angst um spielende Kinder auf den Gleisen wurden zur Nebensache. Schienen wurden zügig verlegt, an jedem Acker drei Andreaskreuze aufgestellt. Und die Bundesstraße nach Emden wurde in Teilen auch noch ausgebaut.

Seit April 2008 fahren wieder Güterzüge von und nach Aurich. Die Planer waren von zwei Zugfahrten pro Woche auf der Strecke ausgegangen – heute ist es ein Vielfaches. Ganz leise wird über den Personennahverkehr von Emden nach Aurich diskutiert. Noch leiser über den Bau einer Bahnstrecke von Aurich nach Wittmund, um

Anschluss an das Netz der Nordwestbahn zu erhalten. Damit könnte man die strategisch wichtigen Häfen Wilhelmshaven (Jade-Weser-Port[1]) und Emden verbinden. Das sind wünschenswerte Projekte. Ob sie realisierbar sind, ist offen.

»Wie gut, dass die Pläne für einen Bahnhof in Aurich noch in weiter Ferne liegen«, sagt Max. »Warum?« Er nimmt sie in den Arm. »Sonst gäbe es keinen Grund, dich morgen nach Münster zu fahren.« Vorsichtig sieht Wibke ihren Max an. »Das würdest du tun?« »Na klar«, sagt er und drückt sie an sich. »Ich muss doch wissen, wo ich nächstes Wochenende hinmuss.«

---

[1] In Wilhelmshaven entsteht Deutschlands erster und einziger tideunabhängiger Tiefseehafen, den auch gigantische Containerschiffe mit etwa 16 Meter Tiefgang ansteuern können. Damit liegt Wilhelmshaven international weit vorn. Mitte 2012 soll er nach offiziellen Angaben in Betrieb gehen. Die strukturschwache Region hofft, dass der Hafen Unternehmen anzieht und dort selbst zahlreiche Arbeitsplätze entstehen. Einen Besuch wert ist das Infocenter am Jade-Weser-Port, das umfangreich und unterhaltsam über das Projekt informiert, täglich geöffnet von April bis Oktober. Weitere Informationen unter www.jadeweserport.de.

# Wo fängt dein Himmel an

Max kratzt die Windschutzscheibe frei. Mal wieder. Seit Wochen friert es, und heute schneit es auch noch. Er würde ja am liebsten in eine Sauna gehen und sich aufwärmen. Aber Wibke will unbedingt Schlittschuhlaufen. »Soll ich dir helfen?« Ungeduldig steht Wibke mit Schlittschuhen, Thermohosen und einem Picknickrucksack hinter ihm. »Meinst du wirklich, dass es eine gute Idee ist, bei Schnee Schlittschuhlaufen zu gehen?« »Natürlich! Endlich ist das Eis mal wieder fest, da *muss* man *schöfeln*.« Ihr Ton lässt keinen Zweifel zu. Seit sich vor ein paar Wochen die erste kleine Eisschicht auf dem Graben hinter seiner Wohnung abzeichnete, redet sie von nichts anderem mehr.

Max' Begeisterung allerdings hält sich in Grenzen. Er hat fast noch nie auf Kufen gestanden, der Eissporthalle in Herne konnte er nichts abgewinnen. Die Vorstellung, mit Wibke an irgendeinen entlegenen Kanal zu fahren, um sich auf fragwürdiges Eis zu begeben, findet er wenig verlockend. Woher wissen sie, dass nicht irgendwo eine brüchige Stelle lauert? Was, wenn sie einbrechen? Wibke will von all dem nichts hören. Entweder er kommt mit, oder sie geht mit ihrer Clique *schöfeln*. Also mit ihrem Ex und anderen. Es muss ihr also wirklich wichtig sein, wenn sie so stur bleibt.

Nun lotst Wibke ihn aus Aurich hinaus Richtung Timmel. »Hier rechts.« Die Straße ist kaum zu erkennen, es ist, als führen sie einfach über die Felder hinweg. »Du weißt, dass ich keinen Geländewagen habe.« Wibke lacht. »Mach dir keine Sorgen, hier habe ich schon mit ganz anderen Autos hingefunden.« Sie fängt Max' Blick auf und legt ihm die Hand auf den Arm. »Entschuldige, so war es nicht gemeint. Du wirst es lieben, ich weiß es.«

Nach mehrmaligem Abbiegen stehen sie vor einem kleinen Fluss. Max rollt vorsichtig an den Rand. »Hier?« »Dreh am besten dort hinten auf dem Feld, nachher werden hier so viele Autos stehen, dass wir sonst nicht mehr wegkommen.« Sie sagt es, als würden sie gerade auf einem Ikea-Parkplatz stehen, kurz vor der Ladenöffnung. »Und jetzt?« »Schlittschuhe unterschnallen, und rauf aufs Eis.« Sie reicht ihm seltsame Kufen. »Die?« »Meine Güte, Max, nun stell dich nicht so an. Andere habe ich bei meinen Eltern nicht gefunden.« Es sind die uralten Schlittschuh-kufen[1] ihres Vaters. Da der natürlich heute selbst *schöfelt*, konnte sie seine neuen nicht ausleihen.

Wibke steigt seitwärts die Böschung hinunter, schlüpft in ihre Schlittschuhe und dreht sogleich eine Pirouette auf dem zugefrorenen Kanal. Verstohlen sieht Max auf sein Handy. Schwacher Empfang, aber im Notfall würde er telefonieren können. Ungelenk folgt Max ihr aufs Eis, und

[1] Traditionelle Schlittschuhe bindet man sich wie Gleitschuhe unter die Schuhe. Sie sind aus Holz gemacht und haben gebogene Eisenkufen. Sie werden mit Lederriemen befestigt. Mit ihnen kann man in langen Bögen über das Eis gleiten und so weite Strecken schaffen.

im selben Moment knackt und rumort es darunter. Panisch will er wieder an Land springen, aber nichts passiert. »Wir sind die Ersten hier, das hätte ich gar nicht gedacht«, sagt sie unbekümmert. Dann fährt sie los. Sie gleitet übers Eis, als würde sie sich nie anders fortbewegen. Max sieht ihr fasziniert zu und probiert es dann selbst. Langsam setzt er einen Fuß vor den nächsten. Die langen Kufen verheddern sich, er verliert das Gleichgewicht und fällt auf das Steißbein. Für einen kurzen Moment sieht er Sterne. »Hast du dir wehgetan?« Er schüttelt den Kopf, schließlich will er sich vor Wibke nicht blamieren.

»Du musst die Füße parallel setzen wie beim Langlauf.« Wibke zeigt es ihm. Max versucht es noch einmal. Er legt die Hände auf den Rücken und beugt sich etwas vor. Sein Kreuz tut weh, aber als er ins Gleiten gerät, ist der Schmerz vergessen. Er fährt! Er *schöfelt*! »Du bist ein Naturtalent, Max.« Wibke fährt vorneweg auf einen etwas breiteren Fluss zu, das Fehntjer Tief (siehe Glossar). Max findet schnell in den Laufrhythmus und erhöht das Tempo. Vorsichtig blickt er über die Böschung hinweg. Es klappt, er kann schauen und *schöfeln* zugleich. Kein Mensch weit und breit, nur das Kratzen der Kufen ist zu hören.

In der Mitte von nirgendwo biegen sie ab. Die Sonne steht tief, und aus dieser Froschperspektive verschwimmt die Grenze zwischen den schneebedeckten Feldern und dem Horizont. »Wo fängt dein Himmel an?« Ihre Ostfrieslandhymne. Ein warmes Gefühl von Glück durchströmt ihn. Wie gut, dass sie nicht lockergelassen hat, diese Landschaft gefällt ihm so.

Stimmen reißen ihn aus seinen Tagträumen. Bestimmt ein Dutzend Schlittschuhläufer kommt ihnen entgegen, sie fahren in einer langen Kette hintereinander, die Hände an die Hüften des Vordermanns gelegt und im selben

Rhythmus. »Wow, was ist denn das für eine Truppe?« »Das sind richtige *Schöfler*«, sagt Wibke. »Die machen bestimmt eine Tour bis Emden.« »Bis Emden? Das sind doch locker 30 Kilometer.« »*Schöfeln* ist unsere Leidenschaft. Ich habe das von meinem Vater geerbt. Er träumt ja immer noch von einem Eiswettlauf wie der Elfstedentocht in Holland.«[1]

Max und Wibke erreichen zwei restaurierte Fehnhäuser, die am Flusslauf stehen. Dahinter führt eine Straße in ein Dorf, an dem einer dieser typischen schnurgeraden Kanäle beginnt. Jetzt weiß Max, wo er ist – am Fehnmuseum Eiland in Westgroßefehn. Hier ist er schon viele Male gewesen, es ist der Ursprungsort der Fehnorte im Herzen Ostfrieslands. Ein Dorf mit geschmackvoll restaurierten alten Kapitänshäusern, einer Schleuse und einer Mühle. »Wie, hier kommen wir raus? Das hätte ich nie gedacht.« »Ich kenne diese Gegend fast besser als Aurich. Meine Oma hat hier gewohnt«, sagt Wibke. Sie tippelt die Böschung hoch zum Museum. »Komm, lass uns eine Tasse Tee trinken.« »Mit den *Schöfeln*?« Wibke kramt in ihrem Rucksack und wirft ihm Plastiküberzieher für die Kufen zu. Max kommt sich reichlich doof vor, aber beim Eintreten in die Teestube sieht er, dass sie nicht die einzigen *Schöfler* sind. Als heißer Tee und warmer Apfelkuchen vor

1 Die »Friesche Elfstedentocht«, der Elfstädte-Rundlauf, ist in Holland *das* Wintersportereignis schlechthin: Wenn das Eis fünf Zentimeter dick ist, geht es los: Tausende Schlittschuhläufer – Wettkampfläufer und Laien – laufen fast 200 Kilometer von Leeuwarden aus durch Friesland, bejubelt von Fans an den Böschungen und vor dem Fernseher. Von so einem Ereignis in Ostfriesland, einem *Oostfreesland-Schöfelloop* träumen Eissportfreunde hierzulande seit den 1980er-Jahren. Bislang sind sie am Widerstand von Naturschützern (Müllberge und »Menschentrauben«), den Fischern (*Schöfler* erschrecken die Fische zu Tode) und anderen Häuptlingen gescheitert. In den 1990ern ebbte die Diskussion ab. Der Grund: viele milde Winter ... Noch ist das letzte Wort nicht gesprochen.

ihm stehen, fragt er: »Hier bist du also als Kind durch die Wiesen gestromert?« »Nicht Wiesen. Es heißt *Meeden*, mein Lieber.« »Lebt deine Großmutter noch?« Wibke schüttelt den Kopf. »Leider nein, sie hätte dich gemocht.« Max kann einen Moment lang nichts sagen, so sehr freut er sich. »Nach ihrem Tod wurde das Haus verkauft, sehr zum Leidwesen meines Vaters. Er liebt diese Gegend hier am Fehntjer Tief und dem Kanal. Manchmal fährt er mit dem Rad von Aurich hierher, zum *Wiekenkieken*.« »Zum was?« Wibke lacht. »*Wieken kieken*, mit dem Rad am Kanal, der Wieke, entlangfahren und gucken, was so los ist.« Max schüttelt den Kopf.

Wibkes Großvater ist zehn Kilometer weiter östlich in Ostgroßefehn aufgewachsen. Ihr Urgroßvater hatte ein *Törfmuttje*, ein Torfschiff, mit dem er Torf nach Emden fuhr:[1] Im unwägbaren Moorgelände gab es keine Straßen, nur den Kanal. Aus Emden brachte er entweder Dünger mit für die schwierigen Moorböden in den Fehnorten, im Herbst auch Weiß- und Rotkohl aus der Krummhörn. Wenn der Kanal schon zufror und die Kinder *schöfeln* wollten, die Schiffer aber noch die letzten Ladungen aus Emden herfuhren, bekamen sie immer Ärger mit den Fehntjern, sagt Wibke. Ihr Großvater musste schon als 13-Jähriger

[1] Von Westgroßefehn aus haben Emder Kaufleute 1634 begonnen, das Moor in der Mitte Ostfrieslands zu erschließen und den Torf als Brennmaterial für Emden abzubauen, das nach dem Dreißigjährigen Krieg kaum Nachschub aus Holland oder dem Saterland erhielt. So fingen arme Menschen an, das heimische Hochmoor abzubauen, einen Kanal auszuheben, durch den Torf über das Fehntjer Tief nach Emden transportiert werden konnte. Er wurde immer weiter gebaut, entwässerte überdies das Moor. Mithilfe von vier Schleusen (»Verlaate«) konnten die Höhenunterschiede zwischen Westgroßefehn und den dahinterliegenden Orten überwunden werden. Heute führt der Kanal bis nach Wilhelmsfehn, kurz vor Wiesmoor. Die Broschüre »Wieken Kieken« informiert kurz und prägnant über die Geschichte der ältesten Fehnkolonie Ostfrieslands und die wichtigsten Sehenswürdigkeiten. Erhältlich in der Großefehner Touristeninformation.

arbeiten. Erst im Moor, Torf abbauen, trocknen, schichten. Dann das Schiff beladen und es mit *Lien* und *Spaa*, also mit Leine und Stock, über die Kanäle ins Fehntjer Tief nach Emden ziehen. »Wenn er früher davon erzählte, ging es eigentlich immer nur darum, wie oft ihm schwarz vor Augen war vor lauter Erschöpfung«, erzählt sie.

Nach dem Zweiten Weltkrieg machten nur wenige Fehnschiffer weiter. Wibkes Opa wurde Kapitän auf großer Fahrt und zog nach Westgroßefehn. Als der Landkreis nach dem Krieg den Bau einer Straße in der unwirtlichen Gegend erwog, protestierten die Fehntjer: »Die Kanäle sind unsere Straßen.« Doch ewig hielten sie diese Position nicht durch. Und so wurden auch hier Straßen gebaut, links und rechts vom Kanal, ein ländliches Idyll, das jedes Jahr Tausende Touristen auf dem Fahrrad entzückt.

Als sie die heimelige Teestube verlassen, weht ein scharfer Wind. Max graust es vor der Strecke zurück. Um ja nicht noch einmal auf dem Steißbein zu landen, starrt er stur auf die Böschung, während er auf seinen Kufen zum Kanal hinunterstakst. Dabei übersieht er einen kräftigen Mann, der große Bögen auf dem Eis zieht. Sekunden später findet Max sich auf dem Rücken wieder. Er hört Wibke schreien und dann eine dunkle Stimme: »Oh Gott, ist was passiert? Ich habe Sie gar nicht bemerkt, Entschuldigung.« Ein großer, kräftiger Mann mit Rauschebart und ähnlich alten Kufen an den Füßen, wie Max sie hat, beugt sich zu ihm hinunter. »Nein, alles okay, ich habe ja selbst nicht aufgepasst«, sagt Max. Der Mann entschuldigt sich noch mehrmals und steckt Wibke eine Karte zu. »Falls doch noch etwas sein sollte, lassen Sie es mich wissen.« Wibke blickt auf die Karte und bedankt sich ehrfürchtig. Dann hilft sie Max hoch. »Also so was Blödes. Kannst du laufen?« »Ich denke, ich schaffe es noch. Was war denn das für ein Typ?« »Kenne ihn nicht«, murmelt Wibke und fährt langsam voraus. Max humpelt hinter ihr her und versucht, vorsichtig zu gleiten.

Die Strecke zurück zum Auto wird ihm quälend lang. Sein Rücken schmerzt, und sein rechter Knöchel ist arg geschwollen. Am Auto angekommen, lässt er sich erschöpft in die Böschung fallen. Wibke legt sich zu ihm. Gemeinsam genießen sie die Stille. »Das ist einer der schönsten Orte, an denen ich je gewesen bin. Danke, dass du mich hierhergebracht hast.« Sie schmiegt sich an ihn. »Schön, dass du es trotz der blöden Sache genossen hast.« Max drückt sie noch fester an sich. »Ja, es hat viel Spaß gemacht. Aber das nächste Mal komme ich zum Kajakfahren hierher. *Schöfeln* musst du in Zukunft wieder mit deinem Vater.«

# Knochenbrecher

## Oder warum man in Ostfriesland auch ohne Chirurgen auskommt

Zu Hause bettet er seinen geschwollenen Fuß aufs Sofa und lässt sich von Wibke die schönsten Schauermärchen aus dem Moor erzählen. Von aufsteigenden Nebelschwaden, Skeletten im Torf und Leichen im Moor (siehe Glossar). Doch irgendwann lenken ihre Geschichten Max nicht mehr von seinem Schmerz ab. »Ich halte das nicht mehr aus«, sagt er. »Komm, lass uns in die Notaufnahme fahren.« »Da wirst du aber gut und gerne drei Stunden warten.« Max seufzt. Drei Stunden im Krankenhaus herumsitzen, von übernächtigten Assistenzärzten angemault werden, das klingt nicht gerade verlockend. »Kannst du es dir nicht mal ansehen?« Wibke lacht. »In zwei Semestern gern, momentan plage ich mich noch mit Biochemie rum, das weißt du doch.« Sie zögert. »Ich hätte eine andere Idee.« Sie zieht die Visitenkarte aus ihrer Jacke. »Tebbe de Vries.« »Wer?« »Der Mann, der dir das eingebrockt hat. Der ist Knochenbrecher.« »Bitte was?« »Knochenbrecher, Chiropraktiker, wenn du so willst.« »Na, zu einem Knochenbrecher gehe ich bestimmt nicht. Da kann ich es ja gleich so lassen, wie es ist.« Wibke seufzt, das hatte sie erwartet. Nichtostfriesen denken beim Wort »Knochenbrecher« immer gleich an mittelalterliche Foltermethoden. »Einen Versuch wäre es aber wert. Kaputt machen kann er nichts, und wenn es gebrochen ist, schickt er dich ohnehin zum Arzt. Lass dir das von einer angehenden Ärztin gesagt sein.« »Nein, lieber ins Krankenhaus.«

Die Stühle in der Ambulanz sind besetzt mit *Schöfelopfern* wie ihm, er sieht nur umwickelte Handgelenke, lädierte Beine und blaue Augen vom Eishockeyspielen. Drei Stunden sind noch zu optimistisch berechnet. Das hier würde die ganze Nacht dauern. Die letzte Nacht bevor Wibke wieder nach Münster muss. »Hast du die Karte von dem Typen dabei?« Wibke verkneift sich ein Lächeln. »Ich ruf ihn gleich mal an.« Sie tippt die Nummer ins Handy. »Herr de Vries? Hallo, Wibke Freese hier, mein Freund hat sich … Wie, Sie sind ausgebucht bis Montag. Sie haben doch gesagt, falls mein Freund Beschwerden hat, soll er sich melden.« Ein paar Wortwechsel später legt sie zufrieden auf. »Wir können direkt kommen. Also beiß die Zähne zusammen, sonst reißt der dir den Fuß ab.«

Wibke parkt vor einem umgebauten Bauernhof, an dem etliche Autos stehen. »Hier soll dieser Wunderheiler sein?« Wibke stützt ihn die Stufen hoch zum Eingang. Im Flur erwartet ihn ein ähnliches Bild wie gerade in der Ambulanz des Krankenhauses – schmerzverzerrte Gesichter, an die Brust gepresste Arme, verbogene Beine, geschwollene Füße, noch in Schlittschuhen. Die Tür öffnet sich, und der vollbärtige Mann vom Nachmittag kommt herein.

»*Moin mitnanner*«[1] – an dieses Moin am Abend wird Max sich wohl nie gewöhnen. »*Tebbe, ik bün so benaut, du*

1 Hallo zusammen!

*musst mi helpen*«[1], jammert eine ältere Frau, ganz vorn im Flur. »*Du musst wachten, toerst is de junge Mann hier dran. De hebb ik vannamiddag umfahren up 't Ies, daarum is he nu an d' Rieg.*«[2]

Keiner traut sich zu protestieren. Tebbe de Vries winkt Wibke und Max durch in eine Wohnküche. Ein Feuer lodert im Kamin, an der Wand hängt ein Ölgemälde des Hofes, es riecht nach kräftiger Suppe. Max entspannt sich etwas. Der Mann weist ihn an, sich in einen Lehnstuhl zu setzen. »Legen Se Ihren Fuß mal hier auf den Hocker.« Dann nimmt er schweigend Max' Fuß in die Hand, hält ihn, drückt immer mal. Ohne Vorwarnung dreht er ihn gefühlt um 360 Grad. Erst linksherum, dann nach rechts. Als es knackt, entfährt Max ein Schrei. Der Knochenbrecher sieht zufrieden aus. »Da habe ich Ihnen heute Nachmittag ja or'ntlich das Gelenk aus der Verankerung gehau'n. Tut mir leid. Bandagieren Se den Fuß fest und halten Se ihn bis Montag still. Sollte der Schmerz nich nachlassen, kommen Se noch mal wieder. Sonst dürfte die Sache in zwei Wochen ganz vergessen sein.« Wibke bedankt sich und fragt, wo die Kaffeekasse stehe, aber der Heiler winkt ab. »Ehrensache.«

Keine Stunde später liegt Max wieder in seinem Bett. Der Fuß schmerzt tatsächlich nicht mehr so sehr. »Wenn ich Ronnie erzähl, dass ich beim Knochenbrecher war, dreht der durch.« »Tja, der liebe Ronnie wäre in Bochum in die Notaufnahme gefahren, hätte nach Stunden ein Röntgenbild und eine Packung Ibuprofen in die Hand gedrückt bekommen und wäre mit Schmerzen nach Hause gefahren. Genützt hätte es ihm nichts.«

---

**1** Tebbe, ich fühl mich gar nicht gut, du musst mir helfen.
**2** Du musst erst einmal warten. Jetzt ist der junge Mann hier dran. Den habe ich auf dem Eis umgestoßen, also hat er Vorrang.

# *W*o Knochenbrechen eine Wohltat ist: Alternativmedizin made in Ostfriesland

Tamme Hanken aus Filsum ist ein Ostfriese, wie man ihn sich vorstellt: über zwei Meter groß und kaum weniger breit. Er hat ein schweres Gemüt und ein loses Mundwerk mit viel schlitzohrigem Humor. Kein Wunder, dass das Fernsehen diesen 51-Jährigen für sich entdeckt hat. Am Unterhaltungswert des »XXL-Ostfriesen« allein liegt das mediale Interesse aber nicht. Im Mittelpunkt steht sein ungewöhnlicher Beruf: Hanken ist Knochenbrecher, auf Ostfriesisch *Knakenbreker*.

Wie viele es in der Region gibt, ist schwer zu sagen. Nur wenige sind so bekannt geworden wie Tamme Hanken, der Landwirt Röbke Helmerichs aus Friedeburg oder der Pferdeheiler Gerd Groon aus Großheide. Es müssen aber einige sein, denn jeder Ostfriese kennt mindestens einen Knochenbrecher, und jeder schwört auf einen anderen.

Das *Knakenbreken* ist eine alte Heiltradition und beruht im weitesten Sinne auf der Chiropraktik, denn es werden Gelenke und Wirbel wieder eingerenkt und eingeklemmte Nerven befreit. Weil es dabei manchmal ordentlich knackt, heißt es friesisch-derb eben »Knochenbrechen«.

Die Heilkundigen selbst sehen die Sache subtiler: In ihren Händen sitze das Gefühl, das man nicht erlernen könne, sagen sie. Es wird vererbt, so wie blaue Augen oder eine schiefe Nase.

Allerdings kann es auch vorkommen, dass einer lange Zeit nichts von seiner Gabe weiß. Gerd Groon zum Beispiel, der Pferdeheiler aus Großheide, wurde erst jenseits der 40 zum Knochenbrecher. Da der Tierarzt zu lange auf sich warten ließ, versuchte er einem Pferd zu helfen, das sich bei einem Unfall die Schulter ausgerenkt hatte. »Rein intuitiv«, wie er sagt. Er ertastete die Blockade, und mit einem Ruck war das Schultergelenk wieder drin, das Tier bald beschwerdefrei.

Natürlich gibt es Kritiker, die vor den Langzeitfolgen ruppiger Behandlungen warnen und darauf verweisen, dass das »Einrenken« nicht immer klappe. Das hält die Ostfriesen aber nicht von ihren Heilern fern: Knochenbrecher genießen nach wie vor hohes Ansehen. Zu ihnen gehen viele mit Gelenk- oder Rückenproblemen zuerst. Das hat historische Ursachen. Jahrhundertelang gab es im Land hinter den Deichen nur wenige Ärzte und Veterinärmediziner. Wenn ein Pferd sich verletzt hatte, half ihm oftmals nur noch der liebe Gott – oder der Knochenbrecher aus dem Nachbardorf.

Nicht nur Männer sind mit heilenden Händen gesegnet. Die wohl berühmteste Knochenbrecherin ihrer Zeit war Antje Gerdes aus Kirchdorf. Von ihrem Vater angelernt, unterhielt sie ab 1910 eine eigene Praxis und wurde 1934 offiziell Heilpraktikerin. Ihre Heilerfolge an Tieren und Menschen sprachen sich herum, weit über die Grenzen Ostfrieslands hinaus. Mit der Ärzteschaft stand sie lange Zeit auf Kriegsfuß, die sie als Kurpfuscherin schmähte. Darauf soll sie, typisch ostfriesisch, geantwortet haben: »Was die können, will ich gar nicht lernen, und was ich kann, können die sich nie aneignen.« Doch Antje Gerdes wusste um ihre Grenzen: Menschen mit Knochenbrüchen schickte sie zum Arzt, ob die nun wollten oder nicht. Vermutlich war das nicht immer ganz einfach. Gerd Groon zumindest hatte zu kämpfen, als er eine Patientin mit Rückenschmerzen an den Arzt verweisen wollte. Sie bestand darauf, nur von ihm behandelt zu werden. Groon jedoch blieb standfest, und das musste er auch: Sie hatte zwei gebrochene Wirbel.

# Wenn die Ferne ganz nahe kommt

Luxusliner aus Papenburg

Ich habe keine Lust, mir am Emsdeich die Füße platt zu stehen, nur weil du dir so ein dämliches Kreuzfahrtschiff auf einem kleinen Fluss ansehen willst.« Wibke ist genervt. Die letzten Wochen hat sie eingesperrt vor ihren Büchern verbracht, unendlich viele Klausuren geschrieben und Max kaum gesehen. Nun hat sie Zeit, ist entspannt, doch statt mit ihr in Groningen einkaufen zu gehen, will Max gucken, wie ein über 300 Meter langer und über 35 Meter breiter Ozeanriese über die Ems Richtung Nordsee schleicht! »Die Meyer-Werft baut doch ständig solche Schiffe, das kannst du dir doch auch noch nächsten Monat ansehen«, mault sie. »Mag sein, vielleicht habe ich dann aber Dienst oder sonst was. Heute passiert das Schiff das Emssperrwerk, und das möchte ich einfach gern sehen. Kannst du das nicht verstehen?« Eigentlich kann sie es verstehen. Schließlich hat sie oft genug mit ihrem Vater in Leer gestanden, um zuzuschauen, wie ein riesiges Schiff sich durch die aufgeklappte Jann-Berghaus-

Brücke schiebt.[1] Zentimeter um Zentimeter an den rot geklinkerten kleinen Türmen vorbei. Als kleines Mädchen wünschte sie sich nichts sehnlicher, als selbst mal mit so einem Meyer-Schiff eine Kreuzfahrt zu machen.[2] Und heute reizt sie die Vorstellung immer noch.

»Ich hatte mir den ersten freien Tag seit Langem einfach anders vorgestellt«, sagt Wibke. Sie wollte ihm Groningen zeigen, die lebendige Studentenstadt in Holland, mit ihm in einem der netten Cafés Espresso trinken, die ersten Sonnenstrahlen genießen. Max blickt sie an. »Das klingt natürlich gut. Wie wäre es, wenn wir beides kombinieren?« »Ach, daraus wird ja eh nichts, wenn du das Schiff erst mal gesichtet hast. Dann wirst du es wie ein Verrückter von Station zu Station begleiten. Jann-Berghaus-Brücke, Emsdeich rauf und runter, Emssperrwerk, Emden.«[3] Die Aussicht klingt verlockend, aber das sagt Max jetzt lieber nicht. Seit er in einem Musikvideo Bilder von der Werft gesehen hat, ist er fasziniert von dieser Traumschifffabrik mit Sitz im emsländischen Binnenland. »Ich verspreche dir, dass wir nur am Emssperrwerk halten und dann weiterfahren.«

1 Damals war die Durchfahrt der Klappbrücke 40 Meter breit, 2009 wurde sie auf 56 Meter verbreitert, damit die immer größer werdenden Kreuzfahrtschiffe ausgeliefert werden können.

2 Die mehr als 200 Jahre alte Meyer-Werft ist das Aushängeschild der Region. Als einziger von ehemals über 20 Papenburger Schiffsbauern hat Meyer überlebt, weil das Unternehmen sich bereits in den 1980er-Jahren auf den Bau von Kreuzfahrtschiffen spezialisiert hatte. Mittlerweile ist Meyer einer der größten industriellen Arbeitgeber in der Region: Das Unternehmen beschäftigt in Papenburg etwa 2.500 Mitarbeiter. Hinzu kommen Tausende Arbeitsplätze bei Zulieferern in der ganzen Region. Etwa 300.000 Menschen strömen jährlich in das Besucherzentrum: ein absolutes Muss für jeden Ostfrieslandtouristen. Weitere Informationen gibt es unter www.papenburg-tourismus.de.

3 Mittlerweile gibt es einen »Kreuzfahrtweg«, der von Papenburg aus an zehn Stationen Richtung Emden und dann mit der Fähre hinüber ins Rheiderland und zurück zur Werft führt. Auch wenn er bei Umweltschützern sehr umstritten ist, ist die Route ein lohnenswerter Tagesausflug, per Fahrrad oder Auto.

Die Straße, die zum Sperrwerk führt, ist links und rechts mit Autos zugeparkt, sie sehen Kennzeichen aus der ganzen Republik. Hunderte Menschen strömen auf den Deich und auf den Vorplatz vor dem Verwaltungsgebäude. Die Ems ist bis obenhin voll mit Wasser. Max muss an die Sturmflut denken – im November hatten sie das Sperrwerk geschlossen, damit kein Wasser von der Nordsee ins Hinterland fließt. Nun im März sperren sie es, um umgekehrt die Ems im Hinterland zu stauen, damit das Luxusschiff im wahrsten Sinne des Wortes »eine Handvoll Wasser unterm Kiel« hat. Und da sehen sie es auch schon: Aus der Nähe betrachtet ist es noch viel größer, als Max gedacht hat. Langsam gleitet der Stahlkoloss an den Wänden der Schifffahrtsöffnung des fast 500 Meter breiten Sperrwerks vorbei. Es gibt nicht viel Platz nach links und rechts und auch nicht nach unten, zentimetergenau wird das Schiff über die Ems geleitet.

Max steht wie gebannt. Er sieht die Bullaugen für die Kabinen und gelbe Rettungsboote. Darüber beginnen nicht enden wollende verglaste Decks. Ganz weit oben stehen Leute und winken. Viele Deichkieker winken zurück und klatschen.

Gerade träumt sich Max mit Wibke auf das Schiffsdeck, als zwei Ostfriesen neben ihnen anfangen, lautstark über Kabinengröße, Poolaußenmaße und Beleuchtungskonzepte zu fachsimpeln. »*Dat is gewaltig. Man dat dat nu utgerekent ut 't Eemsland komen mutt, dat is doch schaa.*«[1] »*Ja, hest recht. Mojer was dat doch, wenn de Meyer-Werft in Emden stahn würr.*«[2] Da mischt sich plötzlich ein Dritter in die Debatte ein, seine Stimme klingt höhnisch. »Die

---

**1** Das ist gewaltig. Aber dass das gerade aus dem Emsland kommen muss, ist doch schade.

**2** Ja, hast recht. Schöner wäre es, wenn die Meyer-Werft in Emden stehen würde.

Meyer-Werft in Emden? Ihr Ostfriesen könnt wohl mit dem Messer am Deich stehen und in See stechen wollen, aber solche Schiffe baut ihr nicht. Die Werft gehört nach Papenburg und sonst nirgendwohin.« Die Ostfriesen sehen einander verblüfft an. »Also, dat is ja wohl. Ohne uns könntet ihr dat doch gar nich bauen«, sagt der eine und macht sich gerade. »*Hermann, reeg di nich up, dat is 'n Klookschieter ut 't Eemsland. Wat verwachst du denn van so een*«[1], beschwichtigt sein Freund. Doch der Emsländer will auch nicht klein beigeben. »Das war ja klar, dass das kommt. Auf unsern Erfolg neidisch sein, aber immer schön davon profitieren. So kennt man euch. Schönen Tag noch.«[2]

Max sieht Wibke an, die sich kaum halten kann vor unterdrücktem Lachen. »Du hattest recht«, sagt sie. »Der Ausflug hat sich gelohnt. Allein schon für diese kleine Realsatire.«

Sie blicken dem Schiff noch auf der anderen Seite des Emssperrwerks hinterher. Links des Flusses sind der Kirchturm und die Mühle von Ditzum zu sehen, rechts die unzählbar vielen Windmühlen am Wybelsumer Polder[3] bei Emden. Noch weiter hinten liegt der Industrie-

1 Hermann, reg dich nicht auf. Das ist ein Neunmalkluger aus dem Emsland, was erwartest du von dem.

2 Die beiden Regionen hegen von früher her eine innige Feindschaft. Das hat vor allem mit der Religion zu tun: Ostfriesland ist überwiegend protestantisch und angestammtes SPD-Land. Das Emsland ist katholisch und eine absolute CDU-Hochburg. Mittlerweile weicht die Feindschaft etwas auf, die Religion spielt keine so große Rolle mehr wie früher. Die Menschen haben erkannt, dass sie nur gewinnen können, wenn sie zusammenarbeiten, wie die Vereinigung »Ems-Achse« zeigt. Beeindruckend war vor allem der Schulterschluss zum Ausbau der Autobahn A 31 vom Ruhrgebiet an die Nordsee: In einer deutschlandweit einzigartigen Aktion haben Emsländer und Ostfriesen gemeinsam private Gelder eingetrieben, um die Lücke auf der Autobahn 31 in Eigeninitiative zu schließen. Seit 2004 ist die Strecke fertig und ein Segen für den Tourismus und die nordische Wirtschaft.

3 Der Wybelsumer Polder ist der größte Onshore-, also an Land befindliche Windpark Europas.

hafen der niederländischen Stadt Delfzijl. »Das ist unsere Richtung, da müssen wir jetzt hin«, sagt Wibke und zieht Max mit zum Auto. Sie machen sich auf den Weg nach Groningen, durch den Emstunnel, immer der Autobahn folgend. Max fällt kaum auf, dass sie Deutschland verlassen. Stünden da nicht die letzten Reste des alten Grenzübergangs, hätte er es überhaupt nicht bemerkt. Es sieht hier genauso aus wie in Ostfriesland, flach und mit einem endlos weiten Himmel. Nach einer guten Stunde kommen sie in Groningen an, einer Stadt mit knapp 190.000 Einwohnern.

Max muss an Amsterdam denken – auch hier stehen schmale, mehrgeschossige Häuser mit vielen Fenstern dicht an dicht, es gibt kleine Grachten und viele Fahrräder. Das Stadtbild ist bunter als in Ostfriesland: Viele junge Leute, Einwanderer, Studenten[1] bewegen sich durch die Fußgängerzone – ein Bild, das er aus Bochum kennt und das im beschaulichen Ostfriesland schon fast verblasst ist. Sie gelangen auf einen großen Marktplatz, umgeben von erhabenen Handelshäusern.

Wibke führt ihn auf den Wochenmarkt, auf dem es ganz anders riecht, als er es kennt – meterlange Fischstände gibt es hier, exotische Kräuter, indonesische Gemüsesorten, holländische Goudakarren, Tulpenhändler. »Das ist ja wie ein Kurzurlaub«, sagt Max. Wibke lacht. »Deshalb fahren die Ostfriesen so gern hierher. Und andersrum Niederländer nach Ostfriesland.« In einer Stunde ist man in einer ganz anderen Kultur, mit anderen Lebensmitteln, anderem Kleiderstil und einer anderen Sprache. »Na ja, mit Plattdeutsch kommt man hier aber auch klar.« Die Niederländer Friesen sprechen ähnlich wie die Ostfriesen. Genauso wie ihre deutschen Stammesbrüder werden

1 In Groningen leben über 50.000 Studenten – damit ist es die Stadt mit der jüngsten Bevölkerung in den Niederlanden.

auch sie vom Rest des Landes verspottet. »Du sprichst hier Plattdeutsch?« »Nein, ich spreche Englisch, das ist am höflichsten. Viele Holländer sprechen allerdings auch Hochdeutsch.« Max probiert es in einem Café gleich aus und bestellt auf Deutsch zwei Milchkaffee. Genüsslich lehnt er sich in seinem Bistrostuhl zurück und hält die Nase in die Sonne. »Das war eine gute Idee.« »Wie schön. Dann trink aus und lass uns bummeln! Ich muss mich doch für die viele Lernerei noch belohnen.«

Tapfer folgt Max ihr von Laden zu Laden. Als sie gerade wieder eine Jeans anprobiert, klingelt sein Handy. Auf dem Display erscheint Nordmanns Telefonnummer. Max stellt das Telefon leise, hört aber vorsichtshalber danach die Mailbox ab. »Moin, Tillmann. Hoffe, Sie genießen Ihr freies Wochenende. Ostern sind Sie nämlich wieder dran mit Dienst.«

Ostern ist erst in drei Wochen, Mitte April. Dass Nordmann ihm immer wieder mit seinen Anrufen die freien Wochenenden vermasseln muss. Max seufzt. Insgeheim hatte er gehofft, an Ostern mit Wibke nach Norderney fahren zu können. Da ist er in den ganzen acht Monaten seit seiner Ankunft in Aurich noch nicht gewesen. »Ist was passiert?« »Ach, Nordmann hat angerufen, dass ich an Ostern arbeiten muss.« »Schon wieder? Du warst doch Weihnachten erst dran. Sag mal, wie findest du denn diese Jeans?«

# Osterfeuer

Die Zeit vor Ostern verbringen Max und Wibke jede freie Minute im Garten. Max hat ein schlechtes Gewissen, weil sie viel mehr schuftet als er. »Mach dir keine Gedanken. Ich mag das.« Wenn er sie abends verschwitzt und mit Erde unter den Fingern in den Beeten sitzen sieht, muss er unweigerlich an ihre Mutter denken – und an seinen Traum von der kleinen Familie im Eigenheim.

Ein großer Haufen Zweige, Unkraut und totes Laub liegen auf dem Rasen. »Mootjelina« hatte angemahnt, dass die Beete bis Karfreitag geharkt zu sein hätten, die Pflanzen geschnitten und der Gartenabfall beseitigt. Also bis in zwei Tagen. »Wo sollen wir nur mit dem ganzen Zeug hin?«, jammert Max, als der Haufen immer höher wird. »Bring es doch zu einem Osterfeuer.« »Ich kann es doch nicht einfach irgendwo dazukippen.« »Ruf Jan an, der kann dir bestimmt helfen.« Jan! Den hat er in seinem Liebesglück schon ganz vergessen. Max greift zum Handy. Sein Freund freut sich, nach Ewigkeiten mal wieder etwas von ihm zu hören. Natürlich kann er helfen. »Bring es zu uns, Hemma und ich organisieren ein großes Osterfeuer an der Pension«, sagt er fröhlich. Max stopft alles in Säcke und verstaut sie mühselig in seinem Auto.

An dem alten Hof angekommen, sind die Vorbereitungen für das Osterfeuer nicht zu übersehen: Wie ein Scheiterhaufen türmen sich Gartenabfälle, altes Holz und wer weiß was auf einer Wiese bei der Pension. Hemma öffnet ihm die Tür. »Dass du noch lebst. Brauchst du wieder Hilfe?«, begrüßt sie ihn ironisch. Max läuft rot an, ganz unrecht hat sie ja nicht. Hemma geht mit ihm zur Wiese, von wo aus das Osterfeuer noch größer wirkt. »Sag mal, ist das genehmigt?«, fragt Max. Sie sieht ihn von der Seite an. »Natürlich, was glaubst du denn? Sonst gibt es riesigen Ärger.« Jan kommt hinzu und klopft seinem Freund auf die Schulter. Er ist in Eile, muss noch alles Mögliche für das Fest besorgen. »Wir haben uns überlegt, mit ein paar festen Veranstaltungen die Pension zu beleben«, sagt er. »Und ein bisschen Geld extra zu verdienen«, murrt Hemma, »viel wirft sie ja nicht ab.« »Wenn du Lust hast«, sagt Jan, »komm gern vorbei, dann können wir länger reden.« Max schüttelt den Kopf. »Ich könnte nur ganz kurz vorbeikommen, ich habe leider Dienst.« »Schon wieder?« Schon wieder, ja. Max kann es bald nicht mehr hören.

Max und Wibke starten ihre Osterfeuer-Tour bei Jan und Hemma, um sie mit einem Foto für die Zeitung zu überraschen. 50 Leute stehen um das Feuer herum, Jan brät Würstchen, Hemma schenkt Getränke aus, und die Kinder flitzen gefährlich nah an den Flammen vorbei.

»Das Feuer ist aber verdammt dicht am Garten, findest du nicht?«, sagt Max zu Wibke. Wibke winkt ab. »Das ist mit Sicherheit genehmigt«, sagt sie und erzählt, dass sie mit ihrer Clique schon oft genug ein ungenehmigtes Osterfeuer gefeiert hat, einfach weil es Spaß macht, im Frühjahr den Flammen zuzusehen und das erste Fest draußen zu feiern. »Wir Ostfriesen lieben das eben«, sagt sie. Jans Tochter kommt auf die beiden zu, schnappt sich Max und lässt sich wie ein kleines Model vor dem brennenden Gartenabfall fotografieren. »Kommt das in die Zeitung?«, fragt sie aufgeregt. Max lacht, vielleicht.

»Mein Gott, die ganze Region brennt ja«, sagt Max auf dem Weg zur nächsten Station. Nordmann will ein paar Berichte über Nachbarsfeste im Feuerschein haben. »Nun mach dich mal locker«, antwortet Wibke, »wir feiern das seit Urzeiten, da passiert nichts.« Sie steuern gerade den nächsten Scheiterhaufen an, als ein Feuerwehrauto nach dem anderen sie mit Blaulicht und Sirene überholt. Max schaltet einen Gang hoch und fährt hinterher, der Hauptstraße folgend, und dann ab in einen Feldweg, von wo schwarzer Qualm und der Geruch von verbranntem Gummi dringen. An einem Bauernhof stehen Hunderte alte Reifen in Flammen. Das Osterfeuer der Nachbarn hat auf eine Siloplane übergegriffen und die Reifen angesteckt, mit der im Sommer die Folien beschwert werden. Der Landwirt und seine Frau stehen fassungslos zwischen den Feuerwehrmännern, die mit ihren Löschfahrzeugen gegen die Flammen ankämpfen. Betreten machen sich Wibke und Max auf den Weg zurück. »Jedes Jahr liest man von übergreifenden Feuern. Wenn man es mal selbst sieht, ist es schon sehr erschütternd«, sagt Wibke nachdenklich.

Als Max am nächsten Nachmittag in die Redaktion kommt und seine Berichte abliefert, liest er von der Bilanz der Osterfeuer: Mehr als 120 Helfer aller freiwilligen Ortswehren waren bei über 50 Einsätzen allein im Landkreis Aurich in der Nacht unterwegs. Das wird die

Titelgeschichte. Meine Güte, ist denn gar nichts Schönes passiert? Da fällt Max der Termin zum *Eiertrullern* (siehe Glossar) und *Eierbiken* wieder ein, der noch auf ihn wartet. Wibke hatte ihn schon vorgewarnt – *Eierbiken*, Ostereier-Weitwurf, wird an diversen Orten als ostfriesische Tradition für Touristen verkauft, ist aber nach wie vor auch bei Einheimischen beliebt. »Wir sind früher immer zu den Eierbergen in den Auricher Wald gefahren und haben die Eier die Hügel runterkullern lassen«, hatte sie im Auto erzählt. Vorher gab es zu Hause schon einen Zweikampf, bei dem die Eier gegeneinandergeditscht wurden, um zu schauen, welches Ei intakt bleibt. Max hatte grinsen müssen und sich an die Stirn gefasst. »Ja, ich weiß, was du denkst«, hatte sie gesagt und aus dem Fenster gesehen. Mit einem Auswärtigen als Freund kamen ihr viele Kindheitserlebnisse nun auch etwas merkwürdig vor.

# Maibaum

Am Montagabend muss Wibke schon wieder nach Münster zurück. Zum 1. Mai will sie zurückkommen, das ist in zwei Wochen. »Ich verspreche dir, dass ich dann keinen Dienst habe«, sagt Max. Sie umarmt ihn. »Versprich nicht zu viel.« Dann steigt sie in den Zug.

Auf dem Rückweg fährt Max kurz bei Jan und Hemma vorbei. Er hat ein Hello-Kitty-Geschenk für die kleine Kea dabei und ein Borussen-Fanposter für Hannes – als Wiedergutmachung für seine lange Abwesenheit. Die ganze Familie sitzt unter der Markise auf der Terrasse und isst Ostereier. »Frohe Ostern noch«, sagt Max und überreicht den Kindern seine Geschenke. Jan drückt ihm ein Jever in die Hand, und Hemma holt einen Teller und Besteck für ihn. »Habt ihr das Osterfeuer gut überstanden?« Jan nickt. »Es waren bestimmt an die 400 Leute da über den ganzen Abend, das hat sich gelohnt. Nun planen wir gerade einen Maibaum. Die ganze Siedlung feiert mit. Das wird sicher sehr schön.«[1] »Wann macht ihr denn das alles?«, fragt Max. »Abends«, antworten Hemma und Jan gleichzeitig. »Nächste Woche geht es los mit Blumenmachen und Grünbinden, bist du dabei?« Max tut es leid, schon wieder Nein sagen zu müssen. »Da kann ich leider nicht.« »Schade«, sagt Hemma. »Aber du könntest uns vielleicht einen Gefallen tun. Der Maibaum muss die ganze Nacht über bewacht werden, damit er nicht geklaut wird. Wir brauchen noch jemanden, der den Dienst von zwei bis sechs Uhr morgens übernimmt. Du bist doch jung und, na ja, ungebunden. Könntest du das für uns machen?« Max rutscht unruhig hin und her. Er hat Wibke versprochen, keinen Dienst anzunehmen – da kann er sich jetzt schlecht eine freiwillige Maibaum-Wache aufhalsen. Aber er sieht an Hemmas Blick, dass er nicht noch einmal ablehnen kann. »Ja klar, kein Problem«, lügt er. »Wir kommen aber bestimmt auch schon vorher vorbei.«

Wibke trifft am 30. April spätnachmittags am Busbahnhof ein. Max hetzt nach einer Konferenz aus dem Büro und überrascht sie mit roten Rosen, schließlich muss er ihr noch beibringen, dass sie jetzt gleich bei Jan und Hemma zum Maibaum erwartet werden. »Die sind aber schön«, sagt sie. »Hoffentlich vertrocknen die nicht im Auto.« »Wieso?« »Na, wir müssen doch jetzt den Maibaum aufstellen.« »Welchen Maibaum?«, fragt Max und spürt, wie er nervös wird. »Den am Jugendzentrum, das hatte ich dir doch gesagt.« Max weiß von nichts, er weiß von Jan und Hemma und seinem Dienst, den er Wibke bislang verschwiegen hat. »Ich hatte eigentlich ...«, will er anfangen, da unterbricht sie ihn. »Wenn ich schon nicht

---

[1] Von der Dorfjugend bis hin zu Siedlungsgemeinschaften stellen die unterschiedlichsten Gruppen am 30. April in ganz Ostfriesland Maibäume auf. Oft ist es eine reich geschmückte Fichte, mit daranhängenden Kränzen und einem Birkenstrauch obenauf.

Blumen machen konnte, müssen wir den Baum wenigstens mit hochziehen.«

Widerwillig fährt Max mit ihr zum Schlachthof, dem Jugendzentrum. Laute Musik dröhnt ihnen entgegen, junge Leute bauen im Innenhof einen Grill auf, neben ihnen liegt ein geschmückter Fichtenstamm. Einige Frauen binden die letzten Papierblumen mit Draht an das Tannengrün. »Da habt ihr euch aber nicht sonderlich viel Mühe gegeben«, frotzelt Wibke. »Du hast ja auch gefehlt«, sagt ein Mann mit Wuschelhaaren. Klaas. Na, das wird ja ein lustiges Fest, denkt Max. Klaas umarmt Wibke innig, bis sie sich losmacht, und reicht Max danach lässig die Hand. »Gleich kommt der Traktor, dann wollen wir den Baum hochziehen«, sagt er. »Jetzt schon?« Max blickt an sich hinunter, er hat Lederschuhe und eine Anzughose an. Er wird sich zum Deppen machen, wenn er seine guten Sachen schonen will. Außerdem hat er Jan versprochen, ein Foto von dessen Maibaum zu machen, in einer halben Stunde. Aber Wibke allein lassen mit ihrem Ex kann er auf keinen Fall. Sie sieht, was in ihm vorgeht. »Der Traktor ist ja noch gar nicht da. Wir fahren jetzt schnell nach Hause und kommen gleich wieder.« Klaas guckt grimmig, und Max ist erleichtert. Irgendwie wird er das mit Jan schon hinbiegen.

Sie fahren zu Max, wo er sich schnell umzieht, kurz darauf stehen sie wieder am Auto. Max drückt Wibke den Schlüssel in die Hand. »Fahr schon mal vor, ich muss noch kurz bei Jan vorbei. Ich hab ihm versprochen, ein Foto von seinem Baum zu machen.« »Also doch wieder Dienst.« »Freundschaftsdienst. So wie bei dir auch.«

Bei Jan angekommen, hieven die Männer gerade den Baum hoch. Der Traktor zieht den Stamm, und die Männer halten ihn mit Stricken gerade. Ungeduldig wartet

Max, bis der Baum steht. Die Nachbarn applaudieren – er ist weit über die Dächer der Siedlung hinweg zu sehen, hat zwei Glocken links und rechts und ist reich geschmückt mit Blumen und Lichtern. »Dieses Jahr haben wir mit Abstand den schönsten Baum, da kommen selbst die Neudorfer[1] nicht gegen an«, sagt Hemma stolz. Die Bewohner des benachbarten Stadtteils sind ihre Rivalen, jedes Jahr wird um den schönsten Baum konkurriert, und bislang haben stets die anderen gewonnen. Max hat keinen Blick für das Prachtstück. Eilig postiert er die Nachbarschaft davor – »Sagt Ameisenscheiße« – und, zack, ist das Bild im Kasten. »Wo hast du Wibke denn gelassen?«, fragt Jan und drückt ihm ein Jever in die Hand. »Am Jugendzentrum«, antwortet Max, betont gelassen. »Schade, also dann düst du gleich los, was?« Max nickt schuldbewusst. »Aber denk an deinen Dienst um zwei. Wenn du nicht kommst, reiß ich dir den Kopf ab.« »Worauf du dich verlassen kannst.« Max gibt seinem Freund die Hand darauf und rast mit dem Rad zum Jugendzentrum.

Im Innenhof steht der Baum längst. Wibke sitzt am Lagerfeuer und redet mit einer Freundin. Max ist erleichtert. Die Sache mit Klaas sitzt tief. Doch keine Minute später kommt der Handballer, drückt Wibke ein Bier in die Hand und umfasst ihre Finger, blickt ihr tief in die Augen. Sie entzieht sich, bedankt sich lächelnd und wendet sich ihrer Freundin zu. So ein verdammt schlechter Verlierer, denkt Max. Er gesellt sich zu Wibke und versucht zu entspannen.

Trotz Klaas wird es ein unerwartet schöner Abend, Wibke genießt es sichtlich, mal wieder mit ihren Freunden zu plaudern, und auch Max kommt mit einigen Leuten ins Gespräch. Die Musik wird lauter, der Alkoholpe-

[1] Der Stadtteil ist erfunden.

gel steigt. Als er für einen Moment allein ist, setzt Max sich mit einem Bier ans Feuer, blickt noch mal auf seine Uhr – erst kurz nach eins, er hat noch Zeit genug. Er starrt in die Flammen, denkt einmal an gar nichts, lehnt sich an einen Stapel Bierkisten und macht es sich gemütlich. Dass irgendwann Wibke zu ihm kommt und sich anschmiegt, merkt er erst gar nicht. Er muss weggedämmert sein und sieht sie nun für einen Moment an, als wüsste er nicht, wo er sich befindet. »Es ist so eine schöne Nacht«, flüstert sie an seinem Hals. »Aber so langsam würde ich mich gern auf den Weg machen, es ist schon bald drei.« »Was?« Max ist schlagartig wieder hellwach. »Verdammt. Ich hab Jan versprochen, ab zwei Uhr auf den Maibaum aufzupassen. Ich bin eingeschlafen, oh Gott.« Nun ist auch Wibke alarmiert. »Du hast Dienst übernommen und sitzt noch hier? Das gibt Ärger.«

Sie bleibt am Jugendzentrum zurück, und Max rast zur Siedlung. Aus einem Zelt, das die Nachbarn schützend um den Maibaum gestellt haben, kommt leise Musik, aber es ist niemand mehr zu sehen. Vielleicht hat es keiner gemerkt, denkt Max. Vorsichtig betritt er das Zelt. Jan sitzt am Baum, halb eingenickt, das Handy in der rechten Hand. »Jan?«, sagt Max vorsichtig. Der Koch wacht auf. Als er Max sieht, steht er auf und geht auf ihn los. »*Satans de Düvel*[1], ich reiß dir den Kopf ab!«, brüllt er ihn an. So hat Max ihn noch nie erlebt. Geistesgegenwärtig weicht er aus, sodass Jan auf der anderen Seite auf einen Stuhl plumpst. »Hemma hat es gleich gesagt: Hilf dem nicht so viel, der dankt es dir eh nicht. Ein Auto habe ich dir besorgt, eine Wohnung, Freunde, sogar zur Hochzeit meines Cousins durftest du mit. Und wenn ich dich ein Mal um einen Gefallen bitte, da lässt du mich hängen, du Schwein.« »Jan, es tut mir ...« »Ach hör doch auf, gar

**1** Zum Teufel noch mal!

nichts tut dir leid. Ich hab dich x-mal angerufen, immer nur die Mailbox.« Jan blickt auf sein Handy, zehn Anrufe in Abwesenheit – und sein Telefon auf lautlos gestellt.

Jan redet sich in Rage, ausgenutzt fühle er sich, er habe ihm viel zu schnell die Freundschaft angeboten, das habe schon einen Grund, warum Ostfriesen so sparsam damit sind. »Als du uns brauchtest, waren wir gut genug. Jetzt, wo du deine arrogante studierte Freundin hast, da brauchst du uns natürlich nicht mehr.« »Wibke ist nicht arrogant, das weißt du genau.« »Ach, hör doch auf.« Jans Stimme überschlägt sich. Das reicht jetzt, denkt Max, alles hat seine Grenzen.

Sie merken nicht, wie sich zwei Männer von hinten ins Zelt schleichen und leise mit dem Spaten drei kleine Löcher um den Baum graben. Jan holt gerade noch einmal so richtig aus: »Eine dreckige Pottsau, das bist du!«, da hören sie triumphierendes Gröhlen. »Der gehört jetzt uns!« Für einen Moment ist es ganz still. Jan starrt mit offenem Mund zu den Männern. Während er sich mit Max fast geprügelt hat, sind Diebe gekommen, um den unbewachten Maibaum zu klauen.[1] Nicht irgendwelche, sondern die Rivalen aus Neudorf. Max versucht hektisch, den Männern einen Deal anzubieten, Geld, eine Geschichte in der Zeitung. Aber die Neudorfer feixen. Es sieht nicht so aus, als wollten sie sich den Triumph entgehen lassen. Jan zischt Max zu: »Das ist jetzt das Letzte, was ich noch brauche. Ich bin fertig mit dir, Tillmann.« Max hebt noch einmal die Arme, aber er merkt, dass es zwecklos ist – er

---

[1] Der Maibaum muss bis zum Sonnenaufgang am 1. Mai bewacht werden, also mit mindestens einer Hand festgehalten. Sonst können andere ihn klauen, indem sie drei Spatenstiche neben dem Baum ausheben (drei Spitt). Den Maibaum stehlen darf nur, wer selbst einen aufgestellt hat. Schaffen die Bestohlenen es nicht, ihren Baum zurückzustehlen, müssen sie ihn am Monatsende freikaufen. Das bedeutet meist, ein Fest für die Rückholaktion zu organisieren. Eine ziemlich peinliche Angelegenheit.

hat hier nichts mehr zu suchen. Der schönste Maibaum in ganz Aurich geht wieder nach Neudorf – und wird dann neben dem zweitschönsten stehen. Jan ist gründlich blamiert. Eine Katastrophe.

Max fährt zum Jugendzentrum zurück, wo er von Klaas erfährt, dass Wibke schon weg ist. »So eine Braut hier allein zu lassen, da musst du dir aber sehr sicher sein«, lallt der Handballer. Max merkt, wie der Frust der letzten Stunde in ihm hochschießt. »Du glaubst doch nicht im Ernst«, schreit er, »dass eine Frau wie Wibke jemals zu dir Hohlbratze zurückkommt!« Was Jan nicht gelungen ist, holt Klaas jetzt nach. Der Faustschlag sitzt. Max krümmt sich und sieht noch, wie Klaas mit dem Fuß ausholt. Der Tritt bleibt aus – Wibke, die keinesfalls zu Hause ist, drängt ihren Exfreund zur Seite und ohrfeigt ihn. Klaas jammert: »Wibke, er hat angefangen.« »Hau ab«, zischt sie ihn an und beugt sich zu Max. »Was machst du hier? Ich dachte, du wärst bei Jan.« »War ich auch«, murmelt Max. Seine Wange ist geschwollen, mit Pech ein Zahn angebrochen. »Und?« »Er war so sauer auf mich, dass er mich ununterbrochen beschimpft hat. Während wir stritten, haben Neudorfer den Maibaum geklaut.« »Oh Gott«, sagt Wibke. »Das war es dann wohl mit eurer Freundschaft.« Max richtet sich auf. »Ja. Für mich aber auch. Er hat es echt übertrieben.« Sie hilft ihm auf die Beine, mal wieder, und dann radeln sie schweigend nach Hause. »Hättest du doch bloß eher was gesagt, dann hätte das gar nicht passieren müssen.« »Wollte ich ja, aber dann sah ich Klaas ...« »... und dann wolltest du mich nicht allein lassen. Ach Max.«

# *Ik bün all dor*[1]

Das Veilchen, das Wibkes Exfreund Max verpasst hat, nimmt erst unterschiedliche Schattierungen an und verblasst dann langsam. Der Bruch mit Jan aber gärt in ihm weiter. Mal ist er wütend auf sich selbst, dass er seinen Freund so hat sitzen lassen. Mal findet er Jans Reaktion lächerlich.

Seit der »Ossiloop« (siehe Glossar) begonnen hat, bleibt ihm allerdings wenig Zeit zum Grübeln. Fast täglich berichtet er über den Volkslauf, der in sechs Etappen von »Leer an't Meer« führt. In dieser Zeit befindet sich Ostfriesland im Lauffieber, jeder kennt mindestens einen, der mitläuft. Viele Firmen stellen Mannschaften auf und sponsern die Veranstaltung mit frischem Obst, Tee und Geld. Der Kampf um die vordersten Plätze ist eigentlich Nebensache.

Max tippt gerade die sportliche Analyse des letzten Laufs, als sein Chef hinter ihm steht. »Tillmann, gute Arbeit, aber etwas fehlt. Ich möchte, dass Sie die letz-

1 »Ich bin schon da« (wie der Igel zum Hasen im Märchen sagte).

te Etappe selbst mitlaufen.« »Bitte was?« Max hat seit zehn Monaten keinen Sport getrieben, davor ist er ab und zu mal fünf Kilometer gelaufen. Maximum. Sein Chef aber spricht über eine etwa elf Kilometer lange Strecke von Dunum nach Bensersiel – die in drei Tagen stattfindet. »Aber wer soll dann vor Ort berichten?« »Da schicke ich Gronewold hin. Sie schaffen das schon, Tillmann.«

An den zwei Abenden, die ihm noch bleiben, läuft er von der Haustür aus los bis zum nächsten Feld, um dort mit Seitenstechen stehen zu bleiben. Er ist noch weniger fit als befürchtet. Ihm graust vor dem Lauf.

Am Tag des Rennens holt ihn ein Kollege mit dem Wagen ab. Auf der Rückbank sitzt ein strahlender Thilko, der mit der Kamera wedelt. »Moin«, sagt er, »wollen mal feine Bilder machen, was?« Sein Grinsen hält an, bis sie in Dunum[1] ankommen, einem Urlaubsdorf mit 1.500 Einwohnern, kurz vor der Stadt Esens (siehe Glossar). »Bist du fit, Max?«, fragt der Kollege, der die Vor-Ort-Berichterstattung machen wird. »Machst du Witze? Ich bin froh, wenn ich vor dem Besenfahrrad ins Ziel komme«, sagt Max. »Ich seh dich schon auf dem Titelbild«, feixt Thilko von hinten. In Ogenbargen verlassen sie die Bundesstraße Richtung Küste. Etwas versteckt im Feld liegt der Ostfrieslandwanderweg, der hier kilometerlang durch die Wallhecken führt, links und rechts davon Wiesen, Mais- und Rapsfelder. Heute ist er Teil der Rennstrecke.

---

**1** Dunum ist einer der ältesten Geestorte (siehe Glossar) Ostfrieslands. Hier soll auch der Friesenkönig Radbod begraben liegen, der Ende des 7. Jahrhunderts das damals vollständig unabhängige »Großfriesische Reich« regierte. Der sagenumwobene Radbodsberg ist ein beliebtes Ausflugsziel – denn er ist der größte urgeschichtliche Hügel Ostfrieslands. Außer Sagen hat Dunum auch eine wunderschöne Wallheckenlandschaft und eine Backsteinkirche aus dem 13. Jahrhundert zu bieten.

Der Startpunkt ist nicht zu verfehlen: Bereits Hunderte Meter davor parken Busse und Autos links und rechts der Straße. Mehr als 2.000 Menschen tummeln sich auf dem Gelände am Ostfrieslandwanderweg, die meisten davon in kurzen Hosen, Turnschuhen und mit zerknitterten Startnummern vorm Bauch: Fast alle laufen seit der ersten Etappe mit. Organisatoren eilen hin und her, aus dem Lautsprecher dröhnen Durchsagen, im Startbereich ist die Laufbahn mit Flatterband begrenzt. Marathonstimmung, wie bei den vergangenen fünf Etappen auch.

»Viel Glück, Max«, wünscht ihm sein Kollege und macht sich an die Arbeit. Thilko klopft Max tröstend auf die Schulter und folgt Gronewold nach. Max schlägt sich in die Büsche. Allerdings ist er nicht der Einzige, der sich vor dem Start noch mal erleichtern muss: Im Augenwinkel sieht er, wie ein wuschelköpfiger Sportler aus dem Gestrüpp kommt. Klaas! Dass der auch überall sein muss, denkt Max und duckt sich. Wibkes Ex hat ihn nicht gesehen.

Dann fällt der Startschuss. Max ist noch nicht dran – die Läufer starten in Gruppen nacheinander, damit es nicht zu eng wird auf dem schmalen Wanderweg. Er wird als einer der Letzten loslaufen. Als es so weit ist und Thilko die ersten Bilder geschossen hat – »Lach doch mal, Mensch« –, hat Max sich schon halbwegs mit dem Lauf angefreundet. Die ersten Kilometer fallen ihm wider Erwarten leicht. An den kleinen Straßen, die den Ostfrieslandwanderweg kreuzen, stehen Fans und bejubeln die Läufer. Dann lichten sich die Bäume, das Feld läuft durch Esens und Richtung Benser Tief.

Nun wird es mühsam. Er hat Seitenstechen, die Muskeln übersäuern langsam, und das große Feld hat ihn bereits überholt. Noch knapp vier Kilometer. Vier Kilometer. Wie soll er das schaffen? Er schleppt sich den Deich hoch.

Nur noch geradeaus nach Bensersiel[1]. Eine leichte Brise weht ihm entgegen, er sieht die Häuser hinter dem Deich, in der Ferne drehen sich Windräder. Unwillkürlich muss Max an seine ersten Tage in Ostfriesland denken. Daran, wie Jan von einer Windmühle geschwärmt hat. Seine Schritte werden schwerer. »*Wieder, wieder, wieder, holl dör!*«[2], feuern die Zuschauer ihn und die anderen an. Da ist schon wieder Thilko mit seiner Kamera. Verflucht. Max reißt sich zusammen, nimmt den Kopf nach unten und hängt sich an einen anderen Läufer. Einatmen, ausatmen, immer weiter. Er wiederholt stur sein Mantra und trottet seinem Vordermann hinterher. Nun geht es die Böschung hinunter. Bald schon ist Endspurt! Bald. Nur noch diese Straße. Nur noch durch die Hafeneinfahrt. Jetzt kann er das Zielschild schon sehen.

Geschafft! Er kann es kaum fassen. Erschöpft japst Max nach Luft, nimmt die Arme hoch, lockert die Beinmuskeln. »Hau ab, Thilko«, keucht er, aber er grinst dabei, und der Fotograf hebt den Daumen. Max geht weiter, raus aus der Masse, Richtung Wasserkante. Immer noch kommen Leute ins Ziel, aber das interessiert ihn nicht. Aus den Lautsprechern donnert es in regelmäßigen Abständen: »Joke ist Sieger! Er hat es wieder geschafft!« Der Kreisläufer vom SVA Aurich, der nun schon zum dritten Mal in Folge den Ossiloop gewonnen hat.

Max muss innerlich seinem Chef danken – er nimmt sich fest vor, das Laufen nicht mehr so schleifen zu lassen.

---

**1** Bensersiel, die »Insel auf dem Festland«, ist ein klassischer Urlaubsort, der insbesondere Familien anzieht. Hier gibt es tolle überdachte Spielplätze am Strand. Alle Sielorte haben sich in den vergangenen Jahren gewandelt, um sich mit einem verbesserten Angebot gegen die touristische Konkurrenz zu behaupten. Das Problem der ostfriesischen Küstenorte ist, dass sie zwar idyllisch sind, aber wegen der Gezeiten keine sonderlich schönen Sandstrände haben. Da hilft nur, bei Ebbe das Wattenmeer als Weltnaturerbe anzupreisen.

**2** Weiter, weiter, weiter, halt durch!

Er mochte den Ossiloop ja schon als Reporter, aber als Teilnehmer ist es noch mal was ganz anderes. Es ist egal, ob man nun Gelegenheitsläufer ist wie er oder Spitzensportler – sie alle sind diese Strecke zusammen gelaufen, das zählt.

Er geht in Gedanken seinen Erlebnisbericht durch, als er mit einem Kind zusammenstößt. Seine Muskeln schmerzen so sehr, dass die kleinste Berührung wehtut. Verärgert blickt er nach unten und sieht Kea vor sich stehen, das Gesicht tränenverschmiert, die Haare aus den Zöpfen gerauft. All seine Wut auf Jan und auf sich selbst ist vergessen beim Anblick der Kleinen. »Kea, wo sind deine Eltern?«, sagt er und kniet sich vor sie hin. »Ich weiß es nicht«, weint sie. »Ich bin mit Papa hergekommen. Und dann hab ich mich verlaufen.«

Sie schluchzt laut auf und klammert sich an Max. »Beruhige dich, wir finden ihn schon wieder. Wo hast du ihn denn zuletzt gesehen?« Kea zuckt mit den Schultern. Eigentlich sind sie nur nach Benzersiel gefahren, weil sie so gern ihren Handballstar durchs Ziel laufen sehen wollte. »Aber ich habe nur den Klaas gesehen, der war auch ziemlich schnell«, erzählt sie. Max verdreht innerlich die Augen. »Papa hat Leute getroffen und mit denen geredet. Das war langweilig. Da wollte ich zu dem schönen Kinderspielplatz am Strand. Und dann habe ich mich verlaufen«, sagt sie, und die Tränen schießen ihr wieder in die Augen. »Ich bring dich zu ihm, versprochen«, sagt Max. Er nimmt sie an die Hand und geht mit ihr Richtung Hafeneinfahrt zum Redaktionsauto. Kea beruhigt sich langsam. Jetzt, wo sie in Sicherheit ist, findet sie es gar nicht so schlecht, verloren gegangen zu sein. Das muss sie gleich morgen in der Schule erzählen.

Während sie am Redaktionsauto auf Max' Kollegen warten, knattert aus den Lautsprechern undeutliches Zeug. Wahrscheinlich die Siegerehrung für Joke, denkt Max.

»Hey, hör mal, die rufen meinen Namen durch«, sagt Kea aufgeregt. »Na, dann mal los mit uns beiden.« Max bahnt ihnen den Weg zurück zur Tribüne am Strandportal, wo die Sieger bereitstehen. Auch Klaas ist da oben, er ist Dritter geworden und erkennt Max sofort. Ein lässiges Grinsen läuft über sein Gesicht. Max muss zugeben, dass er wie ein Sieger aussieht. Durchtrainiert und kaum verschwitzt. Nicht so ein bleicher, erschöpfter Büromensch in zu kurzen Hosen wie er selbst. Neben den Lautsprechern wartet ein verängstigter Jan. Er blickt suchend um sich. Max versucht, Kea vorzuschubsen. »Lauf schnell, da ist Papa!« »Nein, ich lass dich nicht mehr los, bis ich bei Papa bin.« Max fühlt Panik in sich aufsteigen. Zu spät. »Papa!«, ruft Kea und zieht Max rennend hinter sich her. »Kea!«, schreit Jan und läuft auf sie zu. Er nimmt sie in die Arme und wendet sich dankbar an ihren Retter. Als er Max erkennt, gefrieren seine Gesichtszüge. »Du? Was machst du denn hier?« »Papa, Max hat mich gerettet! Er hat mich gefunden und gesagt, dass er dich findet.« »Na denn, danke«, sagt Jan und dreht sich mit Kea auf dem Arm weg. Mit hängenden Schultern bleibt Max stehen. »Es tut mir leid, Jan«, sagt er zu Jans Hinterkopf. »Ich weiß, ich kann die Sache mit dem Maibaum nicht wieder rückgängig machen. Aber wenn ich sie jemals wieder gutmachen kann, sag mir Bescheid.«

Nachdem er geduscht und seinen Laufbericht in den Laptop gehackt hat, macht Max es sich mit einer Tüte Chips vor dem Fernseher bequem. Da klingelt es an der Tür. Es ist Jan. Mit zwei Flaschen Jever in der Hand. »Kann ich reinkommen?« »Klar.« Wortlos setzen sie sich vor den Fernseher. »Entschuldigung«, kommt es von beiden gleichzeitig, wie aus einem Mund. Sie sehen sich an und lachen. Und dann tun sie, was sie viel zu lange nicht mehr miteinander getan haben. Sie trinken ihr Bier und schweigen.

# Vorwärts mit allem, was kein Auto ist: Wandern, Radfahren, Reiten, Paddeln – und Pilgern!

Ostfriesland ist durch und durch ein Land für Bewegungsfreudige. Also sollte man das Auto so oft wie möglich stehen lassen und sich auf seine eigenen Kräfte verlassen. Hier ein paar Anregungen:

## Wandern

Für Wanderer hat die Region eine Menge zu bieten. Abgesehen vom Wattwandern an der Küste gibt es im Binnenland zahlreiche gut ausgeschilderte Wanderwege und darüber hinaus den Ostfrieslandwanderweg, auf dem alljährlich der Ossiloop (sechs Tage, sechs Etappen, immer im Mai) stattfindet. Der Ostfrieslandwanderweg ist Teil des Europäischen Fernwanderwegs E 9 und folgt größtenteils der Bahntrasse der früheren Kleinbahnlinie »Jan Klein« (in Betrieb von 1898–1969), führt also von Leer über Aurich nach Bensersiel. Was den Ostfrieslandwanderweg so reizvoll macht, ist, dass man auf ihm alle ostfriesischen Landschaften durchwandern kann: vom Emsmarschland über die Hochmoore, die Geest mit Wäldern und Wallhecken bis zum Küstenmarschland.

Grün-weiße Schilder kennzeichnen diesen 69 Kilometer langen Weg. Infos unter www.ostfriesland.de/mein-ostfriesland/sport.html

## Radfahren

Das Radwegenetz in Ostfriesland ist insgesamt mehr als 3.500 Kilometer lang, sehr gut ausgeschildert und lässt wirklich keine Wünsche offen. Radfahren ist einfach *die* Fortbewegungsart in der Region. Profis können sich Mehrtagestouren vornehmen, eher gemütlich Orientierte widmen sich kleinen Tagesetappen. So kann man auf der Tour »Rad up Pad« an der Küste entlangradeln und übers Binnenland zurückkehren, auf der »Internationalen Dollart Route« hinüber in die Niederlande fahren, oder man lässt auf der »Deutschen Fehnroute« die Küste links liegen und radelt durchs Fehngebiet zwischen Wiesmoor und Papenburg.

Die ostfriesische Halbinsel lässt sich aber auch mit den vier Mottotouren der Ostfrieslandtouristik erschließen: Sie heißen »Wasser und Weite«, »Gärten und Schlösser«, »Alte und neue Häfen«. Auf der Mottotour »Seeräuber und Häuptlinge« kommt man mit der bewegten ostfriesischen Geschichte in Kontakt.

Wer einmal Lust hat, einem Fluss von der Quelle bis zu seiner Mündung ins Meer zu folgen, hat auf dem Ems-Radweg dazu Gelegenheit: 375 Kilometer lang, führt die Strecke vom Teutoburger Wald durch ganz Ostfriesland bis zur Nordsee, und zwar ausnahmslos durch flaches Land.

Infos unter www.ostfriesland.de/mein-ostfriesland/
radfahren.html
www.emsradweg.de

### Reiten

In Ostfriesland ist gut reiten, sowohl an der Küste als auch im Binnenland. Das Reitrundwegenetz wird ständig verbessert mit dem Ziel, einmal alle ostfriesischen Regionen miteinander zu verbinden. An vielen Reitrundwegen befinden sich »Bett und Box«-Höfe, wo man eine Pause einlegen und sein Pferd versorgen kann oder auch gleich übernachtet. In Westoverledingen, 2010 von der Deutschen Reiterlichen Vereinigung zur »Pferdefreundlichen Gemeinde« gewählt, gibt es gleich drei Rundkurse für Ausritte in die Natur. Auch Großefehn bietet Pferdesportvergnügen mit seinem umfassenden Reitwegenetz und dem Reitsport-Touristik-Centrum. In Wiesmoor wird ein Zwei-Tages-Ritt geboten: Dort startet ein 70 Kilometer langer Rundweg mit vier »Bett und Box«-Höfen. Die Strecke geht durch das Fehngebiet an vielen Kanälen entlang.

Ende Oktober findet in Horumersiel-Schillig eine Wattjagd statt, die natürlich keine Jagd ist, sondern ein wunderschöner Ausritt ins Watt bis zur Insel Minsener Oog (wird ausgerichtet vom Reit- und Fahrverein Hooksiel).

Infos unter www.ostfriesland.de/mein-ostfriesland/reiten.html
Wattjagd: www.ruf-hooksiel.de

Eine schöne neue Anlage bietet das Reitsport-Touristik-Centrum in Timmel (Reitunterricht, Lehrgänge, Pferdeunterbringung, Veranstaltungen): www.rtc-grossefehn.de

## Paddeln

Aus Ostfriesland nicht mehr wegzudenken ist die Initiative »Paddel und Pedal«, eine Kombination aus Kanufahren auf den Wasserwegen im Binnenland und Radfahren auf dem Radwegenetz. Die Idee dabei ist, dass man zum Beispiel eine Tour per Rad beginnt, dann je nach Lust und Laune auf ein Kanu umsteigt, eine weitere Strecke bewältigt, sich wieder aufs Rad setzt und so fort. Es gibt 21 Stationen, bei denen Fahrräder oder Kanus gemietet werden können nach dem Motto »Hier starten, dort abgeben«. Wenn man Mehrtagesausflüge unternehmen will, hat man auch die Möglichkeit, sein Gepäck transportieren zu lassen bis zu einer der Unterkünfte, die an der Strecke liegen. Das können, je nach Gusto, Ferienwohnungen, Hotels, Pensionen und sogar Trekkinghütten sein, in denen man seinen Schlafsack ausrollt. Wer will da noch am Strand liegen?

Infos unter www.paddel-und-pedal.de

### Pilgern in Ostfriesland

Dass man wandern kann in Ostfriesland, weiß man ja. Aber pilgern? Auch das. Es gibt einen rund 40 Kilometer langen Pilgerweg, ausgehend von der Klosterstätte Ihlow nach Norden. Er endet an der Ludgeri-Kirche, dem mit 80 Metern Länge größten erhaltenen mittelalterlichen Sakralbau in Ostfriesland, in dessen Inneren auch eine Orgel von Arp Schnitger besichtigt werden kann.

Der Pilgerweg »Schola Deï« selbst orientiert sich in seinem Verlauf an einer mittelalterlichen Wallfahrtsstrecke. An 16 Stationen wird Halt gemacht: Darunter sind Kirchen, aber auch eine Brücke und die Gedenkstätte am ehemaligen Konzentrationslager Engerhafe. Die Wanderer werden von ausgebildeten Pilgerführerinnen und -führern begleitet. Wer einmal mitpilgern möchte (in Zwei- oder Drei-Tages-Touren, es gibt aber auch Nachtpilgern!), wendet sich an die Tourist-Info in Ihlow, Tel.: 04929 / 89 100, oder informiert sich auf der Homepage des Klosters Ihlow: www.kloster-ihlow.de (mit einer eigenen Rubrik zum Pilgerweg).

# Norderney ist mein Hawaii

## Die Ostfriesen und ihre Inseln

M ax steht am Bahnhof in Leer, diesmal ohne rote Rosen, denn er wartet nicht auf Wibke, sondern auf
Ronnie. Nach fast einem Jahr besucht ihn endlich einmal
sein bester Freund. Ein junger Mann mit blondierten Haaren und Baseballmütze steigt aus dem Zug. »Ey Alter, wo
biste denn *hier* gelandet?«, begrüßt ihn Ronnie und klatscht
ihm auf die Schulter. Sie nehmen sich kurz und kumpelhaft
in den Arm. Ronnie sieht aus wie früher. Zu Max sagt er:
»Alter, haste bisschen zugelegt?« Max murmelt etwas von
»Muss mal wieder anfangen mit Joggen«. Ronnie ist drah-
tig, ein Hobbyfußballer mit einem nervösen Temperament.
Im Auto erzählt er ununterbrochen von seiner Zugfahrt,
den seltsam sprechenden Menschen im Waggon, der to-
talen landschaftlichen Ödnis. »Land, Kühe, Dorf, Land,
Kühe. Mann, is datt langweilig. Wie hältste datt bloß aus?«

**Milchland Ostfriesland**, das ist nicht nur eine Wer-
bebotschaft, sondern Tatsache: Ostfriesland ist neben

dem Allgäu eine der milchreichsten Regionen in ganz Europa. Tausende Familien leben hier von der Landwirtschaft. Viele Höfe bieten auch »Ferien auf dem Bauernhof« an, die insbesondere bei Familien beliebt sind. Absolut lohnenswert ist in jedem Fall der Besuch eines **Melkhuskes**, eines »Milchhäuschens«: Seit zehn Jahren verkaufen Landfrauen Erfrischungen aus Milchprodukten an Radfahrer (und andere Gäste). Sie helfen auch mit Tipps aus der Region.

Als sie vor Max' Wohnung ankommen, verschlägt es Ronnie für einen Moment die Sprache. Das Haus von Witwe Onneken macht Eindruck. »Hier wohnst du?«, fragt er. »Datt is ja größer als datt Vierfamilienhaus, in dem meine Eltern seit 30 Jahren leben.« »Komm, wir setzen uns in den Garten«, sagt Max. Die Stauden in den Rabatten blühen dank Wibkes Pflege in diesem Jahr besonders schön. »Mootjelina« hat Wibke praktisch schon adoptiert, so glücklich ist sie über die Freundin ihres Untermieters. Ronnie pfeift anerkennend. »Nicht schlecht. Nobel, nobel.« Max geht ins Haus und kommt mit zwei Flaschen Jever zurück. Ronnie setzt sein Bier an und abrupt wieder ab. »Watt is denn datt für 'ne Brause? Haste kein Stauder[1] im Haus?« »Wir sind hier in Ostfriesland«, sagt Max streng, »da trinkt man Jever.« Ronnie schüttelt sich, das herbe Bier schmeckt ihm gar nicht.

Sie setzen sich auf die Gartenbank in die Sonne. Max freut sich, dass Ronnie da ist. Der rutscht nach ein paar Minuten unruhig hin und her. »Man hört hier ja gar nichts. Datt is richtig unheimlich«, sagt er und blickt sich um, als fühle er sich verfolgt. Er redet gegen die Stille an, indem er

1 Stauder ist ein Bier aus einer Essener Privatbrauerei.

alles Mögliche aus der alten Heimat erzählt. Wer mit wem zusammen ist, wer die Uni geschmissen oder beendet hat und wo es die Freunde ihrer alten Clique so hinzieht. Max hört zu, als ginge es ihn nichts an. Mittlerweile scheint ihm sein altes Leben weit weg zu sein. »Und, was hast du so alles erlebt?«, fragt ihn sein Freund. Max überlegt. Früher hätte er gelästert. Aber seit Wibke verlieren seine Geschichten an Boshaftigkeit. *Schöfeln*, Groningen, Osterfeuer. Das ist nichts für Ronnie. Max erzählt vom Maibaum, und sein Freund staunt. »Holla, datt klingt ja spannend. Schade, dass ich nich dabei war.« »Dich hätte Jan wahrscheinlich umgebracht mit deiner lauten Klappe.« Sie lachen.

»Deine Vermieterin scheint ja noch ganz fit zu sein, wenn die datt alles so in Schuss hält.« »Von wegen, um den Garten kümmere ich mich.« Ronnie lacht, dass ihm das Bier aus dem Mund spritzt. »Du?« »Wibke und ich.« Ein schräger Blick von Ronnie. »Du hast angefangen zu gärtnern? Is bei dir alles okay?« Max fühlt Ärger in sich aufsteigen. Der große Ronnie aus der großen Stadt – was soll schlecht sein an Jever Pilsener, an einer Wohnung auf einem 1.000 Quadratmeter großen Grundstück und an Gartenarbeit mit seiner Freundin? »Alles okay. Ich fühl mich wohl hier«, sagt er säuerlich.

Am Freitag muss Max noch arbeiten. Abends wollen sie zusammen nach Norderney und dort das Wochenende verbringen. Obwohl sie pünktlich loskommen, wird es hektisch. Über eine Stunde brauchen sie von Aurich nach Norddeich. Auf der Fahrt lästert Ronnie weiter. »Gibt's hier denn nur Bauernhöfe? Watt sind datt denn für komische Büsche, sieht ja alles aus wie bei dir im Garten.[1] Ey,

---

1 Ronnie meint die Rhododendren, für die Gartenliebhaber im Frühsommer eigens ins Ammerland und nach Ostfriesland anreisen (siehe 10 Dinge, die man getan haben muss).

McDonald's gibt's hier auch, datt hätt ich ja nich gedacht.« Max ist es vor zehn Monaten genauso gegangen, er hat es nur schon vergessen. Die alte Geschichte mit den Gleisen kommt auch noch mal auf den Tisch – »Alter, wie geht datt? 'Ne Stadt ohne Bahnhof?« Je weiter sie Richtung Küste kommen, desto weniger ostfriesische Kennzeichen sehen sie. »Samma, der halbe Pott is ja hier«, sagt Ronnie.

In Norddeich angekommen, finden sie keinen Stellplatz für ihr Auto. Max blickt auf die Uhr, schon 20 nach sechs. In zehn Minuten legt das letzte Schiff ab. »Komm, lass uns den Wagen mitnehmen«, sagt Ronnie, »wir teilen uns datt Geld.«[1] Er freut sich, endlich auf die Insel zu fahren. Auch er war als Kind mit seinen Eltern oft auf Norderney. Doch am Fähranleger ist die Lage kaum besser – in drei Reihen warten die Autos auf das Schiff. Max fährt an das Kassenhäuschen heran, das aussieht wie eine Mautstation an der Autobahn. »Moin«, sagt er zum Fahrkartenverkäufer, »meinen Sie, wir kommen heute Abend noch mit?« »Vielleicht, vielleicht nicht.« »Watt is denn datt für 'ne Antwort?«, raunzt Ronnie und lehnt sich vom Beifahrersitz halb über Max. Der stößt ihm den Ellbogen in die Rippen – wenn sie jetzt hier zurückpoltern, werden sie am Ende gar nicht mehr mitgenommen. Ohne ein weiteres Wort gibt Max dem Kassierer das Geld und reiht sich in die Schlange ein.

Sie steigen aus und strecken sich. »Mensch, Max, is datt lang her«, sagt Ronnie. Dann blickt er sich um, mit dem Terminal von früher hat das hier keine Ähnlichkeit mehr. Auch eine neue Umgehungsstraße gibt es. An der Waterkant scheint sich eine Menge getan zu haben. Vor dem Café am Fähranleger tummeln sich Hunderte junge Leute zwischen 16 und 30. »Watt geht denn hier ab?«, fragt Ronnie begeis-

[1] Nach Norderney und Borkum kann man das Auto mitnehmen – die anderen Inseln sind autofrei.

tert. »Das White Sands Festival«, sagt Max, aber viel mehr weiß er darüber auch nicht. Nordmann hatte mal wieder genörgelt: »Nach Norderney wollen Sie? Da ist es an Pfingsten fürchterlich, nur junge Leute und laute Musik.« Um sieben fahren sie mit etlichen anderen Autos auf eine Sonderfähre. »War das früher eigentlich auch so voll?«, fragt Max, an Ronnie gewandt. »Das ist ja irre, was hier inzwischen los ist.«

Auf der Fähre gehen sie hoch auf das oberste Deck. Sie finden Platz neben ein paar jungen Männern und Frauen, allesamt in Partylaune. Ein alter Seebär setzt sich dazu, als das Schiff ablegt, und wischt sich den Schweiß von der Stirn. »He«[1], sagt er laut in die Runde, »gerade noch mitgekommen nach Juist. Das hätte ja Ärger gegeben, wenn ich das letzte Schiff verpasst hätte.« Eine junge Frau, die eben noch laut gelacht hat, sieht den alten Mann entsetzt an. »Diese Fähre geht nach Juist?« »Jo, was dachten Sie denn?«, antwortet er und kramt in seiner Tasche. »Nach Norderney«, sagt die Frau in wachsender Panik. »Nee, nach Norderney fährt da drüben ab.« Der Seebär zeigt auf das alte Terminal. Auch Ronnie wird unruhig. »He, Max, wir sind auf dem falschen Schiff.« »Bleib locker, Mann, das war ein Witz.«[2] Ronnie sieht Max an. »Wie bitte?« »Er hat uns betuppt«, sagt Max. »Er wollte mal sehen, ob wir ihm auf den Leim gehen.« Die junge Frau hört mit. »Im Ernst?«, fragt sie hoffnungsvoll. Max nickt. »Nach Juist kann man das Auto doch gar nicht mitnehmen«, sagt er und fängt sich einen finsteren Blick von dem Seebären ein – er hat ihm den Spaß versaut. »Alter, wie sin' Sie denn drauf?«, fragt Ronnie und nutzt gleich darauf die Chance, mit der jungen Frau ins Gespräch zu kommen.

1 »He« ist der Gruß der Norderneyer. Wenn Sie Autos mit dem Kennzeichen »AUR-HE« oder »AUR-NY« (für N'ney) sehen, sind das meist Norderneyer oder Norderney-Fans.
2 In Norddeich fahren die Schiffe nach Juist und Norddeich ab. Eigentlich kann es nicht zu Verwechslungen kommen, aber Einheimische erlauben sich diesen Witz immer mal wieder.

Es ist wie früher, wenn sie zusammen unterwegs waren. Ronnie spielt den Türöffner, und Max tappt hinterher. Nach zehn Minuten wissen sie alles über das Festival: drei Tage Party am Strand, Zehntausende Jugendliche, Surfer, Beachvolleyballer – gut aussehend und gut drauf. »Is da nich auch ein Turnier?«, fragt Ronnie. »Ach ja, stimmt, da ist auch irgendwas, ich weiß es aber nicht genau«, sagt die junge Frau.[1]

Am Hafen auf Norderney hat sich indes seit ihrer Kindheit gar nichts verändert. Max und Ronnie fahren Richtung Meierei und Industriegebiet zum improvisierten Campingplatz, wo sich Zelt an Zelt reiht, Musik dröhnt und Jugendliche tanzen. »Hey, hier geht ja watt ab«, sagt Ronnie. Er ist begeisterter Festivalgänger und fühlt sich hier genau richtig. »Wollen wir nicht erst mal in Ruhe irgendwo was essen?«, fragt Max und ertappt sich dabei, schon wie sein Chef zu klingen. »Quatsch, wir haben ewig nich zusammen gefeiert. Komm schon, datt rockt hier.« Während Max das Zelt aufbaut, zieht Ronnie los und besorgt Freikarten für die Eröffnungsparty.

Sie wird großartig. Lange hat Max nicht so ausgelassen gefeiert, mit so guter Musik und so vielen Menschen. An schlafen im Zelt ist gar nicht zu denken. Ronnie schnarcht, die Luft ist geschwängert von Ausdünstungen jeglicher Art. Als Ronnie endlich aufwacht, machen sie sich auf die erfolglose Suche nach einer Dusche. »Lass uns im Meer baden, wie früher«, sagt Ronnie. »Weißt du, wie kalt das ist?«, jammert Max. »Mein Gott, Alter«, sagt Ronnie und grinst, »du bis' echt spießig geworden. Wird Zeit, dasse wieder nach Hause komms.«

Am Nordstrand sehen sie bereits die Surfer hin- und herflitzen. »Siehste, die sind stundenlang da draußen«,

[1] Es werden die höchste deutsche Regattaserie und Beachvolleyball-Ranglistenturnierserie ausgetragen. Infos unter www.whitesandsfestival.de.

sagt Ronnie und stürzt sich Kopf voran in die Fluten. Max rennt ihm hinterher. Schlagartig sind sie wieder wach und klar im Kopf, schreien und klatschen mit den Händen aufs Wasser, dass hohe Fontänen aufspritzen. Aber länger als zehn Minuten halten sie es nicht aus und flüchten aus der eiskalten Nordsee. Danach schlendern sie über das Festivalgelände mit seinen vielen kleinen Ständen, sehen sich eine Partie Beachvolleyball an, wobei Ronnie dem Spielverlauf kaum folgen kann. Die knackigen Kehrseiten der Profispielerinnen sind eine zu große Ablenkung.

Später gehen sie am Surfcafé vorbei und weiter die Promenade entlang, landen schließlich an der Milchbar, einem modernen Glasgebäude mit Designersofas und Holzmöbeln, die in der Sonne stehen. Ibiza-Stimmung wie im berühmten Café del Mar kommt auf. »Datt is ja viel cooler, als ich dachte«, sagt Ronnie. »War doch früher mal 'ne Alte-Leute-Insel hier.« Das allerdings hat Max auch gedacht. Genauso sah er Norderney in seiner Erinnerung, mit Scholle und Petersilienkartoffeln, angestaubten Pensionen und uralten Menschen.

Sie trinken einen Cappuccino und spazieren dann weiter zum Kurplatz, der früher ein toter Platz war mit heruntergekommenen historischen Häusern. »Mann, datt sieht ja nobel aus wie zu Kaisers Zeiten«, sagt Ronnie, bleibt stehen und dreht sich einmal im Kreis. In der Tat: Alle Gebäude sind frisch renoviert, das alte, ehemals dunkle Wellenbad sieht inzwischen aus wie der Wellnessbereich eines Fünf-Sterne-Hotels.[1] Aber für Ronnie reicht es nun in Sachen Kultur. »So, alles gesehen«, sagt er,

1 Das älteste Nordseebad Deutschlands hat sich in den vergangenen zehn Jahren stark gewandelt. Hier wurde Anfang des Jahrtausends eine »Qualitätsoffensive« gestartet. Nach und nach erneuerte sich die Insel sich. Die Bilanz: Viele neue und renovierte Hotels, Cafés und Ferienwohnungen, Touristen das ganze Jahr über, darunter junge Leute und Familien. Der frische Stil hat die Insel belebt.

»lass uns zurück zum Festival, noch'n bisschen Party machen.« »Also ehrlich gesagt hätte ich Lust auf die Strandsauna«, sagt Max. Ronnie mault. »Watt willste denn da an dem einsamen Strand? Datt is doch öde.« Sie beschließen, sich für eine Weile zu trennen, sodass jeder auf seine Kosten kommt. Max macht sich allein auf den Weg zum FKK-Strand im Inselosten. Noch ein Stück weiter liegt der Campingplatz, auf dem sie als Kinder gezeltet haben, und dann sind es noch mal sieben Kilometer bis ans Ende – sieben Kilometer Naturschutzgebiet, wohin die meisten Touristen nie vordringen. Je weiter Max sich aus dem Zentrum entfernt, desto wohler fühlt er sich. Richtung Inselende ist es ruhig, die Natur schön wie auf den kleineren Inseln.

Die Hitze und das kalte Wasser sind jetzt genau das Richtige. Danach legt er sich in den geschützten Ruhebereich und träumt. Wieso ist er eigentlich nicht schon eher auf die Insel gefahren? Man ist so schnell da und sofort in einer anderen Welt. Er sollte unbedingt noch mal mit Wibke hierherkommen. Und mit ihr nach Spiekeroog fahren, auf ihre Insel. Dort hat sie ihre Kindheit verbracht. Wahrscheinlich sind alle Inseln schön, stillen das Fernweh und klingen wie ihre Ostfrieslandhymne: »Wo fängt dein Himmel an?«. Dann schläft er ein.

Nach zwei durchfeierten Nächten freut Max sich schließlich auf zu Hause – Ronnies Tempo ist ihm mittlerweile einfach zu hoch. Als sie ihr Zelt abbauen, beginnt es zu regnen. »Timing, watt?«, sagt Ronnie und hält den Daumen hoch. Auf dem Schiff beugt er sich über die Reling und ruft in Richtung Insel: »Hey Norderney, wir kommen wieder!«

Auf dem Weg zum Autodeck fragt Ronnie: »Wann kommste denn wieder nach Hause?« »Nach Hause? Wie kommst du jetzt darauf?«, fragt Max irritiert zurück. »Na, in ein paar Wochen läuft dein Vertrag aus, da geh ich doch mal davon aus, dasse die Provinz wieder verlässt.« Ronnie ist stehen geblieben und sieht Max scharf an. Der zuckt die Schultern. Diese Frage hat er bislang immer verdrängt. In seinem Alltag mit Arbeiten, Sport und den Wochenenden mit Wibke hatte er noch keine Lust gehabt, über das Vertragsende und seine Konsequenzen nachzudenken. Ronnie würde die Welt nicht mehr verstehen, wenn Max ihm das sagte. Sein bester Freund konnte Max' Entscheidung für Ostfriesland nie nachvollziehen. »Ich muss mich bald mal umsehen«, murmelt Max und schaut Ronnie nicht an, »es läuft schon alles.« Das Schiff legt in Norddeich an, es wird Zeit, Abschied zu nehmen. Max bringt seinen Freund zum Zug. »Mach's gut, Alter. Bis bald!«, ruft Ronnie ihm aus dem Fenster zu, macht ein Zeichen für Telefonieren und winkt. Dann zuckelt die Bahn langsam Richtung Emden.

## *W*elcher Seemann liegt bei Nelly im Bett?

Nur wenige Kilometer vom Festland entfernt, mitten im Watt liegen die sieben ostfriesischen Inseln, die man sich wie folgt merken kann (von Osten nach Westen): Welcher (Wangerooge) Seemann (Spiekeroog) liegt (Langeoog) bei (Baltrum) Nelly (Norderney) im (Juist) Bett (Borkum)?

Die meisten Nordseeurlauber haben eine Lieblingsinsel, zu der sie immer wieder zurückkehren. Über Geschmack lässt sich nicht streiten, wohl aber abstimmen. Welche Insel ist die schönste? Das haben nun die Zuschauer des Regionalprogramms »N3« des Norddeutschen Rundfunks (NDR) entschieden: Alle sieben ostfriesischen kamen bei der Wahl zur schönsten Insel in Norddeutschland unter die Top 20. Platz 1 ging an Juist (1.800 Einwohner). Das sogenannte Zauberland (*Töwerland*) ist mit 17 Kilometern die längste der Inseln und hat einen traumhaft schönen Strand. Juist ist auch bei Hobbyfliegern beliebt, weil man vom Flugplatz aus in wenigen Minuten am Strand ist. So kommt es, dass die kleine Insel auf dem zweiten Platz der Starts und Landungen in Niedersachsen liegt (33.000 pro Jahr). Der Hauptort Juist (auch Dorf genannt) ist sehr gemütlich und gediegen.

Auf Platz 2 der norddeutschen Hitliste landete Borkum, die größte und westlichste der Inseln (mehr als 5.000 Einwohner): Hier fährt man mit der Kleinbahn vom Fähranleger Richtung Inselzentrum, das seinen alten Glanz etwas eingebüßt hat. Dafür sind die Strände und die Dünenlandschaften sehr attraktiv, die Insel ist verhältnismäßig günstig und das Hochseeklima ein Segen für jeden pollengeplagten Allergiker. Die östlichste Insel Wangerooge wählten die Inselfans auf Platz 4 (circa 900 Einwohner). Hier sieht man die riesigen Containerschiffe in die Deutsche Bucht einlaufen, genau das Richtige für alle, die das Fernweh packt. Die sehr familienfreundliche Insel Langeoog landete auf Platz 5 (knapp 2.000 Einwohner). Auch hier setzt langsam, aber sicher ein Wandel Richtung Moderne ein. Dennoch ist und bleibt die Insel ein Ort für alle, die es ganz ruhig mögen. Das älteste Nordseeheilbad Norderney, »städtisch und königlich«, belegte Platz 9 (knapp 6.000 Einwohner). Die zweitgrößte Insel ist etwas für Leute, die ans Meer fahren wollen, ohne auf die Stadt zu verzichten. Das Kleinod Spiekeroog mit seinem idyllischen Künstlerdorf kam auf Platz 13 (circa 780 Einwohner). Bekannt geworden ist die Insel vor allem durch das Engagement des ehemaligen Bremer Reeders Niels Stolberg, der hier das Künstlerhaus und andere Attraktionen geschaffen hat. Vorher war es ein Geheimtipp für städtische Ruhe- und Naturliebhaber. Wie auch auf der kleinsten ostfriesischen Insel Baltrum (knapp 500 Einwohner). Das »Dornröschen«, wie es sich selbst nennt, landete auf Platz 14 der norddeutschen Rangliste. Die Insel ist so klein, dass man noch nicht einmal Straßennamen für nötig hält. Fazit: Mit einem Urlaub auf den ostfriesischen Inseln kann man einfach nichts verkehrt machen.

# Es ist Sommer auf dem Land

Max hat sich vorgenommen, endlich mit Nordmann über seine Zukunft zu sprechen. Nach der morgendlichen Blattkritik nimmt sein Chef ihn jedoch zur Seite, bevor Max mit seinem Anliegen herausrücken kann. »Störtebeker oder Musikalischer Sommer, Tillmann?« »Bitte, was?« »Welches der beiden Themen wollen Sie bearbeiten – Störtebeker oder Musikalischer Sommer?«, fragt Nordmann. Beide sagen Max nichts. Zwar hängen überall Plakate, doch hat er noch nicht nachgesehen, was es damit auf sich hat. Sommerzeit ist Urlauberzeit ist Festivalzeit, so auch in Ostfriesland.[1] »Muss ich das jetzt entscheiden?«, fragt er. Nordmann nickt und hilft

1 In den Sommermonaten gibt es zahlreiche Festivals, darunter der Krummhörner Orgelfrühling für geistliche Musik Anfang Mai, das Juister Musikfestival (Himmelfahrt), die Borkumer Jazztage (Pfingsten), die Internationalen Rasteder Musiktage, das größte Filmfestival Niedersachsens, nämlich das Internationale Filmfest Emden-Norderney, die Dornumer Kammermusiktage und zahlreiche mehr. Dazu finden auch im Sommer regelmäßig Konzerte statt, etwa die Schlosskonzerte im Schlossmuseum Jever, die Sommerkonzerte in der Ludgeri-Kirche in Norden (mittwochs) und der Leeraner Orgelsommer.

ein bisschen: »Störtebeker ist ein Freilichtspektakel mit Laienschauspielern, die das Piratenleben auf Plattdeutsch inszenieren. Der Musikalische Sommer ist eine klassische Konzertreihe mit internationalen Künstlern an schönen Orten.«[1] Da muss Max nicht lange überlegen. Fürs Plattdeutsche Theater sind andere Kollegen besser geeignet. Und auch wenn er in Bochum nicht ständig ins Konzert gegangen ist, so vermisst er doch die große Auswahl an guten Theater- und Musikstücken. Das abendliche Vogelgezwitscher einmal durch Chopin, Bach oder Mozart zu ersetzen, klingt verlockend. »Dann nehme ich den Musikalischen Sommer.« Nordmann nickt zufrieden und erzählt ihm zwischen Tür und Angel, wie er sich die Berichterstattung dieses Jahr vorstellt – nicht nur Rezensionen, die sowieso keiner liest, sondern vor allem bunte Geschichten von dem ganzen Drumherum.

Das Eröffnungskonzert findet in der Lambertikirche in Aurich statt. Wibke begleitet ihn, schließlich ist der Musikalische Sommer ein gesellschaftliches Ereignis in der Region. Als sie in der Kirche ankommen, ist Max überrascht. Frauen in Kostümen und auf hohen Schuhen, Männer in Anzügen. Das Publikum würde auch gut ins Schauspielhaus Bochum passen. Dagegen ist er selbst mit seinem Blazer regelrecht underdressed. Während des Konzerts – erst ein Klavierkonzert von Chopin, dann Elgars Klavierquintett – lauscht Max ergriffen. Als würde die Kirche schweben, so kommt ihm die Musik vor. Er versteht nichts von Musik, aber dass das hier gut ist, kann er spüren. In der Pause gibt es Getränke und Snacks unter den alten Bäumen vor der Kirche. Von hier aus blickt man auf die restaurierten

---

[1] Den Musikalischen Sommer in Ostfriesland gibt es bereits seit fast 30 Jahren. Wie auf vielen Festivals treten die Künstler in besonderen Kirchen und Gebäuden in Ostfriesland, Papenburg und der Provinz Groningen auf. Seit einiger Zeit gibt es Querelen um den Musikalischen Sommer, sodass seine Zukunft ungewiss ist.

Häuser der Kirchstraße. Das Altstadtensemble strahlt eine ganz besondere Stimmung aus, als wollte es sagen: Nur weil ich klein bin, kann ich doch fein sein.

Während der Pause plaudert Wibke mit einer Bekannten ihrer Eltern über das Quintett. Die Frau spricht über Solokadenzen und den kantablen Anschlag des Pianisten, vergleicht ihn mit anderen Künstlern, von denen Max noch nie etwas gehört hat. »Seit wann sind Sie denn Kulturredakteur beim ›Ostfriesenblatt‹? Ich habe Sie noch nie bei einer Veranstaltung gesehen«, wendet sie sich an Max, als Wibke ihn vorstellt. »Ehrlich gesagt bin ich eher Reporter, der für alle möglichen Themenbereiche eingesetzt wird«, antwortet er und windet sich ein wenig. Dass er die Kulturszene hier vollkommen unterschätzt hat, ist ihm peinlich. Nach seinem Debüt beim plattdeutschen Theater war er überzeugt davon, dass Ostfriesen nur Laientheater und Volksmusik mögen. Dabei hätte er es längst besser wissen können: Täglich landen zahlreiche Pressemitteilungen über Kunstausstellungen, Lesungen, klassische Konzerte, Jazzabende oder gar Poetry-Slams auf seinem Tisch. Meist wirft er sie gleich in den Papierkorb, ungelesen natürlich.

Die nächsten Abende erlebt Max wie im Rausch. Er hört ein Klavierquartett von Robert Schumann in der Vorburg der Evenburg in Leer[1], Jazz vom Mathias Eick Quartett im Wilhelmshavener Pumpwerk[2]. Im alten Kurhaus in

---

[1] Die neugotische Evenburg in Leer-Loga, ursprünglich ein niederländisch-barockes Wasserschloss von circa 1650, ist auch ohne Konzert einen Besuch wert: Aufwendig saniert liegt das Schloss im wunderschönen Evenburgpark, einem englischen Landschaftspark.

[2] Das Pumpwerk ist ein in Norddeutschland bekanntes Kulturzentrum, das Mitte der 1970er-Jahre auf dem Gelände und im Gebäude eines ehemaligen Entwässerungswerks gegründet wurde. Es war damals das erste soziokulturelle Zentrum in Niedersachsen.

Dangast[1] gibt es Klassikhits und in Jever Kabarett. An jedem Veranstaltungsort nimmt er auch an den Führungen teil und lernt so Orte kennen, die er niemals an der Waterkant erwartet hätte, etwa ein Rosarium in Wilhelmshaven oder das Steinhaus Bunderhee in Bunde[2]. Je mehr er sieht, desto beschämter fühlt er sich: Wie ignorant ist er doch durch Ostfriesland gelaufen.

Das Abschlusskonzert findet in der ehrwürdigen Johannes a Lasco Bibliothek[3] in der Großen Kirche in Emden statt. Wieder steht Max staunend vor einem Sakralbau, der durch moderne Architektur zu einem »Raum der Kirche« geworden ist, wie die Verantwortlichen ihn selbst beschreiben. Der Innenraum ist bis auf den letzten Platz besetzt. Als die Schlussakkorde eines Mozart-Konzerts für Violine und Orchester verklingen, stehen Max Tränen in den Augen. Ziemlich genau vor einem Jahr saß er mit Wibke gemeinsam im Zug nach Leer,

1 Dangast ist sicherlich einer der berühmtesten Orte an der friesischen Nordseeküste. Er liegt direkt am Jadebusen und damit geschützt vorm offenen Meer. Ein idyllischer Ort, der bereits Anfang des 20. Jahrhunderts Künstler anzog, etwa um 1910 Vertreter der Künstlerbewegung »Die Brücke«. Um 1920 kam der Maler Franz Radziwill und blieb dann bis zu seinem Tod 1983. Auch nach dem Zweiten Weltkrieg zog der Ort immer wieder Künstler an. Noch heute spürt man hier den kreativen Geist. Das alte Kurhaus ist ein beliebtes Ausflugsziel für Ostfriesen und Oldenburger. Legendär ist dort der selbst gebackene Rhabarberkuchen. Empfehlenswert ist auch ein Besuch im Franz Radziwill Haus.

2 Das Steinhaus Bunderhee aus dem 14. Jahrhundert ist die älteste erhaltene Häuptlingsburg in Ostfriesland: Als in der Zeit einzelne Familien mehr Macht erlangten, bauten sie turmförmige Steinhäuser, die die Bewohner vor Angriffen schützten. Im Laufe der Jahrhunderte wurde das Steinhaus vergrößert. Die Burg ist jüngst restauriert worden. Nun wird sie für kulturelle Veranstaltungen genutzt.

3 Die »a Lasco Bibliothek«, wie man sie in Ostfriesland meist abkürzt, ist Ostfrieslands älteste Bibliothek und befindet sich seit 1570 in der Großen Kirche in Emden. Sie beherbergt eine Spezialbibliothek für theologisch-wissenschaftliche Themen. Außerdem gibt es hier einen Museumsbereich zu europäischer Kirchengeschichte. Die Bibliothek wird gern genutzt für besondere Veranstaltungen und Konzerte.

ohne zu wissen, was ihn erwarten würde. »Oh je, das wird bestimmt ein Schock für dich«, hatte sie zu ihm gesagt. »Ach was«, hatte er geantwortet, »ich freue mich.« Die Freude war dann ziemlich schnell verflogen. Aber sie ist zurückgekommen. Und nun, nach einem Jahr, hat er alles gefunden, was er zum Leben braucht – einschließlich der Kultur.

Nachdenklich verlässt er das Gebäude. Er hätte Nordmann längst ansprechen müssen, wie es denn nun weitergehen soll mit ihm und dem »Ostfriesenblatt«. Sein Jahresvertrag läuft in wenigen Wochen aus. Theoretisch hätte er sich schon vor geraumer Zeit um eine neue Stelle bemühen und die Wohnung kündigen müssen. Kann es sein, dass er sich in Ostfriesland wohler fühlt, als er selbst es zugeben mag?

Am nächsten Morgen fängt er Nordmann noch vor der Blattkritik ab. Sein Chef gewährt ihm fünf Minuten und winkt ihn in sein Büro. Max ist nervös, er rutscht auf dem Stuhl hin und her. »Was ist los, Tillmann, haben Sie was angestellt?« Max schüttelt den Kopf. »Alles bestens. Ich wüsste nur gern, ob ich meine Wohnung kündigen muss oder nicht.« Nordmann blickt ihn irritiert an. »Wieso, müssen Sie da raus?« »Wenn mein Arbeitsvertrag nicht verlängert wird, dann ja.« Nordmann lässt ein kurzes Schnauben hören. »Wenn ich Sie nicht behalten wollte, hätten Sie das längst gemerkt. Ihr Vertrag ist schon auf unbefristet umgestellt, liegt nur noch beim Verleger. Sonst noch was?« Sein Chef mag keine Gefühlsduseleien. Aber das ist Max diesmal gleichgültig. Er grinst über das ganze Gesicht und sagt: »Das ist großartig, Herr Nordmann. Ich hab mich schon Koffer packen und Wände streichen sehen.« »Nichts für ungut, schon in Ordnung«, winkt Nordmann ab und steht auf. Zeit für die Blattkritik.

## Wider die christliche Seefahrt –
## Klaus Störtebeker

*Wo unsre Fahne weht*
*Ist es für jedes Schiff zu spät*
*Wir sind im Kampfe vereint*
*Des lieben Gottes Freund*
*Und aller Welt Feind!*\**

Die Legende von Klaus Störtebeker kennt jedes norddeutsche Kind: Einst war er ein berühmter Seeräuber auf Nord- und Ostsee, der reiche Handelsschiffe überfiel. Er teilte brüderlich mit seinen Mannen, gab aber auch den Armen ihren Teil, trank vier Liter in einem Zug (daher sein Name »Stürzte den Becher«), wurde 1401 geschnappt, zu Hamburg enthauptet und lief als Geköpfter noch an elf seiner Getreuen vorbei.

Passend zur Legende wurde 1878 auf einer ehemaligen hamburgischen Hinrichtungsstätte ein jahrhundertealter Totenkopf entdeckt, durchbohrt von einem Nagel – was dafür spricht, dass er zur Abschreckung öffentlich aufgehängt worden war. So verfuhr man um 1400 mit den Häuptern der Piraten. Seit mehr als 100 Jahren wird nun dieser Schädel im Museum für Hamburgische Geschichte als Kopf Störtebekers ausgestellt. In den vergangenen Jahren entstand auf seiner Grundlage sogar eine kunstvolle Rekonstruktion, von der es in den Medien hieß: »Ist das Störtebekers Gesicht?«

Dabei ist es laut neuester Forschungserkenntnisse mittlerweile höchst fraglich, ob es den Piraten Klaus Störtebeker überhaupt gegeben hat. Ein Johan Störtebeker soll vor mehr als 600 Jahren wohl gelebt haben, aber der war Kaufmann in Danzig. Er wurde auch nicht 1401 enthauptet. Wenigstens bis 1413 soll er sich eines friedlichen Lebens erfreut haben.

Auch eine vor Jahren angestrengte Genanalyse des Hamburger Schädels brachte mangels brauchbaren Erbmaterials kein Licht in die Angelegenheit. War Störtebeker also gar kein Robin Hood der Nordmeere, sondern nur ein Fake der Geschichte? Zumindest eines weiß man sicher: Zu den vermuteten Lebzeiten des mutmaßlichen Störtebekers trieben tatsächlich Seeräuber auf Nord- und Ostsee ihr Unwesen. Als sogenannte Vitalienbrüder kaperten sie Handelsschiffe und waren dem Bund der Hanse eine arge Last. Aus der Ostsee in die Nordsee vertrieben, fanden sie an Ostfrieslands Küstenstrichen genügend Schlupfwinkel und in manchem der dort herrschenden Häuptlinge einen Bruder im Geiste, dem die Einnahmequelle Seeraub vertraut war. Zwar konnte die Hanse immer wieder Seeräuber dingfest machen, aber das Piratenproblem längs ihrer Seewege beschäftigte sie noch lang. Mit oder ohne Störtebeker.

**Tipp**: die **Störtebeker Freilichtspiele** in Marienhafe
Infos über die Touristinformation Brookmerland,
Tel.: 04934 / 818 88 und unter
www.stoertebeker-freilichtspiele.de

*\* von der LP »Alle gegen Alle« der Punkband Slime*

# Reifeprüfung auf Ostfriesisch

Nach der Konferenz geht Max in sein Büro. Er besieht es sich mit anderen Augen: Gleich morgen wird er hier aufräumen und ein paar persönliche Dinge hineinstellen. Aber jetzt muss er erst einmal Wibke anrufen. Sie nimmt schon nach dem zweiten Freizeichen ab und klingt atemlos. »Oh, Max, gut, dass du anrufst. Ich muss gleich los, aber nimm dir nichts vor fürs Wochenende. Meine Eltern wollen dich zu unserem großen Familienfest einladen.« Max stutzt. »Zum Familienfest? Wie komme ich zu der Ehre?« »Na ja, wir sind jetzt ein halbes Jahr zusammen, und da habe ich meine Eltern gefragt, ob es nicht nett wäre, wenn du mitkommen könntest. Es ist bestimmt ungezwungener, als wenn wir zu zweit zum Essen bei ihnen auflaufen.« Wie kommt sie denn bloß auf die Idee, denkt er. Laut sagt er: »Was ist denn das für ein Fest?« Wibke erklärt ihm im Zeitraffer, dass die drei Schwestern ihrer Mutter verstreut in Deutschland leben. Nur Okka Freese ist in Ostfriesland geblieben. Deshalb treffen sie sich einmal im Jahr, um ein Wochenende miteinander zu verbringen. Das diesjährige findet in der alten Heimat statt. »Und weil meine Cousinen und Cousins Ostfriesland kaum mehr kennen, haben meine Eltern überlegt, dass wir gemeinsam das Ostfriesenabitur machen könnten.« »Wie das bei Lehrern so üblich ist«, platzt es aus Max heraus. »Du, das wird bestimmt sehr lustig. Kommst du?«, fragt sie. »Aber ja«, seufzt er. Nächstes Wochenende. Da hatte er eigentlich vorgehabt, Wibke nach Spiekeroog zu entführen: ein Wochenende auf ihrer Lieblingsinsel, mit Malseminar und Wattwanderung. Oder mit ihr die ostfriesische Halbinsel Richtung Wangerland abzufahren: Schon lange hatte er Lust auf eine romantische Schlössertour entlang der ostfriesischen Küste.[1]

Statt sich über die Vertragsverlängerung zu freuen und Wibke davon zu erzählen, ist Max die ganze Woche gereizt. Es graut ihm vor diesem Familienfest. Wenn er nur an das Treffen mit Okka Freese im Ihlower Klostergarten denkt, bildet sich schon Angstschweiß unter seinen Achseln. Lebhaft malt er sich aus, wie es ablaufen wird – seine »Schwiegermutter« wird ihn nicht nur mit Blicken bombardieren, sondern auch so lange spitze Bemerkungen fallen lassen, bis er zurückblafft und die Stimmung versaut ist. Als Wibke ihm dann auch noch eröffnet, dass sie sich Freitag nicht sehen können, weil die ganze Familie in Wittmund[2] im Hotel übernachtet, ist seine Stimmung endgültig im Keller. »Dann sehen wir uns morgen Nachmittag in Wittmund (siehe Glossar)?«, fragt sie. Max druckst herum. »Können wir uns nicht vorher treffen?

1 Entlang der ostfriesischen Nordseeküste gibt es zahlreiche verwunschene Burgen und Schlösser, die alle einen Besuch wert sind. Das Wangerland ist ähnlich beliebt wie die ostfriesischen Sielorte.

2 Der Landkreis Wittmund ist einer der kleinsten Niedersachsens, aber einer der meistbesuchten des Landes – über fünf Millionen Übernachtungen verbucht die Ferienregion an der Küste mit ihren Sielorten.

Sonst komme ich da so allein an.« Wibke lacht ihn aus. »Du bist doch sonst nicht so ängstlich. Aber ganz ehrlich: Ich sehe meine Verwandten immer nur einmal im Jahr zu diesem Fest. Also, mach dir keine Sorgen, die freuen sich. Und werden dich schon nicht fressen.«

Von Freitag auf Sonnabend schläft Max schlecht. In Gedanken macht er Wibke heftige Vorwürfe wegen der Einladung. Der Einstand in sein zweites Jahr Ostfriesland beginnt unschön, und das macht ihn aggressiv. In seiner Fantasie nimmt der Kleinkrieg mit Okka Freese bereits absurde Züge an. Er steht früh auf und geht eine Runde joggen. Wenn er so genervt dort auftaucht, kann er besser gleich wegbleiben.

Um halb zwei kommt Max in Wittmund an. Er schlendert noch eine Runde über den Marktplatz und geht dann in Richtung Touristeninformation, dem ausgemachten Treffpunkt. »Max!«, hört er plötzlich Wibkes Stimme. Er dreht sich um – sie steht mit drei jungen Leuten vor einem Haus mit Blumenkästen an den Fenstern und Buchsbäumen vor der Tür. Er zaudert kurz und geht dann hinüber, gibt ihr etwas steif einen Kuss auf die Wange. »Max, das sind meine Cousinen Elina und Trientje aus München und mein Cousin Marten aus Göttingen.« Die drei sehen sympathisch aus, Anfang 20, Jeans und Turnschuhe, die Mädchen haben lange blonde Haare wie Wibke, der Junge ist kräftig und trägt eine Jogi-Löw-Frisur. »Ja, mei, Max, schön, dich kennenzulernen«, sagt Trientje mit leicht bayerischem Akzent, bei dem sie die einzelnen Silben stark betont, um etwas mehr nach Hochdeutsch zu klingen. »Ja, freut mich auch«, sagt Max, drückt ihr kräftig die Hand und dreht sich zu Wibke um. »Habt ihr einen schönen Abend gehabt?« Doch bevor Wibke antworten kann, nähern sich ihnen vier ältere Frauen. Sie kommen aus einer Seitenstraße, zwei und zwei untergehakt. Die kleinste führt den Zug an – Okka Freese, an diesem Tag in ungewohnt sauberen Kleidern, die Haare mühevoll in Form gebürstet und ein wenig Rouge auf den Wangen. Max macht sich gerade und streckt ihr die Hand entgegen. »Vielen Dank für die Einladung, Frau Freese. Ich habe mich sehr darüber gefreut.« Sie mustert ihn kurz, bevor sie seinen Händedruck erwidert. Er kann in ihren Augen keinen Ausdruck erkennen. Während die anderen sich unbefangen mit Max bekannt machen, wendet sie sich ab und studiert ein paar Zettel, die sie in ihrer Hand hält. Nach und nach treffen drei Männer ein, einer später als der andere. Das muss, denkt Max, der Anhang der Schwestern sein. Wibkes Vater entdeckt er im Hintergrund. Als schließlich alle vollzählig sind, erklärt Okka Freese den Ablauf: »Wir sind jetzt eine Person mehr. Wibkes Freund Max Tillmann ist dazugestoßen, damit wir ihn alle mal kennenlernen können.« Anerkennendes Gemurmel. »Max kommt aus Bochum, lebt aber seit einem Jahr in Ostfriesland. Insofern müsste er einen kleinen Heimvorteil haben gegenüber euch treulosen Ostfriesen«, scherzt sie ohne ein Lächeln. In Wahrheit findet sie es untragbar, dass alle weggegangen sind. Dass sie ja auch nicht hätte wiederkommen müssen nach dem Studium, lässt sie dabei gern unter den Tisch fallen.

Gemeinsam machen sie sich auf den Weg zur Touristeninformation. Wibke geht neben Max, als sich ihr Vater von hinten anschleicht. »Hallo, Max«, sagt er, »schön, dass Sie heute dabei sind. Wir haben schon alle ein Schnäpschen getrunken. Möchten Sie auch einen? Dann fallen die Übungen gleich viel leichter.« Tammo Freese ist genauso, wie Max ihn in Erinnerung hat – ein gutmütiger Mann, bedacht darauf, die Spitzfindigkeiten seiner Frau immer wieder auszugleichen. »Gern«, sagt Max, so langsam kann er sich entspannen. Ein Schnaps wirkt Wunder, wenn man ihn in Kombination mit Wasser trinkt. Das hat er mittlerweile gelernt. Wibkes Vater reicht ihm ein Glas mit Küstennebel, ein Anisschnaps. Max schüttelt sich leicht, nachdem er sein Glas auf ex gekippt hat, Vater Freese lacht: »Das haben wir extra für die Auswärtigen gekauft, die denken ja, Ostfriesland ist noch wie vor 30 Jahren. Dann lass ich sie eben in dem Glauben.«

An der Touristeninformation wartet bereits Lehrer Lothar auf sie. Im ostfriesisch breiten Hochdeutsch begrüßt er seine Gäste. Er gibt den launigen Tollpatsch ab, genau wie es die Urlauber erwarten. Wibkes Cousinen und Cousins kichern über ihn.

Mit dem Boßeln kommen sie alle noch klar, schließlich war das ja auch schon mal Teil eines Familienfestes, und Max hatte sein Debüt beim Betriebsfest im Winter. Auch das Strauchbesenwerfen (siehe Kasten Seite 216) und das Melken meistern sie alle recht gut. Da Tammo Freese eifrig Küstennebel an alle ausschenkt, wird die Stimmung immer ausgelassener, selbst Wibkes Mutter scheint allmählich etwas aufzutauen.

Der Höhepunkt ist ohne Zweifel das Paddstockspringen[1], bei dem man mit einem Stock über einen 3,80 Meter breiten Graben setzt. Okka Freese hängt wie ein Maikäfer am Grashalm und schafft es nur mithilfe ihres Mannes auf die andere Seite. Wibke als Handballerin gelingt ein fast perfekter Sprung. Nur Max landet einen Meter vor dem Ufer als Einziger im Wasser. Er hat eine Art Stabhochsprung-Technik angewandt und den Stock dabei in ein tiefes Loch gestoßen. Wibkes Cousinen krümmen sich vor Lachen,

---

[1] Auch Pultstockspringen genannt. Dies ist eine Methode aus früheren Zeiten, die Entwässerungsgräben in den Moorgebieten zu überwinden. Dazu wird ein drei bis vier Meter langer Stock, an dessen unterem Ende eine Scheibe befestigt ist, in die Mitte des Grabens gesteckt. Die Scheibe verhindert, dass der Stock im schlammigen Untergrund versinkt. Dann holt man kräftig Schwung und setzt mithilfe seines Stockes über.

Vater Freese prostet Max mit der Schnapsflasche zu. »Endlich passiert mal was, ich dachte schon, bei Ihnen läuft alles glatt«, sagt Lothar und reicht Max ein Handtuch, als der aus dem Wasser steigt. Seufzend rubbelt er sich die Haare trocken und zieht sein T-Shirt aus, um es auszuwringen. Seine Jeans klebt hauteng an den Oberschenkeln, das Wasser steht in seinen Turnschuhen. Wibke umarmt ihn und kann nicht aufhören zu lachen. »Das hast du doch extra gemacht, oder?« »Nein«, sagt Max. »Ich hatte nicht vor, meine neuen Schuhe zu ruinieren.« Okka kommt hinzu. »Oh je, das tut mir leid für Sie. Haben Sie Ersatzkleider dabei?« Max schüttelt den Kopf – war da gerade ein warmer Ton in Mutter Freeses Stimme? »Aber es ist alles gut, Frau Freese, es ist ja warm.«

Als sie die sieben Disziplinen draußen beendet haben, geht es hinein in eine Gaststube und dort mit dem Löffeltrunk weiter. Hochprozentiges muss unfallfrei geschlürft werden. »Danach fällt Ihnen die Plattdeutsch-Prüfung auch leichter«, witzelt Lothar und bekennt freimütig, dass er noch nie einen Paddstocksprung geschafft hat. Während die Halbostfriesen weder den Schnaps trinken können, wie es verlangt wird, noch einen richtigen Satz auf Plattdeutsch hinbekommen, glänzt Max in beiden Disziplinen. »*Ik bün so benaut*«[1], geht ihm zwar so fehlerfrei über die Lippen, als wäre er hier geboren, aber seine Zunge fühlt sich schwer an. Wie viele Küstennebel hat er eigentlich getrunken? Es müssen auf jeden Fall mehr als fünf gewesen sein. Und jetzt noch diese *Bohntjesopp*. Max fühlt, wie Hitze in ihm aufsteigt. Er muss sich unbedingt zusammenreißen und darf vor Okka Freese nicht die Haltung verlieren. Offenbar, denkt Max, fällt niemandem etwas auf, ich lalle also nicht. Die Familie klatscht begeistert. »Mensch, Max, du bist ja schon ein halber Ostfriese«, sagt Marten. »Stimmt, es«, Max muss

1 Mir geht es nicht gut, mir ist so schwindlig.

kurz Luft holen, »es fehlt nur noch das, hm, Abitur.« So, jetzt ist der Satz draußen. Wibke sieht ihn etwas furchtsam an. Wenn sie wüsste, was er für schöne Nachrichten hat. Er legt leicht den Arm um sie und sagt in die Runde: »Aber den Arbeitsvertrag hab ich schon in der Tasche!« Es wird still im Raum. Wibke windet sich aus seinem Arm. »Nordmann hat den Vertrag verlängert? Und das erzählst du jetzt, hier, vor allen Leuten?« Sie schwankt zwischen Freude und Empörung. Die anderen lachen wieder, keiner ist mehr nüchtern. »Ich kam ja nicht dazu«, protestiert Max. »Immer wenn ich es dir sagen wollte« – wieder kurze Pause, irgendetwas aus seinem Magen will sich immerzu Luft verschaffen –, »hast du was gesagt. Du hast die ganze Zeit nur von diesem Fest gesprochen. Ich kam ja. Zu nichts.« Er blickt sich um, weil schallendes Gelächter ihn unterbricht. Marten hakt ihn unter und setzt ihn in einen Sessel. »Mach mal ein Päuschen, Max«, sagt er sanft. Vater Freese klopft ihm beschwichtigend auf die Schulter, sagt: »Ja, ja, die *Bohntjesopp*«, und ruft seiner Frau zu: »Hast du das gehört, Okka? Von wem hat deine Tochter das wohl?« Max muss für einen Moment die Augen schließen, alles dreht sich jetzt. Die *Bohntjesopp* war eindeutig zu viel. Und wie er so dasitzt mit geschlossenen Augen und dem Kopf auf der Brust, kann er nicht sehen, dass um Okka Freeses Mundwinkel ein Lachen zuckt, das erste an diesem Tag.

## 𝒫fiffig an einem Tag:
## über die Touristenattraktion Ostfriesenabitur

Wer unter Prüfungsangst leidet, sollte weiterblättern. Und wer seit seiner Schulzeit nicht mehr gebüffelt hat, auch. Wer aber Lust auf Horizonterweiterung hat, kann sich in Ostfriesland einem ganz persönlichen Stresstest unterziehen: dem Ostfriesenabitur. Die fröhliche Reifeprüfung ist eine Touristenattraktion der Stadt Wittmund, die es seit 1978 gibt und die inzwischen mehr als 150.000 Besucher absolviert haben. Dabei können Urlauber an einem Tag mehrere ostfriesische Disziplinen durchlaufen wie etwa Straßenboßeln, Krabbenpulen, Paddstockspringen, Strauchbesenwerfen (ähnlich wie beim Boßeln spielt man auf der Straße und wirft Reisigbündel; der weiteste Wurf gewinnt), aber auch Kühemelken, Teetrinken mit Teezeremonie, Ostfrieslandkunde (mit schriftlicher Prüfung) und Plattdeutsch (mündliche Prüfung).

Nach bestandenem Abitur gibt es die feierliche Übergabe des Abschlusszeugnisses in einem Gasthof. Spätestens jetzt kann der Prüfling von sich behaupten, einem Ostfriesen gewachsen zu sein – vorausgesetzt, er übersteht die *Bohntjesopp*, die dazu gereicht wird. Denn dass das Ostfriesenabitur weniger ein Wettstreit intellektueller Art ist, wird einem schnell klar. Vielmehr geht es um die Fähigkeit, sich selbst auf die Schippe[1] zu nehmen. Wer das hinkriegt, ist mit der

---

**1** Dafür steht auch die Figur des »Jan Schüpp«, eine Brunnenskulptur im Zentrum Wittmunds. Das Blatt der Schippe, die Jan Schüpp in der Hand hält, zeigt in seine eigene Richtung und symbolisiert das Lebensmotto der Ostfriesen, nicht in Schwermut zu versinken und sich auch mal selbst auf die »Schüppe« zu nehmen.

ostfriesischen Lebensart schon ziemlich vertraut.[1]

Ein prominenter Abiturient ist der derzeitige FDP-Chef Philipp Rösler. Auf die Frage des Magazins »Stern«, ob er als vollwertiger Niedersachse anerkannt sei, bekannte Rösler: »Spätestens seit ich das Ostfriesenabitur gemacht habe.«

Wer als erfolgreicher Absolvent seine Liebe zum Küstenland entdeckt hat und gern bleiben möchte, kann im Übrigen einen Antrag auf Einbürgerung stellen. Die »Ostfriesische Botschaft« ist dafür die richtige Anlaufstelle. Sie gibt Ostfriesenausweise heraus, informiert über Einreisebestimmungen und hilft beim Ausfüllen des Fragebogens, der einem Einbürgerungsantrag vorausgeht. Der ist allerdings weitaus schwerer zu bestehen als das Ostfriesenabitur. Da hilft nur eines: büffeln. Aber so richtig.

Weitere Informationen zum **Ostfriesenabitur** unter
www.wittmund-tourismus.de

Und zum **Ostfriesenausweis** unter
www.botschaft-ostfriesland.de

---

[1] Kurios wirkt da nur, dass für manchen ostfriesischen Zeitgenossen beim Witz offenbar Schluss ist mit lustig. So kritisierte das Magazin »Ostfriesland-Journal« am Ostfriesenabitur, kulturgeschichtlich bedeutsame Alltagspraktiken würden als Fragmente der Belustigung verkauft. Auch hat unlängst ein Hörer des niedersächsischen Radiosenders FFN mit einer Anzeige gegen den Sender wegen Volksverhetzung auf sich aufmerksam gemacht. Der Mann war bei der Osnabrücker Polizei vorstellig geworden, weil FFN Ostfriesenwitze ausgestrahlt hatte. Damit, so der Hörer, würde eine ethnische Minderheit diffamiert.

# Danksagung

Dieses Buch hätte ohne die Hilfe vieler Menschen nicht geschrieben werden können. Als Erstes möchten wir unseren Familien danken, die uns die Freiräume dafür gegeben haben, dass wir dieses Buch schreiben konnten.

Weiterhin möchten wir zahlreichen Experten danken, die uns Hintergründe geliefert haben, Fakten für uns überprüft und korrigiert haben, ohne dafür eine Gegenleistung zu erhalten. Das waren: Andreas Polle, Katrin Krumpholz und Imke Wemken von der Ostfrieslandtouristik, Agate Lienemann, Vorsitzende des Heimat- und Kulturvereins Ostgroßefehn, Andreas Lubkowitz, Pressesprecher der Deutschen Gesellschaft zur Rettung Schiffbrüchiger; Susanne Sander-Seyfert vom Wallhecken-Umweltzentrum Ostfriesland; Oliver Vorwald, Pastor der Klosterstätte Ihlow; Andrea Siebert vom Ostfriesischen Teemuseum Norden; Menna Hensmann vom Stadtarchiv Leer; Uwe Caspers von www.bosseln-online.de; Arno Janßen von der Geschäftsstelle BSV Kickers Emden e.V.; Tobias

Reichard, Deutsche Grammophon Hamburg; der Möhlenkring Rhaude für sein Speckendicken-Wissen und die Bühnenleiterin des Niederdeutschen Theaters in Aurich, Herma Cornelia Janssen, für ihre Plattdeutschkenntnisse.

Nicht zuletzt danken wir Christiane Barth für die hervorragende Unterstützung während des Schreibens.

# 10 Dinge, die man getan haben muss

**1 Es lebe der Feudalismus**
Auch wenn die Ostfriesen den Feudalismus ablehnten, waren einige Häuptlinge eben doch gleicher als andere. Gott sei Dank, denn so gibt es auch an der Waterkant bescheidene, aber besuchenswerte Burgen und Schlösser. Von Norden aus Richtung Esens liegen zahlreiche schöne Anlagen auf dem Weg, in **Berum**, in **Lütetsburg**, in **Dornum** (Osterburg und Wasserschloss) und in **Neuharlingersiel**. Wenn Sie die Tour nach Friesland erweitern, können Sie dort noch die fürstlichen Anlagen in **Jever** und das Schloss in **Gödens** besichtigen.

Informationen zu den Schlössern finden Sie unter: www.nordwestreisemagazin.de oder www.ostfriesland.de

**2 Die Traumschifffabrik**
Kein Insidertipp, bei Umweltschützern stark umstritten und dennoch ein Muss für jeden Ostfrieslandurlauber ist der Besuch der **Meyer-Werft in Papenburg**. Im Besucherzentrum erfährt man, wie die Luxusschiffe in den über-

dachten Trockendocks entstehen. Die Führungen können über die Papenburg Tourismus GmbH gebucht werden. Dort erfahren Sie auch die Termine, Preise und weitere Informationen. Tel.: 04961 / 83 96-0, per E-Mail an info@papenburg-tourismus.de und im Internet auf www.papenburg-tourismus.de. Auf der Website des Unternehmens finden Sie zudem die Termine für die Auslieferung der Kreuzfahrtriesen: www.meyerwerft.com. Sie sind auch über die Telefon-Hotline 04961 / 81 50 89 erfragbar.

## 3 Einkehren auf dem Bauernhof

Ostfriesland ist Milchwirtschaftsland. Da immer weniger Kinder und Erwachsene wissen, woher ihre Milch genau kommt, öffnen engagierte Landwirte alle zwei Jahre ihre Höfe für die Öffentlichkeit und bieten Landwirtschaft zum Anfassen: Am **Tag des offenen Hofes** kann man die Kühe und Bullen in den Ställen besuchen, Traktoren und schwere Maschinen bestaunen und sich von den Landwirten mit köstlichen Leckereien aus der Region verwöhnen lassen. Das nächste Mal ist es wieder im Juni 2012 so weit. Eine Liste über die teilnehmenden Höfe finden Sie auf der Homepage der Landesvereinigung der Milchwirtschaft Niedersachsen unter www.milchwirtschaft.de und auf der Seite des Norddeutschen Rundfunks, www.ndr.de. Eine andere Möglichkeit, mit Landwirten in Kontakt zu kommen, ist, in eines der **Melkhuskes** einzukehren und sich bei den Landfrauen mit Milchgetränken zu erfrischen oder einen der zahlreichen Hofläden zu besuchen, die gut ausgeschildert sind.

## 4 Krabbenpulen am Kai

Wie lange das noch geht, ist fraglich, denn die Fischer klagen über ruinöse Preise und hohe Kosten. Gerade deshalb sollten Sie nicht die Chance verpassen, an den

Häfen in vielen Sielorten Krabben (Granat) und fangfrischen Nordseefisch direkt bei den Fischern vom Kutter zu kaufen. Setzen Sie sich an den Kai, »pulen« Sie sie (Kopf umdrehen, Schwanz abziehen, dann Kopf abziehen) und essen Sie sie von der Hand in den Mund. Etwa in **Bensersiel**, **Neuharlingersiel** oder **Greetsiel** (»Costa Granata«).

## 5 Schwitzen am Strand

Für hohe Temperaturen müssen Sie an der Nordsee schon selbst sorgen – mit einem Besuch in der **Strandsauna**. Mit Blick auf das offene Meer schwitzen und sich dann in die kalten Wogen stürzen ist Erholung sondergleichen. An der Küste, etwa von April bis Oktober: **Strandsauna-Hooksiel**, www.strandsauna-hooksiel.de. Auf den Inseln: in **Norderney am FKK-Strand**, Wegbeschreibung unter www.fkk-norderney.de; in **Borkum am Nordstrand**, Wegbeschreibung unter www.strandsauna-borkum.de. Im Binnenland: **Strandsauna Timmeler Meer**, direkt am Badestrand des Timmeler Meeres, 26629 Großefehn/ Timmel, www.strandsauna.com.

## 6 Rhododendren in voller Blüte

Ob nun in einem der bedeutendsten **Rhododendronzentren** im **Ammerland** (Park der Gärten in Bad Zwischenahn oder Rhododendronpark Hobbie in Westerstede), der **Blumengemeinde Wiesmoor** (hier besonders schön entlang des Golfplatzes), im **Schlosspark Lütetsburg** bei Norden oder einfach auf der Durchfahrt an vielen großen Bauernhöfen und kleinen Häusern: Werfen Sie einen Blick auf die blühenden Rhododendronsträucher im Mai und Juni (je nach Wetterlage). Es gibt »Rhodo-Fans«, die eigens aus Süddeutschland anreisen, um die immergrünen Büsche mit ihren prächtigen weißen, roten oder blauen Blüten zu bestaunen.

**Adressen:**
**Park der Gärten**
Gartenkulturzentrum Niedersachsen – Park der Gärten
Elmendorfer Straße 40 / 65
26160 Bad Zwischenahn
Tel.: 04403 / 81 96-0
E-Mail: info@park-der-gaerten.de
www.park-der-gaerten.de

**Golf-Club Ostfriesland**
Fliederstraße 5
26639 Wiesmoor
Tel.: 04944 / 64 40
E-Mail: golf@golfclubostfriesland.de
www.golfclub-ostfriesland.de

**Schlosspark Lütetsburg**
Landstraße 55
26524 Lütetsburg
Tel.: 04931 / 42 54
E-Mail: info@schlosspark-luetetsburg.de
www.schlosspark-luetetsburg.de

**Hobbie Rhododendronpark**
Alpenrosenstraße 7
26655 Westerstede/Petersfeld
E-Mail: buero@hobbie-rhodo.de
www.hobbie-rhodo.de

# 7 Watt'n Matsch

Bei einer **Wattwanderung** erlebt man das Meer von einer ganz anderen Seite. Die perfekte Jahreszeit dafür ist der Juni, wenn die Tage besonders lang sind. Der perfekte Zeitraum ist frühmorgens, wenn noch niemand am Meer ist, das Leben auch im Watt gerade erwacht. Gehen Sie zum Beispiel mit den Wattführern aus der Seehundstation und dem Nationalpark-Haus Norden-Norddeich los (Tel.: 04931 / 89 19). Ausgangspunkt für Wattwanderungen nach Baltrum, Langeoog, Spiekeroog, Norderney oder kleinere Exkursionen ist **Neßmersiel**.

Hier gibt es verschiedene Anbieter, beispielsweise:

**Wattwanderungen Johann**
www.wattwandern-johann.de
wattwandern@gmx.de

**Wattwanderer Tammo**
www.wattwanderinfo.de
Kontaktformular auf der Seite

**Wattwanderin Bianca**
www.wattwanderung-wattenmeer.de
wattwanderung-bianca@web.de

Von **Bensersiel** aus startet **Wattwanderer Eilers**
www.wattwanderung-eilers.de
wattman@gmx.de

# 8 Ab ans Meer ins Binnenland

Das »Meer« ist ja bekanntermaßen in Ostfriesland ein See, und viele der Seen bieten im Sommer eine tolle Alternative zur Nordsee, zumal das Wasser dort sowieso nie da ist, wenn man baden will: Das **Timmeler Meer** in Timmel, das **Große Meer** bei Bedekaspel, das **Ottermeer** in Wiesmoor, das **Ihler Meer** in Ihlow und etliche Freizeitseen – sie alle sind tolle Naturfreibäder mit kinderfreundlichen Badestränden.

PS: Viele Ostfriesen fahren auch an Kieskuhlen, die aber meist unbewacht sind.

## 9 Vor lauter Moor den Wald nicht sehen

Zugegeben, es gibt nicht sehr viele, dafür aber umso schönere Wälder. Praktisch um die Ecke in Friesland liegt der **Neuenburger Urwald** bei Zetel, ein 24 Hektar großes, völlig naturbelassenes Waldgebiet, in dem man herrlich wandern kann.

## 10 Industrie-Romantik in Emden

Wenn Sie etwas übrig haben für Parkplatz-Romantik, dann fahren Sie gegen Abend an die **Ostmole** (An der Nesserlander Schleuse): Hier müssen Sie Ihr Bier selbst mitnehmen. Dafür bietet sich ein schöner Blick über die Emsmündung, den Borkumkai und den quirligen Industriehafen. Erwarten Sie jedoch keine Einsamkeit – Wohnmobilbesitzer haben den Platz längst entdeckt ...

# 10 Dinge, die peinlich oder gefährlich sind

**1** **Sagen Sie nicht »Moin, Moin«** – das ist der Urlauberjargon und wirkt ein bisschen gezwungen. Ostfriesen sind ja nicht irgendein südostasiatisches Bergvolk, das kein »Hallo« oder »Guten Tag« verstehen würde. Wollen Sie trotzdem nordisch grüßen, entscheiden Sie sich für ein einfaches »Moin«.

**2** **Füttern Sie niemals die Möwen** – sie haben sich schon so daran gewöhnt, dass sie in den Küstenorten den Menschen das Eis aus der Hand schlagen, um es selbst zu essen. Das schreiben die Einheimischen natürlich der Unkenntnis der Urlauber zu, die die Möwen mit ihrem Anfüttern dazu verleitet haben.

**3** **Verfallen Sie nicht in totale Begeisterung, wenn Sie einen Seehund sehen.** Ja, es gibt sie an der Nordsee, sie sonnen sich täglich auf den Sandbänken. Ostfriesen mögen sie auch, aber lautstarke Gefühlsduselei nervt sie einfach. Können Sie sich nicht sattsehen an den niedlichen Tieren, besichtigen Sie die Seehundstation Nationalpark-Haus in Norden-Norddeich (www.seehundstation-norddeich.de). Da jauchzen alle nach Herzenslust.

**4** **Erzählen Sie keine Ostfriesenwitze in Anwesenheit von Einheimischen.** Das ist ein Zeichen von Respektlosigkeit und kann sogar zur Anklage führen, wie im Falle eines Radiomoderators, der gern Ostfriesenwitze erzählte (siehe Fußnote Seite 217). Die Humorlosigkeit des Klägers wiederum fanden die Ostfriesen auch nicht witzig. Dennoch – lassen Sie es bitte.

**5** **Laufen Sie niemals ohne Wattführer zu weit ins Watt hinaus.** Bei Ebbe und klarer Sicht sind die Inseln verlockend nah. Doch der Schein trügt: Das Wasser kommt schneller als gedacht, vermeintlich kleine Pfützen können sich als tiefe Priele entpuppen. Vermutlich werden Sie von der Küstenwache gerettet – aber das Abenteuer kann trotzdem lebensgefährlich werden.

**6** **Stellen Sie keine naiven Fragen.** Kommen Ihnen die Geschichten eines Fremdenführers schräg vor, dann provozieren Sie ihn oder schweigen Sie. Auf naive Fragen erhalten Sie noch unglaublichere Antworten. Und seien Sie bitte nicht beleidigt, wenn ein Einheimischer Ihnen Seemannsgarn auftischt. Lachen Sie herzlich mit.

**7** **Sagen Sie niemals, dass Jever in Ostfriesland liegt.** Jever liegt in Friesland, was ab 1575 zur Grafschaft Oldenburg gehörte, mit deren Obrigen man eine innige Feindschaft pflegte. Sagen Sie auch nicht »Jewer« – es wird mit »Vogel-Vau« geschrieben und gesprochen.

**8** **Laufen Sie bitte nicht im Ostfriesennerz und mit Südwester auf dem Kopf durch ostfriesische Städte.** Auch wenn Otto dieses Outfit in seinen Filmen kultivierte, ist das nicht der hier übliche Kleidungsstil. Außer Urlaubern trägt das heute wirklich kein Mensch.

**9** **Zwingen Sie niemandem ein Gespräch auf.** Sie können jeden jederzeit um Hilfe bitten, und in der Regel wird man ihnen zuvorkommend und freundlich helfen. Vielleicht entwickelt sich daraus auch ein Gespräch – aber ein Schwätzchen nach rheinischer Manier hat der Ostfriese nicht gern.

**10** **Seien Sie nicht beleidigt, wenn Ihnen jemand unkommentiert Pinkel zum Essen anbietet.** Fragen Sie aber bitte auch nicht, ob da Schweine-Urin drin ist – Ostfriesen sind ja keine Ferkel. Pinkel ist lediglich der norddeutsche Begriff für eine grobe Wurst, die zum Grünkohl gereicht wird.

# Glossar

**Blinkfüer**

An den ostfriesischen Küsten stehen etliche Leuchttürme, aber erst seit dem Kinohit »Otto – der Film« kennt man einen von ihnen: den gelb-rot gestreiften Turm in Pilsum. Er ist zum Wahrzeichen der Region geworden und ein beliebter Ort zum Heiraten in der Krummhörn. Informationen dazu finden Sie unter www.pilsumer-leuchtturm.de. Heiraten kann man übrigens auch im Alten Leuchtturm auf Wangerooge: www.leuchtturm-wangerooge.de.

**Bogenmachen**

Auch wenn sie vielleicht nicht so viel reden – Ostfriesen lieben die Geselligkeit. Also finden sie Anlässe, indem sie Geburtstagskindern, Frischvermählten oder neuen Nachbarn einen aus Tannengrün gebundenen Türbogen bringen. Indirekt fordern sie den Beschenkten damit auf, zu einer Party einzuladen. Die muss nicht so groß wie Spanferkelgrillen mit Champagner ausfallen: Ein kleiner geselliger Abend mit Snacks und Bier tut es allemal.

## Boßelkugel

Wichtigster Bestandteil des ostfriesischen Nationalsports. Sie wird von Frauen wie Männern über ostfriesische Straßen geschleudert. Früher bestand sie aus Holz, heute boßelt man mit Gummikugeln von etwa zehn Zentimetern Durchmesser oder Kunststoffkugeln (zwölf Zentimeter Durchmesser).

## Cosmas- und Damianflut

Sie war die bislang schlimmste Sturmflut in der Dollart-Region (1509). Sie rollte im September über das Rheiderland und die niederländische Seite des Dollarts hinweg. Unzählige Menschen und Tiere kamen darin um. Dörfer verschwanden von der Landkarte. Der Dollart dehnte sich aus und die Ems suchte sich ein neues Flussbett. Das hatte dramatische Folgen für die Stadt Emden: Ihr Hafen lag nun an einem verlandeten Seitenarm, damit verlor er seine Bedeutung als wichtigster Hafen Europas. Im September 2009 gab es anlässlich des 500. Jahrestags zahlreiche Feiern in der deutschen und niederländischen Emsregion.

## Eala Frya Fresena – Seid gegrüßt, freie Friesen!

Vereinfacht gesagt ist das im Mittelalter der Gruß stolzer, freier Friesen (auch wenn in der Wissenschaft verschiedene Übersetzungen konkurrieren). Anders als im Rest Europas waren die Friesen schon im Mittelalter niemandem unterstellt als dem Kaiser: Sie verwalteten sich selbst und schufen ihr eigenes Rechtssystem. Einmal im Jahr trafen sich die Vertreter der freien Landgemeinden in Upstalsboom bei Aurich. Der frühmittelalterliche Grabhügel dort gilt bis heute als Symbol der Friesischen Freiheit. Bis heute wirkt der Freiheitsdrang nach, was man auch daran sieht, dass Autofahrer mit eben dem Spruch in Ostfriesland begrüßt werden.

## Eiertrullern

Ein alter ostfriesischer Brauch mit einer einfachen Regel:
Wer am schnellsten ein Ei den Sandberg am Strand hin-
unterrollen lässt, hat das Spiel gewonnen – vorausgesetzt,
das Ei bleibt heile.

## Emden

Mit über 50.000 Einwohnern Ostfrieslands größte Stadt
und mit Volkswagen sowie den ehemaligen Nordseewerken
(heute Siag Nordseewerke) das industrielle Zentrum der
Region. Wenngleich im Zweiten Weltkrieg 80 Prozent der
Stadt zerstört wurden, hat sie sehr viel Charme. Das liegt
einerseits an der ehrwürdigen Hafenatmosphäre und andererseits an dem Treiben in den Straßen: Hier gibt es eine
Fachhochschule, die viele junge Leute anzieht. Mittlerweile
entwickelt Emden sich auch zu einem wichtigen Stand-
ort für Offshore-Windenergie: Die Bard-Gruppe fertigt
hier seit Anfang 2007 unter anderem Komponenten für
Offshore-Windkraftanlagen. Seit die Bundesregierung im
Frühjahr 2011 den Ausstieg aus der Atomenergie beschlossen hat, hofft die Region auf einen weiteren wirtschaftli-
chen Aufschwung durch die Windenergie vor der Küste.

## Emssperrwerk

Es ist eines der modernsten Sperrwerke in ganz Europa,
das dem Küstenschutz dient. Außerdem kann es die Ems
aufstauen, damit die großen Kreuzfahrtschiffe der Meyer-
Werft passieren können. Um das Emssperrwerk hat es
jahrelang Streit gegeben. Naturschützer klagten mehrfach
gegen das Bauwerk und insbesondere das Aufstauen der
Ems. Ein Grund: Zahlreiche Vogelgelege würden dadurch
vernichtet. Mittlerweile hat die Werft einen »Zukunfts-
vertrag« mit den Umweltverbänden geschlossen. Sie ak-
zeptieren, dass die Meyer-Werft in Papenburg bleibt. Die

Werft erkennt im Gegenzug an, dass die Ems ökologische Probleme hat. Gemeinsam versuchen sie, Ökonomie und Ökologie besser in Einklang zu bringen.

## Esens

Esens liegt zwar nicht am Wasser, darf sich aber Küstenstadt nennen – denn der Badeort Bensersiel ist ein Ortsteil der zweitkleinsten ostfriesischen Stadt (circa 14.000 Einwohner). Entsprechend spielt der Tourismus hier auch die wichtigste Rolle. Allerdings hat Esens selbst mit seinem historischen Stadtkern, der St.-Magnus-Kirche und seiner Häuptlingsgeschichte einiges für Urlauber zu bieten.

## Fehntjer-Tief-Niederung

In diesem natürlichen Flusslauf zwischen Aurich und Leer fließen mehrere Gewässer zusammen. Entstanden ist das Gebiet durch die Eiszeiten. Zunächst als Rinne, über die das Wasser in Richtung Küste ablaufen konnte. Durch weitere klimatische Veränderungen wurde die Entwässerung behindert (siehe Moor). Das Gebiet versumpfte, es entstanden die Niedermoore mit ihren Seen und ihren Feucht- und Nasswiesen (*Meeden*). Als die Friesen die Moore besiedelten und entwässerten, diente das Fehntjer Tief als Wasserstraße nach Emden. Von Westgroßefehn aus fließt es Richtung Westen nach Oldersum, wo es in die Ems mündet. Landschaftlich ist diese Gegend mit seinen vielen Brutplätzen für Vögel, den Feucht- und Nasswiesen und schilfbewachsenen Wasserläufen ein Kleinod für Paddler und Bootsfahrer. Mittlerweile sind große Teile unter Naturschutz gestellt, weil es eine der letzten weiträumigen und unverbauten Hammrich-Landschaften in Nordwestdeutschland ist. Die Naturschutzstation Fehntjer Tief in Lübbertsfehn gibt ausführlich Auskunft über die Region: www.naturschutzstation-fehntjertief.niedersachsen.de.

## Geest

Die Geest gehört zur ostfriesischen Landschaft wie die Marschgebiete und die Moore. Anders als die Marsch sind die Böden hier eher steinig. Entstanden ist sie durch die Eiszeiten. Gletscher aus Skandinavien bewegten sich Richtung Süden und trugen Geröll und Gestein bis nach Norddeutschland. Als das Eis schmolz, blieben die steinig-sandigen Böden zurück, die man in der gesamten Weser-Ems-Region findet. Der Begriff stammt vom niederdeutschen »güst«, das unfruchtbar beziehungsweise karg bedeutet.

## Goldene Linie

Die Friesen ließen sich nicht beirren. Sie rangen dem Meer systematisch wieder Land ab, deichten die Harlebucht schrittweise weiter ein. Das Projekt war so gigantisch, dass Ostfriesen und Jeveraner zusammenarbeiteten und sich im Vorfeld auf die Verteilung des Neulands einigten. Der Legende nach legten die Fürstin von Ostfriesland und der Graf aus Oldenburg (der zugleich Herr über Jever war) im Jahr 1666 gemeinsam die Grenzen fest. Dort, wo der ostfriesische und der jeversche Deich sich treffen sollten, zog man angeblich auf der Seekarte mit goldener Tinte eine Linie bis zu einem Punkt zwischen den Inseln Spiekeroog und Wangerooge. Noch heute ist die Goldene Linie die Grenze zwischen Ostfriesland und Friesland.

## Goldener Ring

Bezeichnung für die Deichanlagen, die die Nordseeküsten schützen. Bereits um 1000 n. Chr., so wird angenommen, legten die Friesen die ersten Deiche an. Aus dem Jahr 1156 datiert ein Schriftstück, das Rückschlüsse auf umfangreiche Deichbauten zulässt. Im 13. Jahrhundert war dann die gesamte Nordseeküste durch einen Deich geschützt – der sogenannte Goldene Ring. Eine dramatische Flut riss allerdings später den Deich weg und weite Landstriche wieder an sich.

## Granat
Ostfriesischer Ausdruck für Nordseegarnelen, im Volksmund »Krabben«. Bis zu neun Zentimeter lang werden sie. Auf dem Meeresgrund sehen sie milchig-grau aus, da sie ihre Farbe dem Untergrund anpassen. Erst beim Kochen auf dem Kutter werden sie rot.

## Greetsiel
Der beliebte Küstenort liegt nur wenige Kilometer vom berühmten rot-gelben Pilsumer Leuchtturm entfernt. Das Wahrzeichen ist neben den Zwillingsmühlen am Ortseingang vor allem der 600 Jahre alte Hafen. Das Besondere: Von hier startet immer noch eine große Kutterflotte zum Fischfang. Die meisten der alten Häuser am Hafen und in den Gassen sind schön restauriert und bieten gute Restaurants und nette kleine Läden. Kein Wunder also, dass der Ort in den vergangenen 15 Jahren rasant gewachsen ist.

## Gulfhöfe
Die rot geklinkerten Bauernhöfe mit den ans Wohnhaus grenzenden breiten Scheunen prägen bis heute das Landschaftsbild auf der ostfriesischen Halbinsel. Ihre räumlich Aufteilung ist gut überlegt: Ein Flur und eine Brandmauer trennen Wohn- und Arbeitstrakt, damit im Notfall ein Feuer nicht alles niederbrennt. Den Namen verdankt der Gulfhof der Ständerwerkbauweise – vier starke Baumstämme bilden einen würfelartigen »Gulf«. Je nach Hofgröße variiert die Anzahl der Gulfe im Wirtschaftsteil. Touristiker nennen die Häuser »Kathedralen der Arbeit« – denn insbesondere die großen Höfe in der Marschregion erinnern von ihrer Größe her schon fast an Kirchen.

## Jever

Ein herbes Bier aus der Kreisstadt des Landkreises Friesland. Für den Außenstehenden kaum wahrnehmbar: Westlich von Wittmund verläuft die Grenze zwischen Ostfriesland und Friesland. Jever war einst stolze Seehafenstadt und für Jahrhunderte ein bedeutender Handelsort. Selbst als die Stadt verlandete, schmälerte das nicht die Macht der Jeverländer. Ihre Unabhängigkeit endete tragisch: Maria, die sehr erfolgreiche Regentin und Erbtochter des letzten Friesenhäuptlings, blieb kinderlos. Nach ihrem Tod im 16. Jahrhundert kam Jever so zur Grafschaft Oldenburg und wurde dann durch Erbschaften weitergereicht, bis es im 19. Jahrhundert wieder an das Großherzogtum Oldenburg fiel. Trotz wechselnder Herrscher ist der Stolz geblieben – und das alte Schloss sowie zahlreiche schöne Häuser aus glänzenden Zeiten.

## Kluntje und Wulkje

Kluntje sind dicke Stücke Kandis, ein Muss für jeden Ostfriesentee-Trinker. Sie knistern, wenn der heiße Tee darauf gegossen wird, und zerfallen meist sehr schnell. Dann wird das Wulkje, ein Sahnehäubchen, aufgegossen. Kalorienbewusste Teetrinker erlauben sich, das Kluntje mit dem Löffel herauszufischen und ihn für mehrere Tassen zu benutzen.

## Knochenbrecher

Eine Art autodidaktischer Chiropraktiker. Noch immer gibt es viele dieser Heiler, die bei Menschen und Tieren Gelenke einrenken, sie mit ernsthaften Beschwerden und Knochenbrüchen aber zum Arzt überweisen. Nach wie vor sind Knochenbrecher absolute Respektspersonen an der Waterkant.

## Kunsthalle Emden

Sie ist deutschlandweit bekannt für ihre Sammlung und ihre Ausstellungen zur modernen und zeitgenössischen Kunst. Gegründet haben sie 1986 der langjährige »Stern«-Chefredakteur Henri Nannen und seine Frau Eske – Nannen stiftete das Museum, das nach und nach erweitert wurde, und gab seine persönliche Sammlung hinein. Im Jahr 2000 bereicherte eine Schenkung des Münchener Galeristen Otto van de Loo den Bestand. Hinzu kommen hochkarätige Sonderausstellungen. Für Künstlernachwuchs sorgt Eske Nannen selbst, dank der Kinder-Malschule. Im Jahr 2011 feierte die Kunsthalle ihr 25-jähriges Bestehen und den zweimillionsten Besucher. Adresse: Hinter dem Rahmen 13, 26721 Emden, Info-Tel.: 04921 / 97 500, Di–Fr 10–17 Uhr, Sa, So und Feiertage 11–17 Uhr, Mo geschlossen. Mehr Informationen unter www.kunsthalle-emden.de.

## Leer

Leer ist die drittgrößte Stadt Ostfrieslands (nach Emden und Aurich) und aus gutem Grund eine alte Handels- und Hafenstadt: Ihr Ursprung liegt dort, wo die Leda in die Ems mündet, und damit etwa auf halber Strecke zwischen Oldenburg und dem Handelszentrum Groningen. Die geografisch günstige Lage sicherte der Stadt im 16. Jahrhundert auch den Aufstieg als Marktort. Während der Reformationszeit ließen sich verfolgte Christen, insbesondere aus den Niederlanden, in der Stadt nieder und verhalfen ihr gegen Ende des 16. Jahrhunderts zur Blüte: Sie vergrößerten die Leinenweberei und erkannten das Potenzial des Hafens. Heute knüpft die Stadt wieder an ihre früheren Glanzzeiten an.

## Maibaum

Jedes Jahr freuen sich die Ostfriesen über die Maibäume, die in der Region stehen, und fahren sie auch gern mit dem Fahrrad ab. Leider werden es weniger, auch hier lässt die Begeisterung für alte Sitten und Gebräuche sowie arbeitsreiche Veranstaltungen nach.

## Marsch

Die Marsch ist das fruchtbare Gebiet an der Küste. Es ist durch das Auf- und Ablaufen des Meeres entstanden: Die Flut spülte Schlick und Sand an Land, woraus sich nach und nach der nährstoffreiche Küstenstreifen mit schweren Böden entwickelte. Die Erde war ideal für den Ackerbau, sodass die Landwirte an der ostfriesischen Küste wohlhabend wurden. Sie bauten nicht nur große Höfe, sondern auch große Kirchen.

## Martini

In Ostfriesland wird der Geburtstag Martin Luthers gefeiert, am 10. November jeden Jahres – und nicht der Martinstag wie in katholischen Gegenden. Zu Martini ziehen die Kinder mit Laternen von Haus zu Haus und singen plattdeutsche Lieder. Wichtig nicht nur für Zugezogene: Süßigkeiten vorrätig halten!

## Meer

Bezeichnung für einen Binnensee, meist für die Moorseen wie Großes Meer, Ewiges Meer, Ottermeer und andere. Die Nordsee hingegen ist für die Ostfriesen »die See«, ein Fluss ein »Tief«. Das »Fehntjer Tief« ist also nicht der Kanal Richtung Wiesmoor, sondern der natürliche Wasserlauf Richtung Emden.

## Moor

Das Moor gehört zu Ostfriesland wie die Geest und Marsch: Entstanden ist es wohl vor etwa 8.000 Jahren, als das Klima sich erwärmte, der Meeresspiegel anstieg und das Wasser von der Geest nicht mehr an die Küste ablaufen konnte. Es bildeten sich Nieder- und Hochmoore. Für Menschen waren sie lange Zeit kaum passierbar und auch nur mit harter körperlicher Arbeit zu bezwingen. Oft genug brachte das Moor den Tod – deshalb erzählten die Ostfriesen sich früher schaurige Geschichten über Moorleichen, böse Kobolde und andere Nachtgestalten. Mittlerweile sind große Teile der Moorlandschaften verschwunden. An die harte Zeit erinnern nur noch die schönen Moorseen wie das Ewige Meer oder Moormuseen, in denen das frühere Leben eindrucksvoll gezeigt wird. Lohnenswert sind insbesondere das Moormuseum Moordorf, Victoburer Moor 7a, 26624 Moordorf/Südbrookmerland, geöffnet von Frühlingsanfang bis 31. Oktober, täglich 10–18 Uhr, www.moormuseum-moordorf.de; und das Torf- und Siedlungsmuseum Wiesmoor, Dahlienstraße 26, 26639 Wiesmoor, geöffnet von Mitte März bis Oktober, täglich 10–18 Uhr, www.torf-und-siedlungsmuseum.de.

## Norden

Norden ist die nordwestlichste Stadt Deutschlands und die älteste Ostfrieslands. Bereits Anfang des 13. Jahrhunderts ließen sich die ersten Menschen hier nieder. Sie kamen vom Meer: In Norden kreuzten sich praktisch die Seehandelswege von Bremen entlang der Küste und aus Westfalen die Ems hinunter. Wie auch Emden und Leer war Norden eine reiche Handels- und Hafenstadt, was anhand der Baudenkmäler (etwa die Bürgerhäuser auf dem Marktplatz) und der Ludgeri-Orgel (siehe auch Kasten: Wenn der Wind Musik macht, Seite 117) zu sehen ist.

Heute ist Norden mit seinem Stadtteil Norddeich vor allem Nordseebad – der Tourismus spielt hier eine große

Rolle. Ganz in der Nähe von Norden befinden sich zwei interessante Burgen: Burg Berum, der ehemalige Stammsitz der Häuptlingsfamilie Circsena (www.burgberum.de) sowie das Schloss Lütetsburg mit seinem in der Region einzigartigen Landschaftspark (www.schlosspark-luetetsburg.de, siehe auch 10 Dinge, die man getan haben muss).

## Okka, Kea und Co.
Die Ostfriesen haben nicht nur ihre eigene Sprache, sie haben auch ihre eigenen Namen, von denen ein paar in diesem Buch vorkommen. Einige davon sind dem Buch »Jan & Greetje. Ostfriesische Namen« entnommen. Mittlerweile werden sie auch überregional salonfähig. Auf der Suche nach einem besonderen – und schönen – Vornamen greifen auch Nichtfriesen immer mal wieder zu einem Namensbuch plattdeutscher Vornamen. Insa übrigens ist ebenfalls ostfriesisch.

## Omas Teich
»Eastfrisian Festivalstyle« ist ein Musikfestival, das 10.000 Jugendliche in die Gemeinde Großefehn lockt. Dort spielen ostfriesische Größen, aber auch Lieblinge wie die deutsche Popband »Wir sind Helden« und die britische Rockband »Editors«.

## Ossiloop
Was vor 30 Jahren klein begonnen hat, ist mittlerweile zum Massenlauf geworden: der Ostfrieslandlauf (Ossiloop). Über 2.000 Profi- und Hobbyläufer treffen sich drei Wochen lang, um insgesamt sechs etwa 10 bis 14 Kilometer lange Etappen von Leer nach Bensersiel zu laufen. 500 Helfer sorgen dafür, dass die Läufer mit Bussen zu den Treffpunkten kommen, verpflegt und im Notfall medizinisch versorgt werden. Als vor eini-

gen Jahren einmal nicht alle Laufergebnisse nach jeder der sechs Etappen in der Zeitung standen, gab es Proteste. Alle wollen lesen, wer wie gelaufen ist – feuern die Sportler dafür aber auch am Wegesrand tatkräftig an. Der Ossiloop ist auch für Touristen eine tolle Möglichkeit, Land und Leute kennenzulernen, da man einzelne Etappen laufen kann. Informationen gibt es unter: www.ossiloop.fortuna-logabirum.de.

Weitere Läufe mit Tradition in der Region: der Nordseelauf Ende Juni, in acht Etappen entlang der Nordseeküste und auf einigen Inseln (www.nordseelauf.de) sowie diverse Cityläufe, etwa der in Norden im April (www.citylauf-norden.de) oder der Jever-Fun-Lauf in Schortens im August (www.jever-fun-lauf.de) sowie der Citylauf Leer im September (www.citylauf-leer.de).

**Ostfriesenabitur**
Eine Erfindung der Stadt Wittmund, wo seit 1978 das »original Ostfriesenabitur« absolviert werden kann. Getreu dem Motto »Boßeln ist Bildung« werden hier selbstironisch ostfriesische Sitten und Bräuche nähergebracht.

**Ostfriesensofas**
Sogar die Polstermöbel sind anders an der Waterkant, und eigentlich ist es verwunderlich, warum sie sich nicht in der ganzen Republik durchgesetzt haben. Schließlich sind sie nicht nur praktisch, sondern auch bequem: Ein Ostfriesensofa ist hoch wie ein Stuhl und sehr tief. Meist kann man die Seiten ausklappen, um nach dem deftigen Mittagessen ein Schläfchen zu halten. Das Ostfriesensofa steht in der Küche am Esstisch. Meist kann man auch passende Stühle und Lehnstühle dazu kaufen. Noch heute gibt es einige Polstereien in Ostfriesland, die diese Sofas anfertigen.

## Ostfriesland

Wenn man auf die Landkarte schaut, ist es nahe liegend, dass mit »Ostfriesland« die ganze ostfriesische Halbinsel gemeint ist. Tatsächlich gelten aber nur die Landkreise Leer, Aurich, Wittmund und die Stadt Emden als Ostfriesland, bei Wittmund verläuft die Grenze zum Landkreis Friesland (siehe Goldene Linie). Touristisch wird mittlerweile jedoch die ganze Halbinsel als Ostfriesland vermarktet.

## Paddstockspringen

Was heute im Wesentlichen als Touristenbelustigung beim Ostfriesenabitur in Wittmund gedacht ist, war zu Zeiten unpassierbarer Wege eine Art Verkehrsmittel. Wenn die Gräben randvoll mit Wasser gefüllt waren, half oftmals nur ein langer Stock, um sie trockenen Fußes zu überqueren.

## Pharisäer

Dieses Getränk stammt eigentlich aus Nordfriesland und hat verschiedene Legenden zum Ursprung. Fakt aber ist: Dieser Kaffee mit Rum und Schlagsahne ist auch in Ostfriesland sehr beliebt. Es heißt, dass es auf der Insel Nordstrand einmal einen strengen Pastor gab, vor dem die Leute keinen Alkohol trinken durften. Bei der Taufe seines Kindes überlistete ein Bauer den Geistlichen, indem er für sich und seine weltlichen Gäste Kaffee mit Rum einschenkte. Wie der Pastor den Schwindel entdeckte, ist unklar. Jedenfalls rief er empört: »Oh, ihr Pharisäer!« Damit war der Name geboren.

## Plattdüütsk

Plattdeutsch oder Niederdeutsch. Bis in die 1980er-Jahre hinein war Plattdeutsch verpönt als Sprache der einfachen

Bevölkerung. Nun wird man sich der eigenen Wurzeln bewusst und versucht, in Kindergärten, Schulen, Kirchen und Theatern die Menschen wieder zum Plattdeutschsprechen zu bewegen.

## Rhauderfehn

Eine der ältesten Fehnkolonien in der Region. Auch hier wurde zuerst das Moor abgetragen und wurden dann Kanäle gebaut, später Schiffe: Sieben Werften gab es einst in West- und Ostrhauderfehn. Heute nutzt der Ort seine idyllische Kanallandschaft mit Klappbrücken und Mühlen für den Tourismus. Er ist insbesondere bei Fahrradtouristen beliebt (Deutsche Fehnroute: www.deutsche-fehnroute.de).

## Saterland/Seelterlound

Abgeschieden im Moor hat sich in der Gemeinde südlich von Leer bei Rhauderfehn ein eigener Mikrokosmos entwickelt. Sogar ein eigenes Plattdeutsch sprechen die Menschen hier, das Saterfriesisch. Es hat bis heute überlebt und wird von etwa 2.000 Menschen gesprochen. Damit gilt das Saterland (oder auch Seelterlound) laut Guinnessbuch der Rekorde als »kleinste Sprachinsel Europas«. Abgeschieden und ursprünglich wirkt das Saterland immer noch – deshalb ist es bei Urlaubern so beliebt. Infos gibt es unter www.saterland.de.

## Siele

Das sind selbstständig arbeitende Tore im Deich, die nach wie vor zur Entwässerung dienen. Bei Ebbe öffnen sie sich, damit das Wasser aus den Kanälen und Gräben der feuchten Marschgebiete abfließen kann. Bei Flut schließen sie sich, damit kein Salzwasser auf die Felder geschwemmt wird. Im Laufe der Zeit spülte das abfließende Kanalwasser Rinnen ins Wattenmeer, sodass an einigen Sielorten Häfen angelegt werden konnten. Diese Sielhäfen sind typisch für die ostfriesische Nordseeküste. Allerdings waren die meisten Häfen dem Meer direkt ausgesetzt und konnten sich nicht vor Sturmfluten schützen.

## Speckendicken-Essen

Diese alte Tradition haben insbesondere Bürgervereine wieder aufleben lassen, beispielsweise der »Möhlenkring Rhaude-Holte«: Der Verein war auf der Suche nach Geldquellen für den Wiederaufbau der alten Mühle. Da kam ihnen vor 20 Jahren die Idee zum Speckendicken-Essen. Mittlerweile bieten mehrere Mühlenvereine das Speckendicken-Essen an.

Die herzhaften Pfannkuchen werden aus einer besonderen Mehlmischung mit Speck und Mettwurst gebraten und zu Silvester gegessen. Ostfriesisches Schwergewicht wie auch *Mehlpütt* (eine Art Germknödel), *Großheider Stippe* (Mehlschwitze mit Kartoffeln und Fisch), *Krintstuut mit Botter und Kaas* (Rosinenbrot mit Butter und Tilsiter) und *Bohntjesopp* (Branntwein mit Rosinen). Speckendicken werden übrigens häufig mit Buchweizenmehl gemacht. Das Knöterichgewächs war früher populär in Ostfriesland, weil es die einzigen Saatkörner waren, die auf den kargen Moorböden wuchsen.

## Sturmflut

Seit etwa 1.000 Jahren ringen die Friesen der Nordsee in unermüdlicher Arbeit Land ab und deichen es ein. Aber kein Jahrhundert vergeht, ohne dass Sturmfluten die Deichlinie aufgebrochen haben. Auch wenn die Deiche immer sicherer gebaut werden und der moderne Küstenschutz besser funktioniert als früher, bleiben Sturmfluten eine Gefahr für das Land am Meer.

**Törfmuttje**

Kosename für die voll beladenen Torfschiffe, die mit Leine und Spaten über die Kanäle Richtung Emden gezogen werden mussten.

**Verlaat**

So nennen Ostfriesen die Schleusen, die die Höhenunterschiede zwischen Ostfrieslands Mitte und den niedriger gelegenen Gebieten überbrücken. An den Verlaaten gab es früher gemütliche Wirtsstuben beim Schleusenwärter. Dort bezahlten die Schiffer das Schleusengeld und gönnten sich eine Pause. Die Schiffsjungen mussten in der Zeit die Schleusentore öffnen und schließen – so wie Wibkes Großvater in seiner Jugend.

**Watt**

Touristiker nennen das Watt nicht umsonst Wunderwelt: Das Weltnaturerbe ändert stündlich sein Gesicht. Bei Ebbe krabbeln Krebse und Wattwürmer aus ihren Löchern, Möwen und Austernfischer schwirren auf Nahrungssuche über das Watt. Noch dazu ist es Lebensraum für Nordseefische und Rastgebiet für zahlreiche Vögel. Wichtig ist: niemals allein ins Watt gehen. Die Nordsee ist kein Binnengewässer! Die Flut kommt schneller, als der Ortsunkundige denkt. Außerdem schneiden immer wieder Priele den Rückweg ab.

**Wiesmoor**

Einst arme Moorkolonie ist Wiesmoor heute mit seinem großen Gartenbaugebiet bekannt als »Blumengemeinde«. Für die Bekanntheit sorgt die Blütenkönigin, die jedes Jahr auf dem Blütenfest gewählt wird: Auch ansonsten hat Wiesmoor eine Menge zu bieten. Die Gemeinde ist in den vergangenen Jahrzehnten so stark gewachsen, dass sie

vor einiger Zeit zur Stadt aufgestiegen ist und nun Ostfrieslands jüngste und (bislang) kleinste Stadt ist.

## Windmühlen

Windmühlen haben eine lange Tradition an der Waterkant. Bereits 1424 wurde die erste in Ostfriesland erwähnt,
beim Kloster Marienkamp nahe der Stadt Esens. Vor über
100 Jahren gab es in Ostfriesland über 170 Mühlen. Davon sind immerhin etwa 90 erhalten, die teils noch kom-
merziell, teils privat genutzt und teils von Heimatvereinen
betrieben werden. Häufig sieht man hier die Galerieholländer (mit außen umlaufender Galerie, damit der Müller
die Flügel erreichen kann). Jedes Jahr am Pfingstmon-
tag öffnen viele der Mühlen ihre Türen zum Deutschen
Mühlentag. Eine Übersicht über alle Mühlen gibt es unter
www.ostfriesland.de.

## Wittmund

Wittmund ist Kreisstadt im gleichnamigen Landkreis.
Auch hier spielt der Tourismus eine zentrale Rolle. Mit
dem selbstironischen »Ostfriesenabitur« ist die Stadt bun-
desweit bekannt geworden. Wem Paddstockspringen zu
anstrengend ist, sei ein Spaziergang durch die historische
Altstadt ans Herz gelegt. Lohnenswert ist auch ein Besuch der Peldemühle: Dabei handelt es sich um den ältesten Galeriehölländer Nordwestdeutschlands (1741), der
von einem Heimatverein liebevoll restauriert worden ist
(www.heimatverein-wittmund.de). Ähnlich wie in Esens
spielt sich das touristische Leben der Stadt aber eigentlich
im 14 Kilometer entfernten Ortsteil Carolinensiel ab. Der
idyllische Ort war früher einmal der wichtigste Sielhafen
an der ostfriesischen Küste.

# Wörterbuch

| | |
|---|---|
| *all up Stee* | alles in Ordnung |
| *alltied* | jederzeit/immer |
| *Bangbüx* | Angsthase |
| *'N beten scheev hett Gott leev.* | Gott mag auch das, was nicht perfekt ist. (Ein bisschen schief hat Gott lieb.) |
| *Bohntjesopp* | Rosinen in Branntwein |
| *böskuppen* | einkaufen |
| *Dat löppt sük al torecht!* | Das wird sich schon ergeben/ von allein regeln! |
| *Denn man to!* | Dann man los! |
| *daar neet för* | bitte sehr, gern geschehen, nicht der Rede wert |
| *Döntjes* | Späße, Witze |
| *Döösbattel/Döösbaddel/ Dööskopp* | Trottel, Trampel, Dummkopf |

| | |
|---|---|
| *Dwarsloper* | Krebs/Krabbe, wortwörtlich: Querläufer |
| *elk sien Pläseer* | jedem sein Vergnügen |
| *eerst maal en Koppke Tee* | erst einmal eine Tasse Tee trinken |
| *Feudel* | Wischtuch, Putzlappen, Aufnehmer |
| *Fleitjepiepen!* | Pustekuchen! Von wegen! |
| *Hej, wat mooi!* | Ach, wie schön! |
| *heel wat Besünners* | etwas ganz Besonderes |
| *Holl di fuchtig!* | Bleib, wie du bist! Mach weiter so! |
| *Holl di munter!* | Auf Wiedersehen! Bleib gesund! |
| *Ik bün nettso blied as 'n Kluntje in d' Tee.* | Ich bin froh wie der Mops im Haferstroh. Ich fühle mich pudelwohl. |

# Wörterbuch

| | |
|---|---|
| *Ik bün so benaut.* | Mir ist nicht wohl. Ich fühle mich schwach. |
| *Ik gah up Böskupp.* | Ich gehe einkaufen. |
| *koppheister gahn* | kaputt gehen, über Kopf/verloren/über Bord gehen |
| *Bellmer* | besonders großes Exemplar |
| *Klappreekner* | Notebook |
| *(rum)margeln* | unsauber/unordentlich schreiben |
| *klönen* | plaudern, sich unterhalten |
| *Klöönsnack* | kurzes, lockeres Gespräch |
| *klöterig* | klapprig, erbärmlich |
| *klötern* | klappern, klirren |
| *Klookschieter* | Klugscheißer |
| *Kluntje* | Kandiszucker |

| | |
|---|---|
| *Klüsen* | Augen |
| *Kraam* | Kram, Zeug |
| *köör* | wählerisch (beim Essen) |
| *liekut* | geradeaus |
| *lüttjet* | klein |
| *Manchesterbüx* | Cordhose |
| *Mi geiht dat good /schofel.* | Es geht mir gut/schlecht. |
| *middenmank* | mittendrin |
| *mucksk* | beleidigt, eingeschnappt |
| *plätten* | bügeln |
| *Pottjekieker* | Topfgucker (einer, der in die Töpfe guckt, um zu sehen, was es zu essen gibt) |
| *proten* | sprechen, sich unterhalten |

# Wörterbuch

| | |
|---|---|
| *Rietsticken* | Streichhölzer |
| *Söten* | Kuss |
| *slickern* | naschen |
| *Smeerlapp* | Schmutzfink |
| *snacken (proten)* | sprechen, sich unterhalten |
| *Snösel* | Bengel, arroganter Laffe |
| *schulig* | wettergeschützt, lauschig |
| *Töffel* | Tölpel, Trottel |
| *Törfmuttje* | Torfschiff, Flachbodenschiff |
| *Umto* | Umgebung |
| *verhohnepipeln* | (= hochdeutsch: verspotten) |
| *verfehren* | erschrecken |
| *van 't Padd of* | neben der Spur (vom Weg abgekommen) |

| | |
|---|---|
| *Verlaat* | Schleuse |
| *Warf* | künstlich aufgeschütteter Hügel |
| *Wo laat ist dat?* | Wie spät ist es? |
| *Wo geiht di dat?* | Wie geht es dir? |

# Die Fettnäpfchenführer: Unsere Buchreihe, die sich auf vergnügliche Art dem Minenfeld der kulturellen Eigenheiten widmet.

www.fettnaepfchenfuehrer.de

**NEU**

London ist die Stadt, die einmal der Nabel der Welt war – und deren Bewohner sich bis heute so fühlen, als wäre dies noch so. Eine Stadt, in der man 24 Stunden am Tag einkaufen kann, in der in vielen Badezimmern aber nach wie vor die Mischbatterie fehlt; in der die Kunst- und Modeszene ein Zuhause hat, einem aber mit der falschen Anzugfarbe mancherorts der Einlass verwehrt wird. Es ist die Stadt, die für Fish & Chips bekannt ist wie keine andere – und die zugleich über die feinsten Restaurants Europas verfügt.

*Tauchen Sie ein in das größte Dorf Englands, das in vielen Punkten ganz anders ist als der Rest der Insel – und manchmal doch so gleich.*

Michael Pohl
**Fettnäpfchenführer**
**London (Stadt-Edition)**
ISBN 978-3-943176-73-5

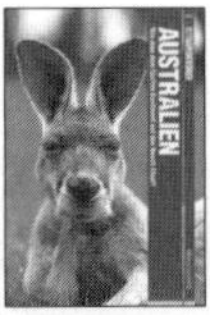

AUSTRALIEN ISBN 978-3-943176-88-9 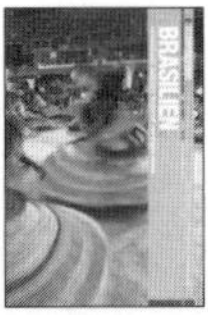
BRASILIEN ISBN 978-3-934918-92-4 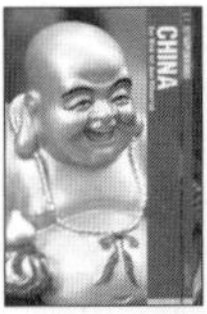
CHINA ISBN 978-3-943176-26-1 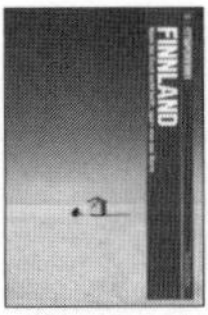
FINNLAND ISBN 978-3-943176-66-7

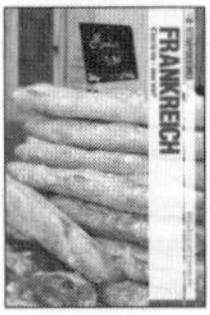

FRANKREICH ISBN 978-3-934918-74-0 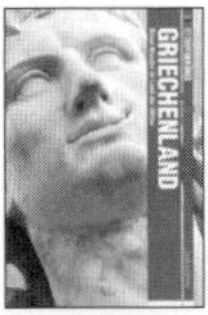
GRIECHENLAND ISBN 978-3-934918-82-5 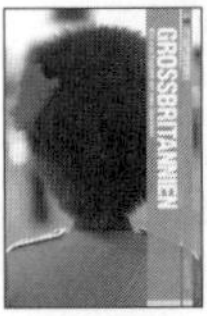
GROSSBRITANNIEN ISBN 978-3-943176-31-5 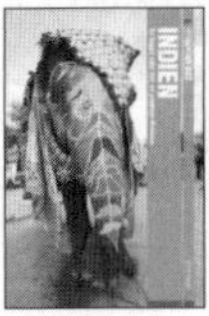
INDIEN ISBN 978-3-934918-85-6

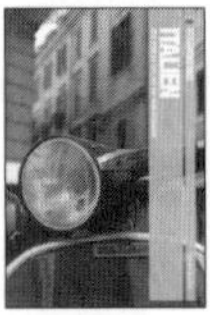

ITALIEN ISBN 978-3-934918-47-4 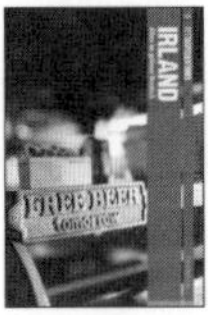
IRLAND ISBN 978-3-943176-41-4 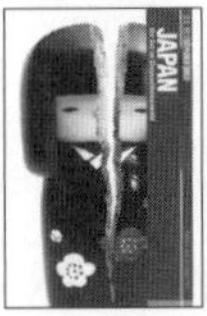
JAPAN ISBN 978-3-943176-24-7 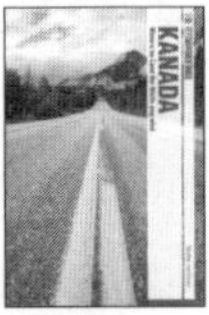
KANADA ISBN 978-3-934918-77-1

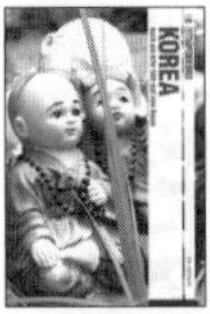

KOREA ISBN 978-3-943176-38-4 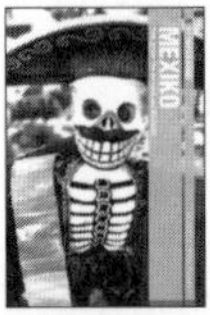
MEXIKO ISBN 978-3-943176-03-2 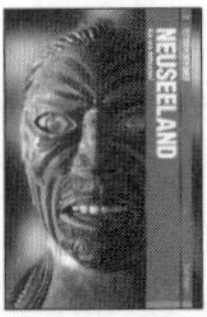
NEUSEELAND ISBN 978-3-943176-89-6 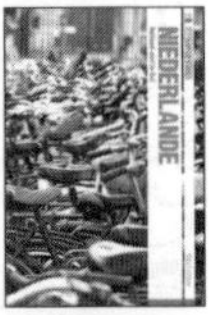
NIEDERLANDE ISBN 978-3-943176-11-7

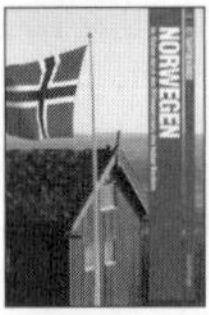

NORWEGEN ISBN 978-3-934918-56-6 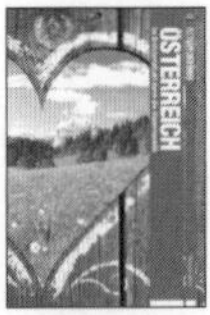
ÖSTERREICH ISBN 978-3-934918-76-4 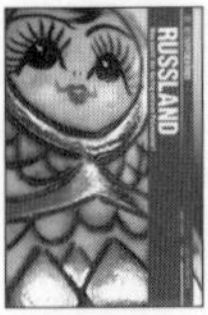
RUSSLAND ISBN 978-3-934918-48-1 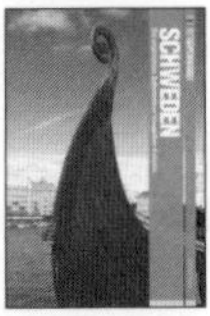
SCHWEDEN ISBN 978-3-934918-43-6

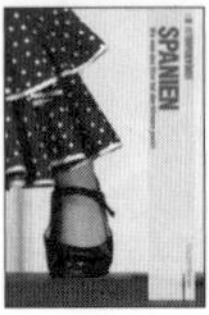

SPANIEN ISBN 978-3-934918-75-7 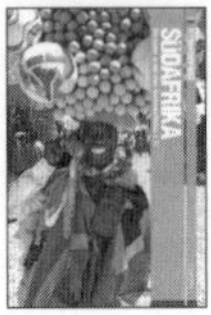
SÜDAFRIKA ISBN 978-3-943176-54-4 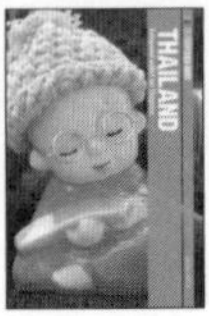
THAILAND ISBN 978-3-943176-20-9 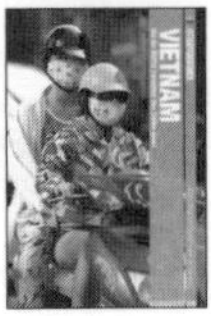
VIETNAM ISBN 978-3-943176-50-6

**CONBOOK**
www.conbook-verlag.de

# Erleben Sie die spannendsten Seiten fremder Länder mit den CONBOOK Länderkrimis

**Ein skrupelloser Plan, getrieben von Korruption, und eine junge Journalistin im Zwiespalt zwischen indischen Traditionen und der Moderne**

Die ehrgeizige Journalistin Anjali lebt in der Millionenstadt Bangalore, dem »Silicon Valley« Indiens. Als alleinerziehende und berufstätige Mutter ist sie eine exotische Ausnahmeerscheinung in der traditionellen Kultur ihres Heimatlandes. Gemeinsam mit der Aktivistengruppe »Action Green« kämpft sie gegen das korrupte Großprojekt ISTO.

Je näher sie bei ihren Recherchen den Machenschaften kommt, desto größer wird die Bedrohung für ihr eigenes Leben. Als ihr dann noch ein entscheidendes Beweisstück in die Hände fällt, wird sie endgültig zur Zielscheibe – und ahnt dabei noch nicht, dass ihr das Wichtigste in ihrem Leben genommen werden wird.

Karin Kaiser
**Bangalore Masala – Indien-Krimi**
ISBN 978-3-943176-64-3

**Fünf Leichen in drei Tagen, eine Metropole voller Glanz und Gift – und ein gnadenloser Wettlauf gegen die Zeit**

Frühling in Tokio: Im Yoyogi Park nimmt das jährliche Kirschblütenfest ein jähes Ende – die Leiche einer jungen Frau wurde gefunden. Es ist der erste große Fall für Inspektorin Yuka Sato und ihr Team. Schnell stellt sich heraus, dass der Mord Teil eines größeren, weitaus dunkleren Geheimnisses ist.

Eine tote Familie auf einem Dachboden, ein scheinbarer Selbstmord in einem Wohnheim, ein Internet-Forum für jugendliche Ausreißer, eine mäßig erfolgreiche Fernsehserie und eine hoffnungsvolle junge Schauspielerin sind Teile eines Puzzles, das Sato schnell zusammensetzen muss. Denn weitere Leben stehen auf dem Spiel – auch ihr eigenes.

Andreas Neuenkirchen
**Yoyogi Park – Japan-Krimi**
ISBN 978-3-943176-62-9

**CONBOOK**
www.conbook-verlag.de

# Ein bildgewaltige Portrait Chinas in 151 Momentaufnahmen

Françoise Hauser und Volker Häring

**China 151**
Das riesige Reich der Mitte
in 151 Momentaufnahmen

Bildgewaltige Länderdokumentation
in 151 Kapiteln mit über 160 Fotos,
komplett in Farbe

ISBN 978-3-943176-68-1

www.1-5-1.de/china

**CONBOOK**
www.conbook-verlag.de

China - das Land der Extreme: Nirgendwo sonst wohnen so viele Menschen, kein anderes Land hat in so kurzer Zeit eine so gewaltige Wegstrecke zurückgelegt. Schier über Nacht verschwinden ganze Stadtviertel, werden futuristische Skylines hochgezogen. Und dennoch hat sich China vieles bewahrt: Entdecken Sie eine Kultur, in der die Götter abgesetzt werden, wenn sie ihren Job nicht gut erledigen, das falsche Nummernschild Unglück bringt und ein Einkaufsbummel im Schlafanzug niemanden verwundert.

Begleiten Sie Francoise Hauser und Volker Häring auf ihrer Reise durch das riesige Reich der Mitte, seine uralten Tempel und brandneuen Wolkenkratzer. Schnuppern Sie Stinke-Tofu auf dem Nachtmarkt, schlendern Sie mit Senioren rückwärts durch den Park und tanzen Sie morgens Tango auf dem Bund. Am Ende werden Sie um 151 beeindruckende Einblicke in dieses wundersame Land reicher sein.

**Auswahl weiterer Titel der Reihe 151:**

# Schmausen und grausen Sie mit Julia Schoon einmal rund um den Globus. Dabei ist eines sicher: Am Ende wird Ihre Definition von »Delikatessen« nie wieder dieselbe sein ...

Julia Schoon

**Delikatessen weltweit**
99 Spezialitäten, die Sie
(lieber nicht) probieren sollten

Taschenbuch mit Farbfotos

ISBN 978-3-943176-45-2

»Vielleicht sind nicht alle Gerichte unbedingt zum Nachkochen empfohlen – den kulinarischen Horizont erweitert dieses humorvolle Buch aber ganz bestimmt.« *(Rhein-Zeitung)*

Reisen geht wie die Liebe durch den Magen – und hält dabei genauso viele Überraschungen bereit. Zum Beispiel mit salziger Yakbutter verfeinerten Tee in Tibet oder *Praerie Oysters,* die Meeresfrüchte vermuten lassen, sich aber als gekochte oder gegrillte Stierhoden entpuppen. Eine fiese Falle ist auch die womöglich köstlichste Frucht Südostasiens, die derart bestialisch stinkt, dass man aus dem Hotel geworfen wird, sollte man sie dort anschneiden.

Auf Reisen begeben sich aber auch immer Menschen, die bewusst das Abenteuer suchen. Sie wollen lebendigen Oktopus probieren? Auf nach Korea! Frisch aus der Palme gezapften Alkohol? Bekommen Sie in West- und Zentralafrika. Ameisenhonig? Im australischen Outback. Eine hübsche Mutprobe ist auch der Sourtoe-Cocktail, den Sie in Dawson City, Kanada bestellen können: Beim Trinken muss der mumifizierte Zeh darin Ihre Lippen berühren. Wenn Sie ihn allerdings versehentlich schlucken, müssen Sie nach Ihrem Tod einen neuen spenden.

»Ein interessantes, amüsant geschriebenes Buch. Es zeigt all jenen, die nicht die Gelegenheit haben, die ganze Welt zu bereisen, weltweit kulinarische Köstlichkeiten.« *(Rudolf Prasch, Alte Münze, Graz)*

**CONBOOK**
www.conbook-verlag.de